Detlef Bischoff / Werner Teubner

Zwischen Einbürgerung und Rückkehr

Die Autoren

Detlef Bischoff, Dr. phil., Jahrgang 1942, Studium der Politikwissenschaft, Neueren Geschichte und Pädagogik an der Freien Universität Berlin und der London School of Economics and Political Science. Wissenschaftlicher Assistent an der Pädagogischen Hochschule Berlin 1971–1974, seit 1974 Prof. für Politische Verwaltungslehre und Ausländerpolitik an der Fachhochschule für Verwaltung und Rechtspflege Berlin. Projektleiter mehrerer Forschungsprojekte zur Ausländerdelinquenz, Vorsitzender der Integrationshilfe Berlin e.V.
Autor, Ko-Autor und Herausgeber zahlreicher Veröffentlichungen zur Ausländerpolitik.

Werner Teubner, Dr. jur., Jahrgang 1939, Studium der Rechtswissenschaft in Berlin und München. Rechtssekretär beim Deutschen Gewerkschaftsbund und anwaltliche Tätigkeit. 1968/69 einjähriger Studienaufenthalt in Großbritannien als Stipendiat des British Council. 1970–1973 Wissenschaftlicher Assistent am Institut für Rechtsgeschichte der Freien Universität Berlin. Seit 1973 Professor an der Fachhochschule für Verwaltung und Rechtspflege Berlin für Bürgerliches Recht und Ausländerrecht.
Veröffentlichungen auf dem Gebiet der Rechtsgeschichte und des Zivilrechts.

Detlef Bischoff/Werner Teubner

ZWISCHEN EINBÜRGERUNG UND RÜCKKEHR

Ausländerpolitik und Ausländerrecht der Bundesrepublik Deutschland

Eine Einführung

Hitit

CIP-Titelaufnahme der Deutschen Bibliothek

Bischoff, Detlef:
Zwischen Einbürgerung und Rückkehr : Ausländerpolitik und
Ausländerrecht der Bundesrepublik Deutschland ; eine
Einführung / Detlef Bischoff ; Werner Teubner. – 3. Aufl. – Berlin :
Hitit-Verl., 1992
ISBN 3-924423-11-3
NE: Teubner, Werner:

(ISBN 3-924423-10-5 Erstauflage 1990
ISBN 3-294423-11-3 2. bearb. Aufl. 1991)

I. Aslan, Besselstraße 13, W-1000 Berlin 61
Telefon: 030/2 51 06 28, Fax: 030/2 51 06 29

Titelgestaltung: Renate Keil
Satz: deutsch-türkischer fotosatz, Berlin
Druck: Gam Media GmbH, Berlin

Inhalt

Vorwort

Im Jahr 1990 jährt sich zum 35. Male der Tag, an dem im Jahre 1955 der erste italienische „Gastarbeiter“ nach dem Zweiten Weltkrieg deutschen Boden betrat. Dieses „Jubiläum“ wie auch die Verabschiedung des neuen Ausländergesetzes durch Bundestag und Bundesrat sind Grund genug, diese kurzgefaßte Bilanz der „Arbeitskräfteanwerbung“ für die (west-)deutsche Wirtschaft und ihrer sozialen Folgen vorzulegen.
Der Erscheinungstermin dieses Buches stellt in doppelter Hinsicht einen Einschnitt dar: Das Ausländergesetz vom Frühjahr 1990 schließt mehr als ein Jahrzehnt der an den Gesetzgeber herangetragenen Forderung nach einer Anpassung des aus dem Jahre 1965 stammenden Ausländergesetzes an die tatsächlichen Lebensbedingungen der seit vielen Jahren hier lebenden und Teil der deutschen Gesellschaft gewordenen „Arbeitsmigranten“ ab. Mit der Verabschiedung des deutsch-deutschen Staatsvertrages hat nicht nur die DDR das Ende ihrer Existenz gefunden, sondern auch – und dies scheint den Bundesbürgern derzeit noch gar nicht so recht ins Bewußtsein gerückt zu sein – die bisherige Bundesrepublik Deutschland, mit deren Geschichte und wirtschaftlichem Aufstieg der Zuzug ausländischer Arbeitskräfte und ihrer Familien untrennbar verbunden ist. Es wäre auch in Hinblick auf den gleichzeitig ablaufenden Prozeß der Vollendung des europäischen Binnenmarktes verhängnisvoll, wenn die Menschen in der Bundesrepublik über dem deutschen Einigungsvorgang ihre europäische Verantwortung, vergessen würden, welche die Verantwortung für das weitere Schicksal der seit vielen Jahren hier lebenden Ausländer, die faktisch Inländer geworden sind, einschließt.
Wir danken allen, die das Entstehen dieses Manuskripts mit Rat und Tat begleitet haben, vor allem unseren Familien, die in den wechselhaften Phasen seines Entstehungsprozesses immer wieder Verständnis für uns aufbrachten, und wir widmen es Sebastian, dessen Computer-Kenntnisse uns bei Beginn der Arbeit hilfreich waren und der nun das Erscheinen dieses Buches nicht mehr miterleben kann.

Für ergänzende und korrigierende Angaben und Feststellungen wären die Verfasser dankbar. In vielen Bereichen macht die Fülle des Materials eine Übersicht schwer. Dies gilt insbesondere auch für Statistiken und Daten aus den einzelnen Bundesländern und von Ausländerbeauftragten, die nicht immer ohne weiteres zugänglich sind. Bei einer möglichen weiteren Auflage werden wir zusätzliche Informationen gerne einarbeiten.

Einleitung: Ausländer – Wer ist das?

Die Frage ist juristisch einfach zu beantworten: Ausländer ist jeder, der nicht die deutsche Staatsangehörigkeit besitzt. Daraus folgt weiter, daß für ihn andere Vorschriften gelten, er also nicht in vollem Umfang die gleichen Rechte und Pflichten hat wie ein Deutscher. So zu definieren und staatlich zu handeln entspricht historischer Tradition und anerkannten völkerrechtlichen Grundsätzen.
„Ausländer" sein heißt aber, nicht nur formal eine Person mit anderer Staatsangehörigkeit zu sein. Es bedeutet auch, sozial ein „Anderer" – ein Fremder – zu sein, dem allein deswegen schon mit Mißtrauen begegnet wird. Die Rechts- und Sozialgeschichte zeigt, daß seit jeher der „Fremde" als bedrohlich oder gar gefährlich empfunden wurde. Man verschloß seine Grenzen vor ihm oder duldete ihn nur mit einem minderen Rechtsstatus. Mißtrauen und Abwehrhaltung sind und waren aus religiösen, kulturellen und ökonomischen Gründen tief verwurzelt. Die Bildung von Nationalstaaten in der Neuzeit hat diese Entwicklung bis zum Exzeß von „Erbfeindschaften" gesteigert.
Andererseits wissen wir ebenso gut, daß kein Volk, kein Staat oder keine Kultur autonom bestehen konnte und kann. Wechselseitige wirtschaftliche Abhängigkeiten und kulturelle Befruchtungen erfolgten und waren notwendig, wenn nicht materielle und geistige Verarmung die Folge sein sollte.
Ist der Fremde nun Gegner oder gleichberechtigter Partner? Ist er Ausländer oder Mitbürger? Kann es sich ein Staat in einer Zeit internationaler Verflechtungen und Zusammenschlüsse und gemeinsamer globaler Probleme wie Friedenserhaltung, Umweltschutz und des Gegensatzes von Arm und Reich überhaupt leisten, Bürger anderer Staaten rechtlich und sozial auszugrenzen?
Gut gemeinte Versuche, dem Problem durch sprachliche Mittel zu begegnen, wenn etwa von „Mitbürgern", „Gästen", „interkulturellen Beziehungen" usw. die Rede ist, verdecken nur die Realität, beschönigen die bestehende Situation, ohne an ihr etwas zu ändern. Ausländer sind nun einmal – nicht nur in Deutschland – durch ihren minderen Rechtsstatus gekennzeichnet und vielfältigen sozia-

len und gesellschaftlichen Vorbehalten und Diskriminierungen ausgesetzt.

Jeder, der sich mit der Situation der Ausländer in der Bundesrepublik beschäftigt, muß wissen, daß er es dabei auch mit einem allgemeinen, tiefverwurzelten Mißtrauen gegenüber Fremden zu tun hat. Die Schlagworte der Angst vor „Überfremdung" oder des „Verlusts der nationalen Identität" spiegeln diese Vorbehalte und Sorgen wider. Es geht nicht nur um eine rationale Entscheidung über die besten Lösungsstrategien, es geht auch um die Bewältigung irrationaler Vorurteile.

In der gegenwärtigen Diskussion um „das Ausländerproblem" werden nicht selten je nach Interessenlage einzelne Gruppen gegeneinander ausgespielt:

– Sei es, daß formuliert wird, das Ausländerproblem sei eigentlich nur ein „Türkenproblem", die Frage also auf die Angehörigen einer bestimmten Nation reduziert wird. Womit zugleich suggeriert wird, daß, wenn es keine Türken in der Bundesrepublik gäbe, wir auch kein Ausländerproblem hätten. Dies wird kein Kenner der Materie ernsthaft behaupten wollen. Richtig ist lediglich, daß unterschiedliche Volkszugehörigkeiten und unterschiedliche soziale Herkunft in Art und Gewichtung unterschiedliche Schwierigkeiten in unserer Gesellschaft bewirken.
– Sei es, daß man verallgemeinernd vom „Ausländerproblem" spricht und damit aber ausschließlich die Gruppe der Asylbewerber meint. Man greift also eine bestimmte Gruppe mit ihren spezifischen Problemen heraus und erweckt damit – gewollt oder ungewollt – den Eindruck, als sei die Problemlage überall die gleiche. Gerade hier ist zu beobachten, daß die emotionalisierende Behandlung der Frage der Asylbewerber, denen offen oder verdeckt „Schmarotzergesinnung", „schamlose Ausnutzung" unserer Rechtsordnung oder Einreise zu „Zwecken des Drogenhandels" vorgeworfen wird, im Bewußtsein nicht weniger zu einer Steigerung ohnehin bestehender pauschaler Vorurteile gegen jeden Ausländer schlechthin führt.

Durch diese Art der Diskussion und Argumentation wird Mißtrauen gesteigert und nicht abgebaut. Es werden gegenseitig Ängste erzeugt. Es wird kein Ausländerproblem gelöst, sondern Ausländerfeindlichkeit geschaffen und bestärkt.

Die vorliegende Arbeit beschränkt sich in ihrer Darstellung im wesentlichen auf die Gruppe der ausländischen Arbeitnehmer und ihrer Familien, die auf Betreiben der deutschen Wirtschaft in die Bundesrepublik geholt wurden und im Laufe der Jahre ihren Aufenthalt immer weiter verfestigten. Damit bleibt insbesondere der Problembereich der Asylbewerber ausgeklammert. Der Anteil der seit 1953 anerkannten politischen Flüchtlinge und ihrer Angehörigen und der sich in der Bundesrepublik aufhaltenden Asylbewerber liegt bei ca. 10 % der Gesamtzahl der in der Bundesrepublik lebenden etwa 4,5 Millionen Ausländer. Die ausländischen Arbeitnehmer stellen also die zahlenmäßig bei weitem größte Gruppe dar. Sie und ihre Angehörigen werden noch lange in der Bundesrepublik leben. Sie gilt es, in unsere Gesellschaft zu integrieren, wenn nicht eines Tages soziale Spannungen zu größeren Auseinandersetzungen führen sollen. Der mit ausländerfeindlichen Parolen erreichte Wahlerfolg der „Republikaner" bei verschiedenen Wahlen im Jahre 1989 ist ein deutliches Indiz für vorhandene Gefahren.

Die Verfasser haben nicht die Absicht zu bestreiten, daß es Probleme der Ausländer und mit den Ausländern in unserer Gesellschaft gibt. Probleme, die ihre Ursachen sowohl auf deutscher wie auch auf ausländischer Seite haben. Es wäre töricht zu glauben, daß die Verdrängung von Realität Probleme löst. Es kommt darauf an, Ursachen, Entwicklungen und Tendenzen nüchtern zu beschreiben und zu benennen, Vorurteile und Emotionen durch sachlich begründete Fakten zu ersetzen. Nur auf dieser Grundlage kann die Bewältigung der Schwierigkeiten gelingen.

Guter Wille allein hilft bei der Überwindung der Probleme wenig. Notwendig ist, daß wir mitunter auch unbequemen Erkenntnissen nicht aus dem Wege gehen, daß Veränderungen nicht starr und ängstlich abgewehrt, sondern als Chance begriffen werden. Bestehende Unterschiede in Kultur, Verhalten, Religion, Sprache können nicht schlagartig aufgehoben werden. Es ist ihnen aber der Charakter des Trennenden zu nehmen, um ein gleichberechtigtes Miteinander zu ermöglichen, das über das jetzt noch weithin bestehende Nebeneinander hinausgeht.

Mit dieser Arbeit soll versucht werden, die zum Verständnis der Probleme notwendigen Tatsachen zu ermitteln, Zusammenhänge zu verdeutlichen, Hintergründe zu erhellen. Aus Gründen des Umfangs ist es nicht möglich, auf alle länderspezifischen Besonderheiten einzugehen. Die Herkunft der Autoren bringt es mit sich, daß sicherlich häufiger auf diesen Erfahrungshintergrund eingegangen wird als auf andere Bundesländer. Damit ist weder die Absicht verbunden, eine berlinspezifische Abhandlung zu schreiben, noch die Berliner Situation als beispielhaft gut oder schlecht zu bewerten.

Neben der Behandlung politischer, wirtschaftlicher und sozialer Fragen erfolgt auch ein Überblick über die rechtliche Situation vor und nach der Verabschiedung des neuen Ausländergesetzes im Jahre 1990. Ausländerrecht und Ausländerpolitik sind eng miteinander verzahnt. Ein großer Teil der Probleme der Ausländer ist nur verständlich, wenn man die rechtlichen Rahmenbedingungen ihrer Existenz in unserer Gesellschaft kennt.

Die Öffnung der deutsch-deutschen Grenzen nach dem 9. November 1989 und die bevorstehende Wiederherstellung eines geeinten Deutschland machen diese 35 Jahre der Anwerbung ausländischer Arbeitskräfte und ihre sozialen Folgen betrachtende Darstellung nicht überflüssig. Im Gegenteil – die hermetische Abkapselung der Bürger der DDR von jeglicher persönlicher Anschauung der Entwicklungen in den westeuropäischen Gesellschaften nach dem Mauerbau und ihre verbreitete Sorge, im Einigungsprozeß ökonomisch „unter die Räder" zu kommen, hat bei Teilen der Bevölkerung trotz des unter 1 % liegenden Ausländeranteils an der DDR-Bevölkerung zu bedenklichen ausländerfeindlichen Einstellungen und Verhaltensweisen geführt. Hier gilt es, die Bürger der DDR über den Beitrag der ausländischen Arbeitskräfte für die westdeutsche Wirtschaft und Gesellschaft aufzuklären und bei den Bürgern der Bundesrepublik und ihren Politikern in Erinnerung zu rufen, daß über den durch den Einigungsprozeß ausgelösten neuen nationalen Gefühlen nicht vergessen werden darf, daß wir uns auch auf dem Wege zu einem einigen Europa befinden. Dieser zweite historische Prozeß der Gegenwartspolitik verbietet es, daß die deutsche Einigung zu Lasten der seit langem hier lebenden Ausländer geht.

Diese Darstellung wendet sich nicht an Personen, die bereits Experten der Ausländerpolitik oder des Ausländerrechts sind. Die Darstellung kann und will daher nicht für sich in Anspruch nehmen, alle Probleme in jeder Verästelung zu beleuchten oder ein umfassender Leitfaden der Ausländerarbeit zu sein. Jeder, der sich mit den angesprochenen Fragen weiter beschäftigen will, sei auf die im Anhang benannte weiterführende Literatur verwiesen.

1. Ausgangssituation

1.1. Ursachen und Formen menschlicher Wanderungsbewegungen

Wanderungen: Bestandteil der Menschheitsgeschichte
Seit der biblischen Vertreibung Adams und Evas aus dem Paradies bis in die Gegenwart organisierter Nationalstaaten hinein gehören Wanderungsbewegungen zur Geschichte der Menschheit. Menschen verlassen ihre vertraute Heimat und gehen hinaus in die Fremde. Freiwillig geschieht dies, wenn das Abenteuer oder die Sehnsucht nach dem verlorengegangenen Paradies lockt. Sehr viel mehr Menschen dürften allerdings unfreiwillig den Weg in eine neue Heimat angetreten haben oder immer noch antreten

- auf der Flucht vor Krieg und Bürgerkrieg, allgemeiner politischer und sozialer Unterdrückung,
- als politisch individuell Verfolgte oder Heimatvertriebene,
- als Opfer von Naturkatastrophen, Hungersnöten und Seuchen,
- auf der Suche nach menschenwürdigen Existenzbedingungen und einem Arbeitsplatz, der in der alten Heimat nicht zu finden ist.

Sicherlich gab und gibt es noch weitere Motive für eine Wanderung über die Grenzen der bisherigen Heimat hinaus, und gewiß ist selten nur ein Motiv ausschlaggebend für den Entschluß zu einer zeitlich befristeten oder dauerhaften Auswanderung. Dieses im einzelnen zu untersuchen wäre Aufgabe einer Theorie der „Migration" (lateinisch: migrare = wandern).

Arbeitsmigration
Eine die Grenzen des Nationalstaates überschreitende Wanderungsbewegung von Arbeitskräften hin zu den Arbeitsplätzen in anderen Staaten ist eine Erscheinungsform der modernen Industriegesellschaft. Sie wird auch als „Arbeitsmigration" oder „Arbeitsemigration" bezeichnet. Meist verläuft sie parallel zu oder folgt einer Binnenwanderung im Herkunftsland der Arbeitskräfte:

Große Teile der Landbevölkerung finden in der Landwirtschaft kein Auskommen mehr und ziehen in der Hoffnung auf Arbeit in bereits stärker industrialisierte Gebiete. Das sind vor allem die großen Städte und ihre Umgebung.

Diese Hoffnung erwies sich für viele Menschen in Mittel- und Westeuropa im 19. Jahrhundert als ebenso trügerisch wie in der zweiten Hälfte des 20. Jahrhunderts für viele Menschen in Süd- und Südosteuropa. Daher reifte der Entschluß zur Auswanderung bei nicht wenigen von ihnen. Die einen entschlossen sich, über den Atlantik nach Nord- und Südamerika auszuwandern, wo ein riesiger, weitgehend unerschlossener Kontinent lockte. Die anderen folgten 80–100 Jahre später den Angeboten der im nördlichen Teil des europäischen Kontinents liegenden, inzwischen hochentwickelten Industriestaaten, eine begrenzte Zeit in ihren Fabriken zu arbeiten, um dann mit dem Startkapital für eine bessere Existenz in ihr Herkunftsland zurückzukehren.

Aufnahmeland und Entsendeland sind souveräne Staaten. Die Regierung des Aufnahmelandes muß daher bereit sein, Angehörige fremder Nationen als Arbeitskräfte in das Land hereinzulassen. Die Regierung eines Entsendelandes muß gestatten, daß ein Teil seiner Bürger auf Zeit oder für immer seine Arbeitskraft in einem anderen Staate anbietet, obwohl sich unter den Auswanderern auch gut ausgebildete Arbeitskräfte befinden können, deren Auswanderung für die heimische Volkswirtschaft einen herben Verlust bedeutet. Wird der Wanderungsprozeß von beiden Seiten akzeptiert, haben wir es mit dem Wanderungstypus der legalen Aus- und Einwanderung zu tun.

Beispiele hierfür sind die bereits erwähnte deutsche Auswanderung in die USA im 19. und 20. Jahrhundert oder die Anwerbung von zunächst „Gastarbeiter" genannten Arbeitskräften durch die Bundesrepublik Deutschland zwischen 1955 und 1973 in den Staaten, mit denen die Bundesregierung „Anwerbevereinbarungen" geschlossen hatte.

Vertreibung und Flucht

Daneben gibt es einen zweiten Typus von Wanderungsbewegungen. Diesem fehlt jene zweiseitige Übereinkunft. Er ist dann gegeben, wenn Menschen gegen ihren eigenen Willen aus ihrer Heimat vertrieben werden oder sie gegen den Willen der in ihrer Heimat Regierenden diese fluchtartig verlassen, auf der anderen Seite aber ein oder mehrere Staaten bereit sind, diese Vertriebenen und Flüchtlinge bei sich aufzunehmen.

Nach der nationalsozialistischen Machtübernahme verließen mehrere hunderttausend Deutsche fluchtartig das Deutsche Reich. Zumeist waren sie von den Nationalsozialisten politisch Verfolgte. Im Falle vieler Juden, die in der Weimarer Republik politisch nicht exponiert gewesen waren, erfolgte die Flucht aus Deutschland zunächst aber auch, weil die verschiedenen nationalsozialistischen „Arisierungsmaßnahmen" in Verwaltung und Justiz, Wissenschaft und Kunst sowie in der Privatwirtschaft ihre wirtschaftliche Existenzgrundlage zerstörten, bevor mit dem Erlaß der Nürnberger Rassengesetze im September 1935 und spätestens mit den „Pogromen" vom 9./10. November 1938 jeder Jude auch zum politisch Verfolgten wurde. Die deutschen Emigranten flohen in erster Linie in die europäischen Nachbarstaaten und nach Nordamerika. Wegen der eigenen wirtschaftlichen und sozialen Probleme als Folge der Weltwirtschaftskrise waren die Regierungen dieser Länder allerdings meist nur widerwillig bereit, die Verfolgten auch dauerhaft aufzunehmen und damit die erzwungene Wanderung einseitig zu legalisieren. Die Erfahrung der massenhaften Flucht politisch Verfolgter aus

Deutschland veranlaßte die Schöpfer des Grundgesetzes in dessen Artikel 16 den Satz aufzunehmen: „Politisch Verfolgte genießen Asylrecht."
Nach dem 2. Weltkrieg liefert Deutschland Beispiele für zwei weitere erzwungene Wanderungsbewegungen, bei denen es sich im völkerrechtlichen Sinne allerdings weitgehend um „Binnenwanderungen" handelte, weil sie überwiegend im Rahmen des ehemaligen Deutschen Reichs stattfanden. Bis 1960/61 nahm die Bundesrepublik Deutschland 9,697 Millionen Vertriebene aus den ehemaligen deutschen Ostgebieten und aus osteuropäischen Staaten sowie 2,678 Millionen Flüchtlinge aus der Deutschen Demokratischen Republik auf, insgesamt über 12 Millionen Menschen oder 22 Prozent der Gesamtbevölkerung der Bundesrepublik im Jahre 1961.

Illegale Einwanderung

Als dritter Typus von Wanderungsbewegungen lassen sich schließlich jene einstufen, bei denen weder eine bilaterale Übereinkunft, noch eine einseitige Bereitschaft zur Aufnahme und damit zur Legalisierung des Aufenthalts besteht.

So leben z.B. in den Vereinigten Staaten mehrere Millionen illegal eingereister Einwanderer aus Mittel- und Südamerika, vor allem aus Mexiko. Auch in der Bundesrepublik lebt eine schwer zu schätzende Anzahl Ausländer, deren Aufenthalt keine Rechtsgrundlage hat. Sie haben mit sofortiger Abschiebung zu rechnen, wenn sie von den Behörden entdeckt werden.

1.2. Wanderungsbewegungen aus und nach Deutschland – Vom Auswanderungsland zum Einwanderungsland

Deutsche Übersee-Auswanderung

Im 19. und 20. Jahrhundert wanderten 60–70 Millionen Menschen von Europa nach Übersee aus. Ungefähr 75 Prozent blieben dort, mehr als die Hälfte davon in den USA. Unter diesen Übersee-Auswanderern befanden sich fast 6 Millionen Deutsche. Zeitweilig stellte im 19. Jahrhundert Deutschland das größte Kontingent an Auswanderern. Ausgelöst wurde die Massenauswanderung aus Deutschland von Mißernten, Ernährungskrisen, Unterbeschäftigung und Arbeitslosigkeit. Politische Gründe spielten trotz eines Ansteigens der Auswandererzahlen nach der gescheiterten Revolution von 1848/49 nur eine untergeordnete Rolle.

Arbeitskräftemangel vor dem 1. Weltkrieg

Ab 1890 änderte sich das Bild. Der Industrialisierungsprozeß war seit der Gründung des Deutschen Reichs 1871 so weit vorangeschritten, daß das bisherige Überangebot an Arbeitskräften einem empfindlichen Mangel in Industrie und Landwirtschaft wich. Dieser führte zu einer Masseneinwanderung oft nur saisonal eingesetzter „Wanderarbeiter" aus Polen, der Ukraine und Italien. 1896 überschritt die Zahl der „Einwanderer" erstmals die der Auswanderer.

Der Sozialhistoriker Klaus Bade schätzt die Zahl der ausländischen Wanderarbeiter 1910 auf knapp unter eine Million. In den Jahren bis zum ersten Weltkrieg dürfte sie ihm zufolge die Millionengrenze deutlich überschritten haben. Bei Ausbruch des Krieges wurde den ausländischen Arbeitskräften die Heimkehr erschwert oder unmöglich gemacht.

Weimarer Republik

In der Weimarer Republik spielte die Ausländerbeschäftigung wegen der großen wirtschaftlichen Probleme des Landes wie Inflation, Reparationsleistungen, Auslandsverschuldung und Massenarbeitslosigkeit so gut wie keine Rolle.

Nationalsozialistischer Staat

Nach der nationalsozialistischen Machtübernahme 1933 begann eine Phase der Ausländerbeschäftigung in Deutschland, die wie viele andere Ereignisse dieser Epoche nach dem 2. Weltkrieg weitgehend aus dem öffentlichen Bewußtsein verdrängt wurde: Die forcierte Kriegsvorbereitungspolitik der Nationalsozialisten hatte Ende der dreißiger Jahre eine erhebliche Arbeitskräfteverknappung zur Folge, die allerdings bis zur Auslösung des Zweiten Weltkriegs trotz mit verschiedenen europäischen Staaten abgeschlossener Anwerbeabkommen nur zur Beschäftigung von 300.000–500.000 ausländischen Arbeitskräften führte. Nach der militärisch erfolgreichen Blitzkriegsstrategie und der Unterwerfung Polens, der Benelux-Staaten und Frankreichs sowie der Besetzung großer Teile der europäischen Sowjetunion wurden in diesen Ländern Millionen von Arbeitskräften gewaltsam rekrutiert und mußten als Zwangsarbeiter in Industrie und Landwirtschaft des Reichs und der besetzten Gebiete im wahrsten Sinne des Wortes „Sklavenarbeit" verrichten. Die aus Osteuropa stammenden Zwangsarbeiter, die „Ostarbeiter", lebten dabei unter besonders unmenschlichen Bedingungen, da sie nach der nationalsozialistischen Rassentheorie als „Untermenschen" eingestuft wurden. Sehr viele von ihnen erlebten den Tag der Befreiung nicht.

Menschenverachtung der NS-Machthaber

Bezeichnend für die Einstellung der NS-Machthaber gegenüber den Zwangsarbeitern war die folgende Äußerung des „Generalbevollmächtigten für den Arbeitseinsatz", Sauckel: „Diese (die Zwangsarbeiter, d. Verf.) sind mir so gleichgültig wie irgendwas, und wenn sie sich das geringste Vergehen im Betrieb zu Schulden kommen lassen, dann bitte sofort Anzeige an die Polizei, aufhängen, totschießen! Das kümmert mich gar nicht! Wenn sie gefährlich werden, muß man sie auslöschen."

(Aus: Knut Dohse, Ausländische Arbeiter und bürgerlicher Staat. Genese und Funktion von staatlicher Ausländerpolitik und Ausländerrecht. Vom Kaiserreich bis zur Bundesrepublik Deutschland. Verlag Anton Hain Königstein/Ts. 1981, S. 127)

Bei Kriegsende gab es 7–7,5 Millionen als Zwangsarbeiter beschäftigte Fremdarbeiter und Kriegsgefangene in Deutschland, von denen etwa 45 % in der Industrie und etwa 37 % in der Landwirtschaft eingesetzt waren. In diesem Zusammenhang müssen auch die aus vielen Ländern stammenden Insassen der Konzentrationslager genannt werden, die seit 1942 vor allem in der Rüstungsindustrie arbeiten mußten. Ihre Zahl betrug Mitte Januar 1945 noch über 700.000. Ihre Arbeitskraft wurde erbarmungslos ausgepreßt. Arbeitsunfähige wurden ermordet.

Bundesrepublik Deutschland

Als das Deutsche Reich am 8. Mai 1945 bedingungslos kapitulierte, erschien es angesichts der Schwere der Niederlage und des Ausmaßes der Zerstörungen sowie der Unfaßbarkeit der von Deutschen an Angehörigen anderer Völker wie des eigenen Volks begangenen Verbrechen undenkbar, daß kaum 10 Jahre später wieder fremde Arbeitskräfte in den westlichen Teilstaat des ehemaligen Deutschen Reichs kommen würden.

Trotz der Eingliederung von Millionen von Heimatvertriebenen, ehemaligen Kriegsgefangenen und DDR-Flüchtlingen und immer noch vorhandener Arbeitslosigkeit bestanden als Folge des wirtschaftlichen Aufschwungs nach der Währungsreform von 1948 bereits im Jahre 1955 in bestimmten Regionen und bestimmten Sektoren der Wirtschaft derartige Defizite im Arbeitskräfteangebot, daß die Bundesregierung im Dezember 1955 eine erste Vereinbarung mit der italienischen Regierung über die Anwerbung italienischer Arbeitskräfte abschloß. Die Initiative hierzu war von den südwestdeutschen Bauernverbänden ausgegangen.

Der Abschluß des Anwerbeabkommens mit Italien wurde 1955 noch zwischen Arbeitgebern, Gewerkschaften und Parteien heftig diskutiert. Die zahlenmäßigen Auswirkungen blieben zunächt jedoch gering. Im Jahr 1960, als weitere Abkommen abgeschlossen wurden, arbeiteten nur etwa 122.000 Italiener in der Bundesrepublik. Es stellte jedoch den Präzedenzfall für die folgenden, nun kaum noch öffentlich diskutierten Anwerbevereinbarungen dar, deren zahlenmäßige Auswirkungen und soziale Folgen ungleich größer waren.

Anwerbevereinbarungen
1955 mit Italien
1960 mit Spanien und Griechenland
1961 mit der Türkei
1963 mit Marokko
1964 mit Portugal
1965 mit Tunesien
1968 mit Jugoslawien

Ende der Anwerbung

Im Herbst 1973 verhängte die Bundesregierung einen unbefristeten Anwerbestopp für ausländische Arbeitskräfte. Anlaß dafür war der israelisch-arabische „Jom-Kippur-Krieg" und die ihm folgende „Ölkrise", deren welt- und binnenwirtschaftliche Auswirkungen unkalkulierbar waren. Damit durften keine ausländischen Arbeitskräfte mehr für den deutschen Arbeitsmarkt angeworben werden. Arbeitskräfte aus den EG-Staaten dürfen sich allerdings wegen der im EG-Vertrag enthaltenen Freizügigkeitsregelung weiterhin in der Bundesrepublik niederlassen, wenn sie einen Arbeitsplatz finden (siehe 4.3.).

Freizügigkeit in der Europäischen Gemeinschaft

Art. 1 der EWG-Verordnung Nr. 1612/68 über die Freizügigkeit der Arbeitnehmer innerhalb der Gemeinschaft lautet:

1) Jeder Staatsangehörige eines Mitgliedstaates ist ungeachtet seines Wohnorts berechtigt, eine Tätigkeit im Lohn- oder Gehaltsverhältnis im Hoheitsgebiet eines anderen Mitgliedstaates nach den für die Arbeitnehmer dieses Staates geltenden Rechts- und Verwaltungsvorschriften aufzunehmen und auszuüben.
2) Er hat insbesondere im Hoheitsgebiet eines anderen Mitgliedstaates mit dem gleichen Vorrang Anspruch auf Zugang zu den verfügbaren Stellen wie die Staatsangehörigen dieses Staates.

Trotz des Anwerbestopps stieg, wie aus Tabelle 1 ersichtlich, die Gesamtzahl der Ausländer, die in der Bundesrepublik leben, in den folgenden Jahren weiter an. Als Hauptursachen hierfür gelten vor allem

- der nach dem Anwerbestopp verstärkt einsetzende Nachzug von Familienangehörigen,
- die höhere Geburtenrate in ausländischen Familien.

Die etwa 4,5 Millionen Ausländer verteilen sich keineswegs gleichmäßig über die gesamte Bundesrepublik, sondern konzentrieren sich entsprechend ihrem vorrangigen Einsatz als industrielle Arbeitskräfte auf industrielle Ballungsräume. Dies schlägt sich in den Ausländeranteilen der Großstädte und der Bundesländer mit hohem industriellen Entwicklungsstand nieder (siehe Tabelle 2 sowie Abbildung 1).

Für manchen Leser ist es vielleicht überraschend, daß Berlin (West) in der Rangfolge der Städte mit hohen Ausländeranteilen nur einen Mittelplatz einnimmt (siehe Abbildung 1), obwohl aus der öffentlichen Diskussion des Themas manchmal der Eindruck entstehen könnte, als seien die Probleme der Stadt nicht unwesentlich auf ihren hohen Anteil ausländischer Bevölkerung zurückzuführen.

Wer so denkt, übersieht, daß die Altersstruktur der West-Berliner Bevölkerung sich als Folge des Zweiten Weltkrieges und der politischen Bedrohungen der Stadt in den Nachkriegsjahren sehr ungünstig entwickelt hat. Die Stadt ist stark überaltert in ihrer deutschen Bevölkerung. Diese ging außerdem in den Jahren 1965–1980 absolut um 393.000 zurück. Die in Berlin lebenden etwa 250.000 Ausländer bedeuteten daher mit ihrer relativ jungen Altersstruktur eine für die Lebensfähigkeit der Stadt wichtige Ergänzung des deutschen Bevölkerungsteils. Berlin ist allerdings nach wie vor die deutsche Stadt mit der höchsten absoluten Ausländerzahl und als Stadtstaat auch das Bundesland mit dem höchsten Ausländeranteil an der Gesamtbevölkerung.

Die Wiedervereinigung des geteilten Berlin im Herbst 1990 verändert die demographische

Situation der Stadt allerdings erheblich. Exakte Zahlen hierzu können jedoch wegen des Mangels an verläßlichen Daten über den Ausländeranteil in Ost-Berlin im Sommer 1990 noch nicht genannt werden.

Tabelle 1 Ausländer im Bundesgebiet seit 1960

Jahr	Gesamtzahl Tsd.	Anteil an der Wohnbevölkerung in % (gerundet)	sozialversicherungspflichtig Beschäftigte Tsd.
1960	686,2	1,2	279,0
1968	1 924,2	3,2	1 089,9
1969	2 381,1	3,9	1 372,1
1970	2 976,5	4,9	1 948,9
1971	2 976,5	5,6	2 240,7
1972	3 526,6	5,7	2 352,3
1973	3 966,2	6,4	2 595,0
1974	4 127,4	6,7	2 286,6
1975	4 089,6	6,6	2 038,7
1976	3 948,3	6,4	1 920,8
1977	3 948,3	6,4	1 869,4
1978	3 981,1	6,5	1 864,1
1979	4 146,8	6,7	1 937,4
1980	4 453,3	7,2	2 013,4
1981	4 629,8	7,5	1 900,3
1982	4 666,9	7,6	1 771,9
1983	4 534,9	7,4	1 709,1
1984	4 363,6	7,1	1 608,1
1985	4 379,9	7,1	1 536,0
1986	4 512,7	7,4	1 544,7
1987	4 630,2	7,4	1 624,1
1988	4 489,1	7,3	1 656,0

Aus: Daten und Fakten zur Ausländersituation. Mitteilungen der Beauftragten der Bundesregierung für die Integration der ausländischen Arbeitnehmer und ihrer Familien. 10. Auflage, Bonn Mai 1989, S. 14 sowie ergänzende Angaben

Tabelle 2 Ausländische Wohnbevölkerung nach ausgewählten Staatsangehörigkeiten und Bundesländern am 31. Dezember 1988 in Tsd.

Staatsangehörigkeit	Bundesgebiet*	Baden-Württenbg.	Bayern	Berlin (West)	Bremen	Hamburg	Hessen	Niedersachsen	Nordrhein-Westfalen	Rheinland-Pfalz	Saarland	Schleswig-Holstein
EG-Staaten	1 364,7	307,2	164,9	33,3	7,9	40,3	171,8	89,2	444,4	56,5	26,6	22,6
darunter												
Italien	537,1	165,5	71,9	8,1	1,5	7,6	69,5	25,1	142,4	25,1	16,8	3,6
Griechenland	278,5	66,1	47,9	7,6	1,0	8,1	29,9	14,4	93,5	6,5	0,6	2,9
Portugal	78,2	12,6	3,4	0,6	1,9	6,4	10,5	5,2	32,1	3,4	0,3	1,8
Spanien	150,5	24,6	11,0	1,9	0,8	3,7	32,3	14,3	54,3	4,6	0,4	2,6
Jugoslawien	591,2	168,0	120,1	28,6	3,8	21,0	70,6	24,2	131,4	16,8	1,6	5,0
Marokko	52,0	1,4	0,8	0,5	0,3	0,4	16,9	0,7	29,3	1,4	0,2	0,1
Türkei	1 434,3	241,7	192,5	104,9	24,0	54,8	136,0	92,0	500,1	49,6	7,5	31,2
Tunesien	23,6	2,4	2,2	1,2	0,4	1,4	2,1	2,8	8,7	1,2	0,2	1,0
Sonstige	1 046,9	142,8	210,6	89,3	12,3	57,8	131,0	77,8	245,1	42,2	11,0	27,2
Insgesamt	4 512,7	863,5	691,1	257,8	48,7	175,7	528,4	286,4	1 359,0	167,7	47,1	87,1

Aus: Daten und Fakten zur Ausländersituation. Mitteilungen der Beauftragten der Bundesregierung für die Integration der ausländischen Arbeitnehmer und ihrer Familien. 10. Auflage, Bonn Mai 1989, S. 20 sowie ergänzende Angaben

Abbildung 1 Städte mit hohem Ausländeranteil am 31. Dezember 1987

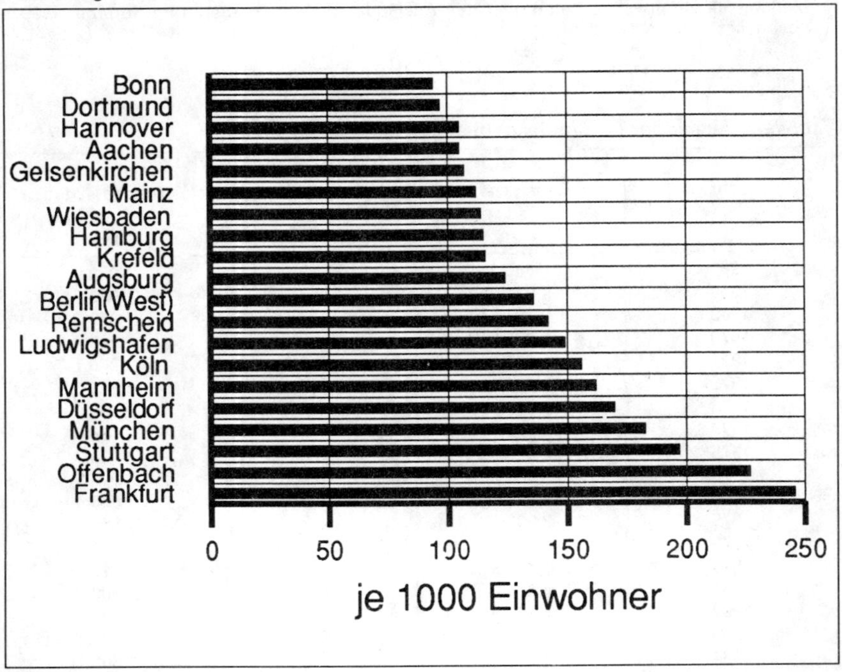

Quelle: Statistisches Bundesamt
Aus: Daten und Fakten zur Ausländersituation. Mitteilungen der Beauftragten der Bundesregierung für die Integration der ausländischen Arbeitnehmer und ihrer Familien. 9. Auflage, Bonn Mai 1988, S. 14

1.3. Arbeitsmigration – Weltweite Folge ungleicher Entwicklung

Hohe Ausländeranteile auch in anderen Industriestaaten

Die Bundesrepublik Deutschland ist nur ein Land unter vielen, das Ziel der Arbeitskräftewanderung ist. Weltweit gibt es nach Schätzungen der Genfer Internationalen Arbeitsorganisation der Vereinten Nationen (ILO) mindestens 23 Millionen Arbeitsmigranten.

Weltweite Arbeitsmigration
„In den USA befinden sich vielleicht 6,5 Millionen, wenn man von 3,5 bis 4 Millionen Illegalen ausgeht. In Australien und Kanada gibt es auch eine bedeutende Anzahl von ausländischen Arbeitskräften. In Westeuropa halten sich ungefähr 6,5 Millionen auf, in Lateinamerika und im Mittleren Osten jeweils knapp 4 Millionen, in Westafrika und Gabon ungefähr 1,5 Millionen und in Südafrika mindestens 0,5 Millionen. Mehr als die Hälfte dieser Arbeitsemigranten stammt aus Entwicklungsländern, wo sie oft ihre Familie zurückgelassen haben."
(Wolf-Rüdiger Böhning, Leiter der Abteilung Internationale Migration der ILO Genf, Stichwort „Arbeitsmigration", in: Georg Auernheimer, Hrsg., Handwörterbuch Ausländerarbeit. Weinheim und Basel 1984, S. 33)

Gemeinsamkeiten
Trotz von Land zu Land erheblicher Unterschiede der Rechtsstellung der Arbeitsmigranten und ihrer Möglichkeiten, eines Tages die vollen Bürgerrechte in den einzelnen Aufnahmeländern zu erhalten, ist diesen eines gemeinsam: Sie sind Inseln der Entwicklung in einem weltweiten Meer der Unterentwicklung, und sie üben eine magische Anziehungskraft auf die weniger entwickelten Regionen in der Nachbarschaft aus.
In Zeiten wirtschaftlicher Blüte geschah dies
- offiziell durch Anwerbeprogramme des Staates und der Wirtschaft wie z.B. in Westeuropa und in den Ölstaaten des Nahen Ostens,
- aber auch ohne derartige Programme oder weit über die vorgesehenen Zuwanderungsquoten hinausgehend, durch „Einsickern" illegaler Einwanderer wie z.B. in den USA oder in den „Schwellenländern" Lateinamerikas wie Brasilien oder Argentinien, deren industrielle Ballungszentren trotz ihrer im Vergleich zu Europa oder Nordamerika relativen Armut eine Magnetwirkung auf die Bewohner noch ärmerer Regionen ausüben.

Gemeinsam ist allen Zentren der Arbeitsmigration auch die Erfahrung, daß selbst bei sich wandelnden wirtschaftlichen Bedingungen in den Aufnahmeländern, die z.T. zu erheblichen Wachstumsverlusten und als Folge der Rationalisierung zum Verschwinden von Arbeitsplätzen führten, die Mehrzahl der Einwanderer keinesfalls an eine baldige freiwillige Rückkehr in die Heimat denkt. Der Grund dafür mag in der engen weltwirtschaftlichen Verflechtung und der Abhängigkeit der weniger entwickelten von den höher entwickelten Staaten liegen. Die Folge ist: Wirtschaftliche Krisen schlagen auf die weniger entwickelten Entsendeländer viel stärker durch als auf die höher entwickelten Aufnahmeländer. Damit entfällt der Anreiz zur Rückkehr in die Heimat. Die Arbeitsmigranten bleiben – nicht, weil es ihnen in den Industriestaaten besonders gut ginge, sondern weil es ihnen in ihrer krisengeschüttelten Heimat noch viel schlechter gehen würde (siehe 2.2.).

1.4. Ein Blick auf Westeuropa

In den 60er und 70er Jahren öffneten die meisten unserer hochentwickelten europäischen Nachbarstaaten ihre Grenzen ebenso für ausländische Arbeitskräfte wie die Bundesrepublik.
Die Bundesrepublik ist, wie Tabelle 3 veranschaulicht, Ende der 80er Jahre mit ca. 4,6 Millionen Ausländern – knapp vor Frankreich

mit 4,5 Millionen – das Land mit der höchsten Ausländerzahl. Setzt man diese Zahl ins Verhältnis zur Gesamtbevölkerung, dann liegt sie mit 7,5 % (1984 7,1 %) erst an vierter Stelle in Europa.

Tabelle 3 Ausländer in westeuropäischen Staaten

	Bundesrepublik[1]	Belgien[2]	Dänemark[3]	Frankreich[5]	Luxemburg[7]
Wohnbevölkerung	61,2 Mio	9,86 Mio	5,1 Mio	55,8 Mio	377 000
Ausländer	4,58 Mio	852 000	94 000[4]	4,46 Mio	100 000
Ausländeranteil	7,5 %	8,6 %	1,8 %	8 %[6]	26,5 %
größte Ausländergruppen nach Anwerbeländern bzw. Flüchtlingsgruppen	1,47 Mio Türken	269 000 Italiener	20 000 Türken	845 000 Algerier	33 200 Portugiesen
	595 000 Jugoslawen	123 000 Marokkaner	7 900 Jugoslawen	812 000 Portugiesen	20 400 Italiener
	543 000 Italiener	72 000 Türken	6 600 Pakistani	559 000 Marokkaner	2 400 Spanier
	Niederlande[8]	Österreich[9]	Schweden[10]	Schweiz[12]	Vereinigtes Königreich[14]
Wohnbevölkerung	14,5 Mio	7,29 Mio	8,4 Mio	6,56 Mio	54,23 Mio
Ausländer	553 000	283 000	390 000[11]	979 000[13]	2,43 Mio
Ausländeranteil	3,8 %	3,9 %	4,6 %	15 %	4,5 %[15]
nach Anwerbeländern bzw. Flüchtlingsgruppen	156 000	115 000	38 000	385 000	760 000
	116 000 Marokkaner	61 000 Türken	22 000 Türken	113 000 Spanier	535 000 karibische Staaten
	19 000 Spanier		15 000 Polen	88 000 Jugoslawen	397 000 Pakistani

1) Stand: 30.9.1987. Gegenüber den fortgeschriebenen Zahlen ergab die Volkszählung vom Mai 1987 eine Wohnbevölkerung von 61.080.607. Darunter waren 4.146.199 Ausländer. Dies entspricht einem wesentlich niedrigeren Ausländeranteil von nur 6,8 %. Eine Aufgliederung des Volkszählungsergebnisses nach Nationalitäten liegt leider noch nicht vor.
2) Stand: 1/1987
3) Stand: 1/1986
4) darunter 23.000 skandinavische Staatsangehörige
5) Stand: 1988
6) In Frankreich geborene Ausländer, die vom 13. bis 18. Lebensjahr in Frankreich leben, erhalten mit 18 Jahren automatisch (Algerier von Geburt an) die französiche Staatsbürgerschaft (etwa 20.000 jährlich): Ohne dieses modifizierte ius soli wäre der Ausländeranteil entsprechend höher.
7) Stand: 1988
8) Stand: 1/1986
9) Stand: 1987
10) Stand: 1988
11) darunter 138.000 Finnen, 26.000 Norweger, 26.000 Dänen
12) Stand: 1987
13) Zuzüglich 14.800 Saisonarbeiter und 133.200 Grenzgänger
14) lt. statistischer Untersuchung zwischen 1984 und 1986
15) zuzüglich der ethnischen Minderheiten aus früheren Kolonien bzw. aus dem Commonwealth, die als Inländer gezählt werden.

Aus: Mitteilungen der Beauftragten der Bundesregierung für die Integration ausländischer Arbeitnehmer und ihrer Familienangehörigen: Ausländer in europäischen Staaten. Bonn Juni 1989, S. 6f.

Grenzen der Aufnahmefähigkeit?

In der öffentlichen Diskussion der zukünftigen Ausländerpolitik der Bundesrepublik wird oft das Argument vorgebracht, bei rund 4,6 Millionen Ausländern sei die Aufnahmefähigkeit erschöpft (so z. B. der Parlamentarische Staatssekretär im Bundesinnenministerium Carl-Dieter Spranger am 18. 12. 1982), die „Belastungsgrenze" erreicht. Dabei dürfte unumstritten sein, daß die Anwesenheit so vieler Menschen fremder Herkunft, Kultur und Religion, ihre räumliche Konzentration auf industrielle Ballungsgebiete und die langanhaltende Beschäftigungskrise, die fast alle westeuropäischen Staaten erfaßt hat, eine Fülle von Problemen hervorgerufen hat. Wenn aber die Ausländeranteile zwischen 26,3 % in Luxemburg und 2,0 % in Dänemark schwanken und selbst in Dänemark die Ansicht verbreitet ist, es gebe eigentlich schon zu viele Ausländer im Lande, läßt sich daraus der Schluß ziehen: Es gibt keine „objektiven" Maßstäbe für die Aufnahmefähigkeit oder „Belastungsgrenze" eines Landes. Sie läßt sich nicht wie der Wasserstand an einem Pegel ablesen. Es handelt sich vielmehr um eine sehr subjektive Feststellung, die allerdings aus einer Fülle von objektiv meßbaren Daten wie dem Ausländeranteil an der Gesamtbevölkerung, dem Wirtschaftswachstum, der Arbeitslosenquote, der räumlichen Konzentration und der Wohnraumversorgung abgeleitet wird.

Wie stark das subjektive Empfinden der (Wahl-)Bevölkerung und damit auch der Politiker zur Festlegung von „Belastungsgrenzen" beiträgt, zeigt ein kleines Rechenexempel: Wenn wir annehmen, die in Tabelle 3 genannten europäischen Nachbarstaaten hätten beim darin enthaltenen Stand der Ausländerbevölkerung die „Belastungsgrenze" als erreicht angesehen – und es ist kein Staat bekannt, der seit damals weitere Ausländer zur Einwanderung, aufgefordert hätte – dann läge diese in aboluten Zahlen für die Bundesrepublik
- nach Schweizer Maßstäben bei 9,18 Millionen,
- nach Luxemburger Maßstäben bei 16,22 Millionen,
- nach dänischen Maßstäben bei 1,10 Millionen

Ausländern, bezogen auf eine Gesamtbevölkerung von 61,2 Millionen.

Europäische Gemeinsamkeiten

Trotz vieler Gemeinsamkeiten in der durch die Anwerbung ausländischer Arbeitskräfte entstandenen Situation der westeuropäischen Staaten hat jedes Aufnahmeland seine eigenen charakteristischen Merkmale und Entwicklungen und politischen Strategien zur Problemlösung. Wenn man die Diskussion in der Bundesrepublik über die Jahre verfolgt, so ist beim Thema „Ausländer" – und erst recht beim hier ausgeklammerten Thema „Asylbewerber" – von Spitzenpolitikern über Medienvertreter bis hin zum vielbeschworenen „einfachen Bürger" ein verbreitetes Gefühl des Selbstmitleids unverkennbar, als ob die Bundesrepublik das Land wäre, das allein mit dem Vorhandensein ethnischer Minderheiten fertig werden müßte. Daher ist es wichtig, noch einmal festzuhalten:

– Die Bundesrepublik ist nicht das einzige Land Europas mit einer großen Ausländerbevölkerung.
– Andere Staaten haben sich mit denselben Integrationsproblemen auseinanderzusetzen.

1.5. Gegenwärtiger Umfang und Struktur der ausländischen Bevölkerung der Bundesrepublik

Am 31. Dezember 1988 lebten insgesamt 4,489 Millionen Ausländer mit einem Bevölkerungsanteil von 7,3 % in der Bundesrepublik. In dieser Zahl sind u.a. auch die in der Bundesrepublik lebenden Asylbewerber und ausländischen Flüchtlinge und Studenten enthalten (Aufgliederung siehe Tabelle 4).

Rotationsprinzip

Ursprünglich sollte nach dem „Rotationsprinzip" (siehe 3.1.) verfahren werden: Junge Arbeitskräfte sollten für 2–3 Jahre nach Deutschland kommen, hier arbeiten und Geld verdienen und dann in die Heimat zurückkehren. In den ersten Jahren funktionierte dieses Prinzip durchaus. Der Migrationsexperte der Genfer Internationalen Arbeitsorganisation (ILO), Wolf-Rüdiger Böhning, errechnete für die in den Jahren 1961–1979 in die Bundesrepublik Eingereisten folgende Rückwanderungsquoten:

Tabelle 4 Ausländische Wohnbevölkerung nach ausgewählten Staatsangehörigkeiten am 31. Dezember

Staatsangehörigkeit	1985		1986		1987		1988	
	Absolut	%[1]	Absolut	%[1]	Absolut	%[1]	Absolut	%[1]
EG-Staaten insgesamt	1 126 766	25,7	1 364 729	30,2	1 377 521	29,8	1 275 858	28,4
Griechenland	280 614	6,4	278 506	6,2	279 898	6,0	1 275 858	28,4
Italien	531 338	12,1	537 067	11,9	544 412	11,8	508 656	11,3
Jugoslawien	591 001	13,5	591 196	13,1	597 615	12,9	579 073	12,9
Marokko	48 132	1,1	51 963	1,2	55 817	1,2	52 069	1,2
Portugal	77 046	1,8	78 198	1,7	79 171	1,7	71 068	1,6
Spanien	152 781	3,5	150 493	3,3	147 062	3,2	126 402	2,8
Türkei	1 401 932	32,0	1 434 255	31,8	1 481 369	32,0	1 523 678	33,9
Tunesien	23 168	0,5	23 577	0,5	24 323	0,5	21 628	0,5
Sonstige	958 116	21,9	1 046 959	23,2	1 093 573	23,6	1 036 799	23,1
Insgesamt	4 378 942		4 512 679		4 630 218		4 489 105	

1) Anteil an der Gesamtzahl der ausländischen Wohnbevölkerung

Aus: Daten und Fakten zur Ausländersituation. Mitteilungen der Beauftragten der Bundesregierung für die Integration der ausländischen Arbeitnehmer und ihrer Familien. 10. Auflage, Bonn Mai 1989, S. 18 sowie ergänzende Angaben

– Italiener 92 %
– Spanier 82 %
– Griechen 68 %
– Jugoslawen 52 %
– Türken 30 %
im Schnitt aller Ausländer 68 %.

Anwerbestopp 1973

Die Verhängung des Anwerbestopps im Jahre 1973 bedeutete auch das Ende der in der Praxis stattfindenden Arbeitskräfterotation. Wer jetzt in die Heimat zurückkehren wollte, konnte bei einem Scheitern seiner Existenzpläne nicht wieder zur Arbeitsaufnahme nach Deutschland zurückkehren. Daher blieben viele trotz sich verschlechternder wirtschaftlicher Lage und zunehmender Arbeitslosigkeit hier, um die Entwicklung in der Bundesrepublik und in der Heimat abzuwarten. Je länger nun der ursprünglich auch vom Arbeitsimigranten als befristet angesehene Aufenthalt dauerte, um so stärker wuchs der Wunsch nach einem normalen Familienleben. Bei den Unverheirateten bedeutete dies, daß sie heirateten und Kinder bekamen und bei den bereits Verheirateten, daß sie noch in der Heimat lebende Ehepartner und Kinder nach und nach in die Bundesrepublik holten.

Daraus ergaben sich zwei für die heutige Problemstellung wichtige Konsequenzen:

(1) Trotz des Anwerbestopps wuchs die Gesamtzahl der Ausländer in den folgenden Jahren als Folge des Familiennachzugs und der höheren Geburtenrate.

Als Ende 1973 der Anwerbestopp verhängt wurde, lebten im Bundesgebiet 3,966 Millionen Ausländer mit einem Anteil von 6,4 % an der Gesamtbevölkerung. Neun Jahre danach, 1982, dem Jahr mit der größten Ausländerbevölkerung lebten hier 4,667 Millionen Ausländer mit einem Bevölkerungsanteil von 7,6 % (siehe auch Tabelle 1).

(2) Die Beschäftigungsstruktur änderte sich ebenfalls. Die Erwerbsquote, d. h. der Anteil der Beschäftigten an der ausländischen Bevölkerung der Bundesrepublik, sank und glich sich weitgehend derjenigen der deutschen Bevölkerung an (1983: Deutsche 46,1 %, Ausländer 51,3 %).

1973 wurden 2,595 Millionen sozialversicherungspflichtig Beschäftigte gezählt. 1982 waren bei einer um 7.000.000 gewachsenen ausländischen Bevölkerung nur noch 1,772 Millionen, am 31. Dezember 1988 1,656 Millionen sozialversicherungspflichtig Beschäftigte.

Altersaufbau

Der Altersaufbau der ausländischen Bevölkerung hat sich in den letzten zwei Jahrzehnten erheblich verändert, wie Abbildung 2 verdeutlicht.

Abbildung 2 Altersaufbau der Ausländer am 6. Juni 1961 und 31. Dezember 1985

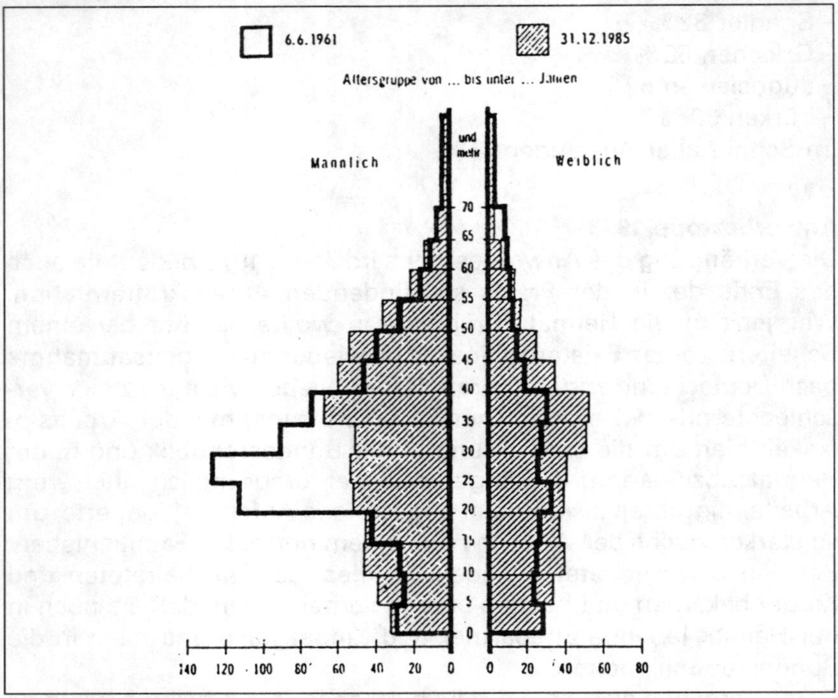

Aus: Daten und Fakten zur Ausländersituation. Mitteilungen der Beauftragten der Bundesregierung für die Integration der ausländischen Arbeitnehmer und ihrer Familien. 9. Auflage, Bonn Mai 1988, S. 13

Als wichtigste Veränderungen lassen sich nennen:
Im Vergleich zu 1961 ist 1985
- die Gruppe der 0 bis 20jährigen erheblich stärker und
- die Gruppe der 20 bis 40jährigen Männer erheblich kleiner,
- die Gruppe der 40 bis 55jährigen Männer sowie
- der Frauenanteil in allen Altersgruppen bis 50 Jahre, vor allem jedoch der Anteil der Frauen zwischen 35 und 50 Jahren erheblich größer.

Bevölkerungsstruktur

Von der Ausländerbevölkerung waren nach Zahlen der Ausländerbeauftragten des Bundes am 31. Dezember 1987
- männlich 2.627.700
- weiblich 2.002.500
- Kinder unter 15 Jahren 952.800, die Mehrheit der Kinder wurde in der Bundesrepublik geboren.

Auf jeden erwerbstätigen ausländischen Bürger entfallen heute knapp zwei Nichterwerbstätige, in der Mehrzahl Ehefrauen und Kinder. Für diese muß ein im ursprünglich vorhandenen Rotationskonzept gar nicht vorgesehenes Angebot von Kindergarten-, Schul- und Ausbildungsplätzen, Einrichtungen der sozialen und ärztlichen Betreuung und Beratung zur Verfügung stehen. Auch familiengerechter Wohnraum muß vorhanden sein.

Tabelle 5 Ausländer nach ausgewählten Staatsangehörigkeiten, Geschlecht und Altersgruppen am 31. Dezember 1987

Alter von bis unter	Geschlecht m=männlich w=weiblich i=insgesamt	Insgesamt	Griechen	Italiener	Jugoslawen	Portugiesen	Spanier	Türken	Marokko	Tunesien
	m	169,4	7,4	20,0	15,3	1,9	2,7	81,6	4,1	2,0
unter 6	w	154,0	6,6	19,6	14,6	1,9	2,5	71,7	3,5	1,9
	i	323,4	14,0	39,6	29,9	3,8	8,0	153,3	7,6	3,9
	m	337,7	19,1	32,7	43,3	5,5	8,0	163,0	6,9	2,1
6 bis 15	w	291,7	18,1	32,1	42,4	5,1	7,4	128,8	5,7	1,8
	i	629,4	37,2	64,8	85,7	10,6	15,4	291,8	12,6	3,9
	m	507,1	26,5	52,7	58,6	7,4	20,7	244,6	11,0	4,1
unter 15	w	445,7	24,7	51,7	57,0	7,0	9,9	200,5	9,2	3,7
	i	952,8	51,2	104,4	115,6	14,4	20,6	445,1	20,2	7,8
	m	129,2	8,8	12,7	14,2	2,6	3,9	62,8	1,9	0,2
15—18	w	107,3	8,3	12,0	14,0	2,3	3,4	47,1	1,4	0,2
	i	236,5	17,1	24,7	28,2	4,9	7,3	109,9	3,3	0,4
	m	1 991,5	116,0	267,2	258,5	32,0	62,8	533,7	21,0	11,0
18 und älter	w	1 449,4	95,6	147,9	195,3	27,9	56,5	396,9	11,1	5,3
	i	3 440,9	211,6	415,1	453,8	59,9	119,3	930,6	32,1	16,3
	m	2 627,7	151,3	332,6	331,3	42,0	87,4	841,1	33,9	15,3
insgesamt	w	2 002,5	128,6	211,6	266,3	37,2	69,8	644,5	21,7	9,2
	i	4 630,2	279,9	544,2	597,6	79,2	147,2	1 485,6	55,6	24,5

Aus: Daten und Fakten zur Ausländersituation. Mitteilungen der Beauftragten der Bundesregierung für die Integration der ausländischen Arbeitnehmer und ihrer Familien. 10. Auflage, Bonn Mai 1989, S. 15

Tabelle 6 Aufenthaltsdauer der ausländischen Wohnbevölkerung in Tausend am 31. Dezember 1988

Aufenthaltsdauer von bis unter	insgesamt	Anteil in %	davon							
			Türken	Jugoslawen	Griechen	Spanier	Portugiesen	Italiener	Marokkaner	Tunesier
unter 4	918,4	20,5	222,8	65,3	38,1	7,7	7,3	71,9	14,2	4,1
4 bis 6	222,6	5,0	63,4	15,2	8,6	2,7	1,9	23,1	4,0	1,8
6 bis 8	284,1	6,3	104,6	23,4	11,2	3,3	2,7	27,4	5,5	2,0
8 bis 10	1 957,2	43,6	826,5	366,4	129,5	58,7	46,5	205,4	18,0	10,9
20 und mehr	704,1	15,7	105,9	78,0	76,5	50,1	8,5	143,5	4,2	0,8
6 und mehr	3 348,2	74,6	1 237,4	498,5	228,2	116,0	61,9	413,6	33,9	15,8
10 und mehr	2 661,3	59,3	932,4	444,4	206,0	108,8	54,0	348,9	22,2	11,7

Quelle: Statistisches Bundesamt

Einwanderungsland?

Für die bis 1973 angeworbenen und nach wie vor hier lebenden ausländischen Arbeitskräfte und ihre Familienangehörigen ist die Bundesrepublik faktisch zum Einwanderungsland geworden, auch wenn dieser Begriff bei den Politikern dieses Landes nach wie vor verpönt ist und auch Ausländer selbst es sich nicht eingestehen wollen (siehe 5.2.3.).

2. Die Anwerbung ausländischer Arbeitskräfte für die Wirtschaft der Bundesrepublik Deutschland

2.1. Die Interessenlage der deutschen Wirtschaft bis zum Anwerbestopp 1973

Um eine Grenzen überschreitende Wanderungsbewegung von Arbeitskräften in Gang zu setzen, müssen zwei Grundvoraussetzungen vorliegen:

- Von der Volkswirtschaft eines hochentwickelten Landes muß eine Nachfrage auf den Arbeitsmarkt ausgehen, die von einheimischen Arbeitskräften nicht mehr befriedigt und auch durch Rationalisierungsmaßnahmen nicht ausgeglichen werden kann (Sogwirkung).
- In weniger entwickelten Staaten sind mehr Arbeitskräfte vorhanden, als die heimische Wirtschaft verkraften kann. Sie sind hinreichend qualifiziert, um in den Industriestaaten nach kurzer Anlernzeit einfache Tätigkeiten vor allem in der Industrie, weniger im Dienstleistungsbereich und nur in Ausnahmefällen in der Landwirtschaft zu übernehmen. Sie versprechen sich von einer zeitlich begrenzten Auswanderung eine Verbesserung ihrer wirtschaftlichen Situation nach der Rückkehr in die Heimat. Die Regierungen dieser Staaten sind bereit, einen Teil ihres Arbeitskräftepotentials ausreisen zu lassen, um so die durch die Arbeitslosigkeit entstandenen oder voraussehbaren sozialen Folgen zumindest abzumildern (Schubwirkung).

Kriegsfolgen

Wie kam es zu dieser Sogwirkung auf deutscher Seite?
Der zweite Weltkrieg hatte

- ein Drittel des deutschen Volksvermögens von 1936,
- ein Fünftel aller gewerblichen Bauten und Produktionsmittel,
- zwei Fünftel aller Verkehrsanlagen,
- fünfzehn Prozent des Wohnraums vernichtet
- und das Arbeitskräftepotential der Gesamtbevölkerung um annähernd ein Fünftel vermindert.

Die Auflösung der Kriegskoalition der vier alliierten Siegermächte USA, Sowjetunion, Großbritannien und Frankreich und der kurz nach Kriegsende einsetzende „Kalte Krieg" zwischen den Weltmächten USA und Sowjetunion beendete die noch auf der Potsdamer Konferenz vom Sommer 1945 bekundete Absicht, Deutschland als Ganzes zu erhalten. Die Entwicklung führte schließlich zu den beiden deutschen Teilstaaten Bundesrepublik Deutschland und Deutsche Demokratische Republik, die jeweils voll in das westliche bzw. östliche politische, wirtschaftliche und militärische System einbezogen wurden.
Für die drei Westzonen, aus denen 1949 die Bundesrepublik gebildet wurde, hatte die weltpolitische Blockbildung wirtschaftlich zur Folge, daß während der Kriegszeit erörterte Pläne, Deutschland in einen Agrarstaat zurückzuentwickeln, keinen Einfluß auf die praktische Politik der Alliierten nach dem Kriege erhielten. Die Westmächte sahen sehr bald in ihren Besatzungszonen ein Faustpfand, dessen wirtschaftliches Potential in der Auseinandersetzung zwischen kapitalistischer Demokratie und kommunistischer Diktatur zugunsten des Westens eingesetzt werden konnte:

- Die westlichen Besatzungszonen erhielten ab 1947 Mittel aus dem Marshall-Plan zum Wiederaufbau der Wirtschaft.
- Der Integration der Bundesrepublik in das westliche System diente auch die Wiederherstellung einer kapitalistisch-marktwirtschaftlichen Ordnung und die Währungsreform in den Westzonen im Jahre 1948.
- Die Bundesrepublik wurde 1952 Mitglied der Europäischen Gemeinschaft für Kohle und Stahl (Montanunion) und war 1957 an der Gründung der Europäischen Wirtschaftsgemeinschaft (EWG – heute EG) beteiligt.

Alle diese Maßnahmen begünstigten einen wirtschaftlichen Aufschwung riesigen Ausmaßes, der unter dem Begriff „Wirtschaftswunder" in die Geschichte eingegangen ist.

Wirtschaftliches Wachstum und Bedarf an Arbeitskräften
Statistisch schlug sich der Aufschwung, wie Abbildung 3 zeigt, in einer bis 1966/67 anhaltenden Phase hoher Wachstumsraten des realen Bruttosozialprodukts nieder. Diese Wachstumsraten

- führten zum Wiederaufbau der zerstörten Städte, Produktionseinrichtungen und Verkehrsverbindungen in der Bundesrepublik,
- ermöglichten die wirschaftliche Eingliederung der beiden ersten „Migrationswellen" von aus den ehemaligen deutschen Ostgebieten und aus Europa stammenden Vertriebenen (ca. 9,7

Abbildung 3 Reales Wachstum des Bruttosozialprodukts 1951–1967 in v.H. gegenüber Vorjahr

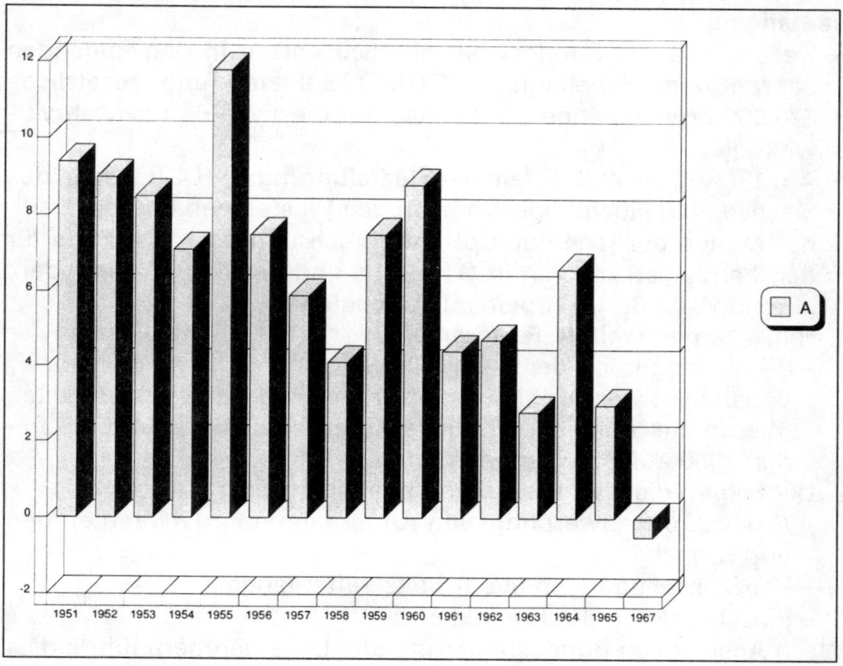

Millionen) und Flüchtlingen aus der sowjetischen Besatzungszone – später DDR – (ca. 2,7 Millionen bis zum Mauerbau 1961). Trotz dieses riesigen Zustroms von Menschen und trotz einsetzender Mechanisierung der Landwirtschaft wuchs ab Ende der 50er Jahre die Zahl der offenen Stellen vor allem in der Industrie.

Die Zahl der in der Landwirtschaft Beschäftigten sank bei wachsender landwirtschaftlicher Produktion von 5,9 Millionen im Jahre 1949 auf 1,7 Millionen 1972. Die Zahl der offenen Stellen in der Industrie nahm zu, obwohl der Zustand der „Vollbeschäftigung" (Arbeitslosigkeit unter 1%) erst 1960 erreicht wurde und die Zahl der im industriellen Produktionsbereich Beschäftigten im Zeitraum von 1950 bis 1970 um fast 4 Millionen wuchs.

Ab 1960 konnten durch Kriegs- und Nachkriegszeiten bedingte Einbrüche in der Bevölkerungs- und Erwerbsstruktur nicht mehr durch den Zustrom von Vertriebenen und Flüchtlingen kompensiert werden. Die Zahl der deutschen Arbeitnehmer fiel von knapp 26 Millionen im Jahre 1960 auf etwas über 23 Millionen im Jahre 1976.

Die Zahl der offenen Stellen übertraf die der Arbeitslosen bei weitem. 1961 waren mehr als 500.000 Arbeitsplätze in der Bundesrepublik nicht zu besetzen. Aber nicht nur die hohen Wachstumsraten und die kriegsbedingten Einbrüche in der Struktur der Erwerbstätigen bewirkten den sich dramatisch verschärfenden Arbeitskräftemangel:

- Der Aufbau der Bundeswehr ab 1955 entzog in den folgenden Jahren dem Arbeitsmarkt 470.000 Soldaten und zusätzliche 170.000 Erwerbstätige als Personal für die zivile Bundeswehrverwaltung.
- Am 13. August 1961 befahl die Staatsführung der DDR wegen des wachsenden Flüchtlingsstroms in den Westen den Bau der Berliner Mauer, der jenen abrupt unterbrach und auch das Ende für den Pendelverkehr von in Ost-Berlin und der DDR Wohnenden, aber in West-Berlin Arbeitenden bedeutete.

  Hinzu kamen weitere Faktoren wie
  - die Verlängerung der Ausbildungszeiten von Jugendlichen,
  - Verkürzung der Arbeits- und Verlängerung der Urlaubszeiten (die durchschnittliche jährliche Arbeitzeit sank von 2400 Stunden 1950 auf 2000 Stunden im Jahr 1980).

  Die Folgen dieses Arbeitskräftemangels waren:
  - Arbeitskräfteabwerbung von Unternehmen zu Unternehmen und Branche zu Branche,
  - Betriebsstillegungen aus Arbeitskräftemangel,
  - Einschränkung der Produktion.

Nach Ansicht von Bundesregierung und Unternehmern führte dies auch zu übermäßigen Lohnzugeständnissen an die Arbeitnehmer. Damit war zu Beginn der 60er Jahre die Fortsetzung des Wachstums der Volkswirtschaft der Bundesrepublik im bis dahin für selbstverständlich gehaltenen Umfang gefährdet. Die Lücke konnte nach Ansicht der deutschen Wirtschaft und der damaligen Bundesregierung nur durch die Anwerbung zusätzlicher ausländischer Arbeitskräfte geschlossen werden.

Meinung von Unternehmern

„Es ist einsichtig: Ohne die Beschäftigung von ausländischen Arbeitnehmern hätte die Bundesrepublik weder ihre führende Weltmarktposition noch den hohen Lebensstandard erreicht: Umfangreiche Aufträge hätten von der deutschen Wirtschaft kurzfristig nicht ausgeführt werden können, Maschinen und Produktionsanlagen wären unbesetzt geblieben, und Steuereinnahmen wären erheblich niedriger ausgefallen.
Die Unternehmer erkannten diesen fundamentalen Beitrag der Ausländer zur wirtschaftlichen Entwicklung der Bundesrepublik auch vorbehaltlos an.
Der damalige Präsident der Arbeitgeberverbände Siegfried Balke sagte am 31. März 1966: ‚Für die deutsche Wirtschaft sind die ausländischen Arbeitskräfte ein unerläßlicher Faktor geworden, sie sind für die Wirtschaft des Landes von enormem Vorteil. Will die Bundesrepublik ihr wirtschaftliches Potential weiter erhöhen, muß sie weiterhin ausländische Arbeitskräfte importieren. Ohne sie wäre die augenblickliche Produktivität um 15 bis 20% geringer.'"
(Aus: Hugo Reister: Ausländerbeschäftigung und Ausländerpolitik in der Bundesrepublik Deutschland. Publikationen der Fachhochschule für Verwaltung und Rechtspflege Berlin – Deutsche und Ausländer – 2.Aufl., Berlin 1983, S. 21 f.)

Formen der Anwerbung

Das in den zweiseitigen Anwerbeabkommen geregelte Anwerbeverfahren sah zwei Formen der Anwerbung vor:

(1) Die anonyme Anwerbung über „Deutsche Kommissionen" der Bundesanstalt für Arbeit in den Anwerbestaaten.

Die deutschen Unternehmer beantragten bei den zuständigen Arbeitsämtern eine bestimmte Zahl von ausländischen Arbeitskräften, gaben gewünschte Qualifikation, Geschlecht, Alter und Nationalität an. Das Arbeitsamt reichte die Anträge an die Anwerbekommission weiter, wenn keine deutschen Arbeitskräfte zur Verfügung standen („Inländerprimat"), ein den deutschen Arbeitnehmern im Betrieb vergleichbarer Lohn gezahlt wurde und angemessene Unterkünfte zur Verfügung standen.
Die Anwerbekommissionen suchten in Zusammenarbeit mit den Arbeitsverwaltungen in den Anwerbestaaten aus der Vielzahl der Bewerber die geeigneten nach einer medizinischen Untersuchung und einer polizeilichen Überprüfung aus. Die erfolgreichen Bewerber erhielten einen Musterarbeitsvertrag und eine Legitimationskarte, die zur Einreise in die Bundesrepublik und zur Arbeitsaufnahme für ein Jahr auf dem Arbeitsplatz berechtigte, für den sie auf Antrag des Unternehmens ausgewählt worden waren.
Für die Vermittlung und den Sammeltransport war an die Bundesanstalt für Arbeit eine Vermittlungsgebühr zu bezahlen, die zunächst 165 DM pro Person betrug, später aber erhöht wurde.

(2) Ein Unternehmen konnte aber auch ihm bekannte oder durch bereits hier tätige ausländische Mitarbeiter benannte ausländische Arbeitskräfte namentlich anfordern.

Es beantragte dann über die zuständige Ausländerbehörde, der angeforderten Arbeitskraft im zuständigen deutschen Konsulat den Sichtvermerksstempel in den Paß für die Einreise zur Arbeitsaufnahme zu erteilen. Zwar prüfte auch in diesen Fällen das Arbeitsamt, ob nicht der „Inländerprimat" vorlag und ob die Entlohnung der deutscher Arbeitskräfte entsprach. Es wurde auch eine Untersuchung auf ansteckende Krankheiten im Heimatland und die polizeiliche Überprüfung vorgenommen, aber

- es entfiel die Vermittlungsgebühr,
- der Nachweis „angemessener Unterkünfte" wurde nicht verlangt,
- die Arbeitsverwaltungen der Entsendeländer konnten umgangen werden, so daß auch qualifizierte Facharbeiter (vor allem aus Jugoslawien) in die Bundesrepublik geholt werden konnten, deren Abwanderung jene im Interesse der eigenen Wirtschaft möglicherweise nicht zugestimmt hätten.

Das deutsche Unternehmen ging allerdings wegen der oberflächlicheren medizinischen Untersuchung ein gewisses Risiko ein, das sich jedoch wegen der einjährigen Befristung des Arbeitsvertrags in Grenzen hielt. Es hatte aber den für das Betriebsklima und damit die betriebliche Produktivität großen Vorteil, relativ homogene Belegschaften zusammenstellen zu können.

In den Entsendestaaten führte dies manchmal zur Auswanderung der jungen, arbeitsfähigen Bevölkerung ganzer Dörfer, da über die namentliche Anwerbung einer nach dem anderen von Verwandten und Freunden nach Deutschland geholt wurde.

Ausländer als „Konjunkturpuffer"

Mit dem Einbruch der ersten Rezession in die Boomphase der Nachkriegszeit in den Jahren 1966/67 wurde den ausländischen Arbeitskräften die Rolle einer „konjunkturellen Manövriermasse" zugewiesen. Etwa 46 % der ausländischen Arbeitskräfte, das war ca. eine halbe Million, kehrten zwischen Herbst 1966 und Herbst 1967 in ihre Heimatländer zurück. Da aber zu diesem Zeitpunkt nicht wie 1973 ein Anwerbestopp verhängt wurde, reisten im sel-

Abbildung 4 Ausländische Wohnbevölkerung und Arbeitnehmer

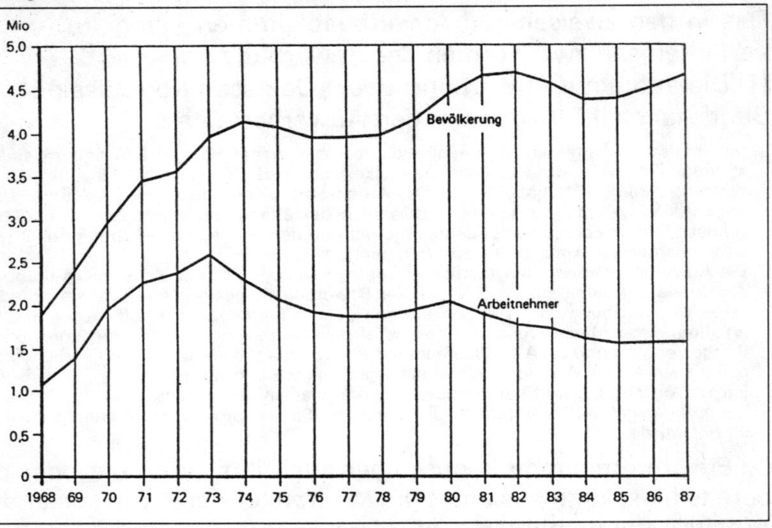

Aus: Daten und Fakten zur Ausländersituation. Mitteilungen der Beauftragten der Bundesregierung für die Integration der ausländischen Arbeitnehmer und ihrer Familien. 10. Auflage, Bonn Mai 1989, S. 12

ben Zeitraum 180.000 neu angeworbene Arbeitskräfte in die Bundesrepublik ein.

Als nach Bewältigung dieser Rezession das wirtschaftliche Wachstum wieder erheblich zunahm, wuchs die Zahl ausländischer Arbeitskräfte wieder sprunghaft an.

Allein zwischen 1968 und 1971

- verdoppelte sich die Beschäftigtenzahl von einer auf 2,1 Millionen,
- stieg der Anteil der ausländischen Arbeitskräfte an der Gesamtbeschäftigtenzahl von 4,9% auf 9,8% (siehe Abbildung 4).

Anwerbestopp 1973

Als im Herbst 1973 nach dem israelisch-arabischen Krieg und der durch ihn ausgelösten Ölkrise die Bundesregierung einen Anwerbestopp für ausländische Arbeitskräfte verhängte, sah man in ihnen erneut einen „Konjunkturpuffer". Zu diesem Zeitpunkt hatte die Ausländerbeschäftigung mit 2,6 Millionen den höchsten Stand erreicht.

Bis dahin war bei Bundesregierung, Parteien, Arbeitgebern und ihren Verbänden weitgehend unumstritten, daß die Anwesenheit großer Mengen ausländischer Arbeitskräfte zur Aufrechterhaltung der wirtschaftlichen Stärke der Bundesrepublik unbe-

dingt notwendig sei. In der Rezession 1966/67 aufkeimende Bedenken wurden durch den folgenden Boom wieder verdrängt.
Kritische Einwände wie
- der Einsatz menschlicher Arbeitskraft verhindere oder verzögere notwendige Rationalisierungsmaßnahmen,
- erhalte strukturschwache Erwerbszweige wegen geringerer Lohnkosten künstlich am Leben,
- die langfristigen sozialen Kosten der Ausländerbeschäftigung würden ihren kurzfristigen wirtschaftlichen Nutzen übersteigen,

wurden im Überschwang der Wachstumseuphorie nicht beachtet.
Mit der Konzeption der „Rotation" meinten Wirtschaft und Politik, den Hebel gefunden zu haben, mit dem auch langfristig der Nutzen für die deutsche Wirtschaft höher sein würde als die möglichen Kosten für das Gesellschaftssystem.

Bedenken der Gewerkschaften
Allerdings entstanden bei den Gewerkschaften nach der Rezession von 1966/67 erste Zweifel, ob die Ausländerbeschäftigung wirklich nur eine zeitlich begrenzte Erscheinung zur kurzfristigen Überbrükkung von Arbeitskräftemangel wäre und sich nicht vielmehr die Frage der sozialen Integration in die Bundesrepublik und der besseren rechtlichen Absicherung stelle.
Soziale Bedenken äußerten die Gewerkschaften auch
- gegenüber der Einstufung der ausländischen Arbeitskräfte in Niedriglohngruppen, die das Gesamtlohnniveau drückte und
- der verbreiteten illegalen Beschäftigung ausländischer Arbeitnehmer.

2.2. Motive der Arbeitskräfteauswanderung aus der Sicht der Entsendeländer

Schubwirkung in den Entsendeländern
Um einen Migrationsprozeß auszulösen, bedarf es auch einer Schubwirkung in den Entsendeländern. Dabei ist zu unterscheiden zwischen
- den individuellen Motiven der Arbeitsmigranten, ihre Heimat zu verlassen, und
- den politischen Erwartungen, die vor allem die Regierungen der Entsendeländer mit der zeitweiligen Ausreise eines Teils der vorhandenen Arbeitskräfte im besten Arbeitsalter verbinden.

Individuelle Motive und staatliche Erwartungen müssen vor dem

Hintergrund der Unterentwicklung der Entsendestaaten oder, wie im Falle Italiens, eines starken regionalen Entwicklungsgefälles zwischen industrialisiertem Norden und agrarischem Süden gesehen werden. Dabei werden die europäischen Entsendestaaten mit Ausnahme Italiens den sogenannten „Schwellenländern" zugeordnet, die in ihrem wirtschaftlichen Entwicklungszustand sich zwischen den hochentwickelten Industrie- und Dienstleistungsstaaten Zentraleuropas und den nur Rohstoffe oder Agrarprodukte exportierenden Staaten der sogenannten „Dritten Welt" befinden. Mit der Auswanderung von Arbeitskräften geht in diesen Staaten meist eine starke Binnenwanderung aus den ländlichen Gebieten in die großen Städte einher, oder sie ging ihr voraus. Dies macht Tabelle 7 am Beispiel der Türkei deutlich.
Dieser Prozeß der Binnenwanderung in Richtung auf die städtischen Zentren wird von der Hoffnung ausgelöst, in den industriell fortgeschritteneren Gebieten des Landes einen Arbeitsplatz zu finden und der Armut in den ländlichen Gebieten zu entrinnen. Gelingt dies nicht, was bei vielen der Binnenwanderer der Fall ist, oder wird der Erfolg einer Binnenwanderung als wenig wahrscheinlich angesehen, wächst die Bereitschaft zum Verlassen der Heimat.

Auswanderungsmotive

So ist es kein Wunder, daß Befragungen von Arbeitsmigranten als Hauptmotive der Auswanderung

Tabelle 7 Entwicklung städtischer Bevölkerung ausgewählter türkischer Städte

Stadt	Einwohner 1945	Einwohner 1985	Wachstum (Faktor)
İstanbul	861 000	5 476 000*)	6,3
Ballungsraum İstanbul	901 000	6 054 000	6,7
ohne Stadt İstanbul	40 000	578 000**)	14,4
Ankara	227 000	2 235 000	9,8
İzmir	198 000	1 490 000	7,5
Adana	101 000	778 000	7,7
Bursa	86 000	613 000	7,1
Eskişehir	80 000	310 000	3,9
Mersin (İçel)	33 000	314 000	9,5
İzmit (Kocaeli)	28 000	233 000	8,3
Adapazari (Sakarya)	29 000	152 000	5,3
Karabük	11 000	95 000	8,6
Gesamttürkei (Städte)	4 457 000	25 890 000	5,8

*) Starkes absolutes Wachstum der Bevölkerung von Istanbul als Folge zahlreicher Eingemeindungen aus dem unmittelbaren Umland seit 1980.
**) Deutliche Bevölkerungsabnahme des unmittelbaren Umlandes von Istanbul infolge Eingemeindungen in die Stadt Istanbul seit 1980.

Aus: Die Türkei und die Türken in Deutschland. Hrsg.: Landeszentrale für politische Bildung Baden-Württemberg. Kohlhammer Verlag Stuttgart 1982, S. 24, mit ergänzenden Angaben des Autors, Dr. Volker Höhfeld

– Arbeitslosigkeit,
– Geldmotive (Geld verdienen, Ersparnisse für die Zukunft)
nannten, während Motive wie
– Abenteuerlust und Kennenlernen fremder Länder,
– persönliche Konflikte
eine untergeordnete Rolle spielten.

Rückkehrziele

Die meisten Arbeitsmigranten verbanden ihre überwiegend wirtschaftlichen Ausreisemotive allerdings auch mit Zielen für die Zeit nach der Rückkehr wie
– Hausbau oder -kauf,
– Kauf von Ackerland oder landwirtschaftlichen Maschinen,
– Kauf eines eigenen Autos,
– Kauf eines Lastwagens oder Taxis,
– Eröffnung oder Kauf eines Ladens oder Handwerksbetriebs.
Der Stil der Lebenshaltung in der Bundesrepublik orientierte sich in den ersten Jahren des Aufenthalts fast ausschließlich an diesen Spar- und Rückkehrzielen.

Erwartungen der Regierungen der Entsendestaaten

Als wichtigste politische Erwartungen, welche die Regierungen der Entsendeländer mit der Migration verbanden, lassen sich vor allem nennen:
– eine Verringerung der Arbeitslosenzahlen,
– positive Auswirkungen auf die Zahlungsbilanz durch Devisenüberweisungen der Migranten,
– Entwicklungsanstöße durch die Rückkehrer,
– eine Verringerung der inneren sozialen Spannungen durch das „Ventil" der zeitweiligen Auswanderung.

So standen z.B. 1971 in der Türkei nach Angaben des staatlichen Planungsamtes einem Arbeitsangebot von 15,436 Millionen Arbeitswilligen im Inland 13,426 Millionen Arbeitsplätze gegenüber. Dies bedeutete einen Arbeitskräfteüberschuß im Inland von 2,01 Millionen (13%). Die Nachfrage vom Ausland nach Arbeitskräften betrug im selben Jahr 0,42 Millionen, so daß ein endgültiger Überschuß von 1,589 Millionen Arbeitslosen bestehenblieb (10,3%).

Aber nicht alle, die in die Industriestaaten gingen, waren unqualifiziert und/oder arbeitslos, obwohl sie vorwiegend für Hilfsarbeitertätigkeiten angeworben wurden.

Nach Statistiken der Bundesanstalt für Arbeit waren z.B. 1971 insgesamt 29,2% der Angeworbenen qualifizierte Arbeitskräfte (Facharbeiter, Meister usw.) davon 46,3% der Türken und 30,1% der Jugoslawen. Auch akademisch ausgebildete Fachkräfte (z.B. türkische Lehrer) ließen sich wegen des besseren Verdienstes als Hilfsarbeiter ins Ausland abwerben.

Die Verminderung der Arbeitslosenzahl wurde wegen der Auswanderung von mit hohen Kosten im Entsendestaat ausgebildeten Ar-

Abbildung 5 Devisenüberweisungen ausländischer Arbeitnehmer 1975–1989 nach Schätzungen der deutschen Bundesbank in Mio. DM

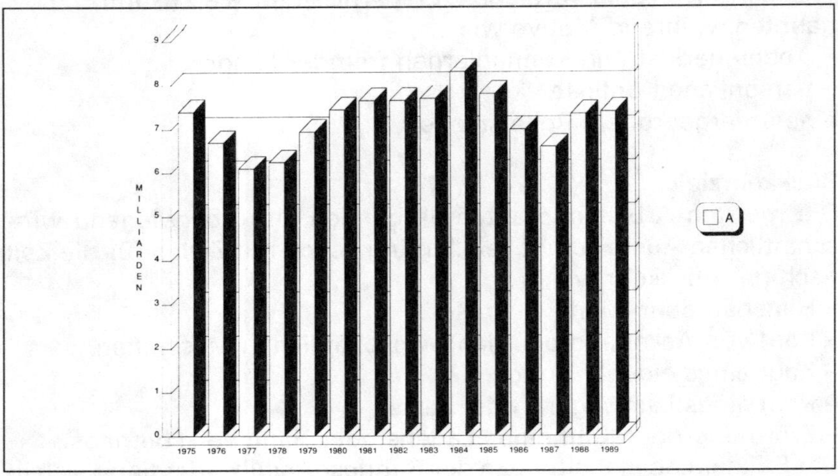

Zahlen aus: Daten und Fakten zur Ausländersituation. Mitteilungen der Beauftragten der Bundesregierung für die Integration der ausländischen Arbeitnehmer und ihrer Familien. 10. Auflage, Bonn Mai 1989, S. 30 sowie ergänzende Angaben

beitskräften mit einer qualitativen Verschlechterung des heimischen Arbeitskräftepotentials bezahlt. Möglicherweise hatte dies – allerdings schwer nachzuweisende – negative Auswirkungen auf die Entwicklung der heimischen Wirtschaft, die trotz des großen Arbeitskräfteangebots oftmals vor einem Facharbeitermangel stand. Kritiker sagen daher, die armen Länder hätten auf diese Weise die reichen Länder subventioniert.

Devisenüberweisungen

Nach Schätzungen der Deutschen Bundesbank wurden unter Berücksichtigung der auf Heimatreisen mitgenommenen Beträge zwischen 1960 und Ende 1989 ca. 159 Mrd. DM durch ausländische Arbeitnehmer in ihre Heimatstaaten überwiesen, über 53 Mrd. DM davon in die Türkei. Diese Devisen wurden von den Entsendeländern dringend zum Ausgleich ihrer Zahlungsbilanzdefizite benötigt (siehe Abbildung 5).

So betrugen z.B. 1984 die Rücküberweisungen türkischer Arbeiter aus der Bundesrepublik 3,35 Mrd. DM, das Defizit in der Handelsbilanz (= die Importüberschüsse) der türkischen Wirtschaft aber allein 3,654 Mrd. US-Dollar. Bei einem Dollarkurs von über 3 DM waren dies mehr als 10 Mrd. DM. Ein nicht unerheblicher Teil der Rücküberweisungen floß als Folge des Imports deutscher Industriegüter wieder in die Bundesrepublik zurück.

Die Devisenüberweisungen in die einzelnen Entsendeländer sind in Abbildung 6 wiedergegeben.

Mit Hilfe der Rücküberweisungen sollten die nötigen Investi-

Abbildung 6 Devisenüberweisungen in die Hauptentsendeländer 1989 (nach Schätzungen der deutschen Bundesbank in Mio. DM)

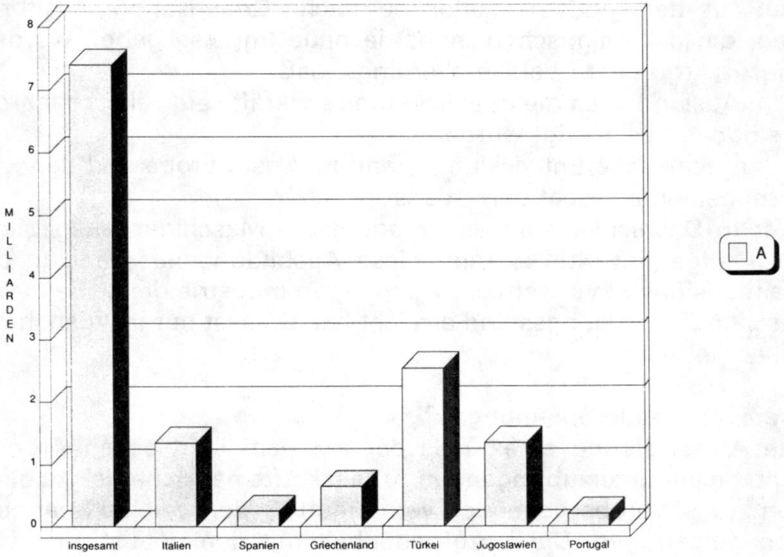

Zahlen aus: Daten und Fakten zur Ausländersituation. Mitteilungen der Beauftragten der Bundesregierung für die Integration der ausländischen Arbeitnehmer und ihrer Familien. 10. Auflage, Bonn Mai 1989, S. 30 sowie ergänzende Angaben

tionsgüter zur Belebung der eigenen Wirtschaft importiert werden können. Die Erfahrungen der Vergangenheit zeigen allerdings, daß ein erheblicher Anteil der Devisen für den Kauf von Konsumgütern im Ausland und nicht von Investitionsgütern verwendet wurde. Trotz der hohen Rücküberweisungen der letzten zwei Jahrzehnte hat es in den Entsendeländern (einschließlich Süd-Italien) keine grundlegende Verbesserung der wirtschaftlichen Strukturen gegeben. Dennoch würde ohne die Überweisungen die wirtschaftliche Situation vielleicht noch sehr viel schlechter sein.

Euphorie ist nicht angebracht

„Einige der Mittelmeerländer haben eine lange Emigrationstradition, und das im doppelten Sinn »Goldene Zeitalter« der Einkommenstranfers lag in der Zeit vor dem Ersten Weltkrieg. Auch damals verbanden sich mit dem Devisenstrom euphorische Hoffnungen. »Für jeden auswandernden Arbeiter wurden zwei neue beschäftigt, einer der den freien Arbeitsplatz einahm, ein zweiter, der aufgrund der zusätzlichen Rohstoffimporte in der Industrie beschäftigt werden konnte.« Nichtdestotrotz haben sich Emigrationsländer wie Italien, Griechenland (oder auch Irland) auf diesem Wege bis jetzt nicht von ihrem Entwicklungsrückstand befreien können."

(Aus: Reinhard Lohrmann/Klaus Manfrass, Hrsg.: Ausländerbeschäftigung und internationale Politik. R. Oldenbourg Verlag München 1974, S. 153

Verbesserung beruflicher Qualifikationen?
Die Abwanderung von Arbeitskräften wurde in den Entsendeländern auch mit dem Argument gerechtfertigt, die Rückkehrer würden aus den Industriestaaten berufliche Qualifikationen mitbringen, die der heimischen Industrie neue Impulse geben würden. Dieses Argument übersah allerdings, daß
- im Ausland auch die qualifizierten Fachkräfte auf Hilfsarbeiterpositionen beschäftigt wurden und
- der technische Entwicklungsstand in West-Europa und den Entsendeländern nicht derselbe ist.

Wer in Deutschland an den modernsten Maschinen ausgebildet oder angelernt wurde, kann diese Ausbildung nur dann in der Heimat sinnvoll verwenden, wenn deren Industrie denselben technischen Entwicklungsstand erreicht hat. Dies ist nur in Ausnahmefällen gegeben.

Weniger soziale Spannungen?
Die Abwanderung eines Teils der auf dem heimischen Arbeitsmarkt nicht unterzubringenden Arbeitskräfte hat sicherlich zu einer zumindest vorübergehenden Verminderung der sozialen Spannungen beigetragen. Die Unzufriedenheit mit den politischen, wirtschaftlichen und sozialen Zuständen des Heimatlandes konnte sich ein Ventil verschaffen. Schließlich sahen alle Beteiligten zunächst nur die Vorteile der Arbeitsmigration. Ob nicht mittel- oder langfristig die Unzufriedenheit der Zurückgekehrten mit den politischen und sozialen Verhältnissen in der Heimat steigt und für neue Spannungen sorgt, wird sich noch zeigen.

2.3. Vorteile für die deutsche Wirtschaft und Gesellschaft

Wachstumsbeitrag
Das Hauptmotiv für die Anwerbung ausländischer Arbeitskräfte war der inländische Arbeitskräftemangel. Anwerbung und Aufenthalt von mehreren Millionen ausländischen Arbeitskräften und ihren Familienangehörigen brachte neben der Beseitigung dieses Mangels aber zusätzliche positive Effekte für Wirtschaft und Gesellschaft der Bundesrepublik mit sich. Diese halten trotz der ab 1973/74 einsetzenden, sich mit Beginn der 80er Jahre verstärkenden Arbeitslosigkeit zum Teil – wenn auch in abgeschwächter Form – bis in die Gegenwart an.
Nur mit Hilfe der ausländischen Arbeitskräfte konnten die hohen jährlichen Wachstumsraten der deutschen Volkswirtschaft in den

60er und frühen 70er Jahren, aber auch noch einmal von 1976 bis 1979 erreicht werden (siehe 2.1.). Auch wenn der Einsatz ausländischer Arbeitskräfte, wie Kritiker heute sagen, in manchen Branchen notwendige Rationalisierungsinvestitionen verzögert haben mag, wäre bis Mitte der 70er Jahre das Wachstum der deutschen Wirtschaft geringer ausgefallen.

Studie des Instituts der Deutschen Wirtschaft
Eine von Mitarbeitern des den Unternehmerverbänden gehörenden Instituts der deutschen Wirtschaft in Köln vorgelegte Studie kommt 1983 rückblickend zu dem Schluß:
„Die Beschäftigung ausländischer Arbeitnehmer trug vornehmlich dazu bei, den Mangel an Arbeitskräften auszugleichen oder zumindest zu mildern, um so eine weitere reibungslose wirtschaftliche Expansion zu ermöglichen. Die durch die Ausländerbeschäftigung bedingte positive Veränderung der Erwerbsstrukturen, vor allem ihre Beschäftigung in den expansiven und produktivitätsstarken Bereichen der Industrie, führte auch zu einem raschen Anwachsen der gesamtwirtschaftlichen Produktivität. Die Ausländer waren aufgrund ihrer regionalen und beruflichen Mobilität ein unentbehrliches Element für die Erhaltung der Produktivität und damit für die Sicherung eines angemessenen Wirtschaftswachstums geworden.
Die Beschäftigung ausländischer Arbeitnehmer hat nicht nur geholfen, den globalen Ersatzbedarf der Wirtschaft zu decken. Sie ermöglichte auch sektorale sowie vertikale Umschichtungsprozesse von großem Ausmaß, besonders ausgeprägt etwa im Dienstleistungsbereich."
(Aus: Winfried Schlaffke/Rüdiger von Voss, Hrsg.: Vom Gastarbeiter zum Mitarbeiter. Ursachen, Folgen und Konsequenzen der Ausländerbeschäftigung in Deutschland. Informedia Verlags GmbH Köln 1982, S. 27)

Ersparnisse
Die hier lebenden Ausländer sind auch Konsumenten und Sparer. Die Binnennachfrage nach Gütern und Dienstleistungen stieg mit der wachsenden Zahl ausländischer Bürger in der Bundesrepublik ebenso, wie die Spareinlagen der Banken und Sparkassen zunahmen.

Die Zentralbank der Türkei schätzte 1983 allein die Ersparnisse der Türken bei den Sparkassen, Banken und Lebensversicherungen der Bundesrepublik auf rund 30 Mrd. DM.

Exporte in Entsendeländer
Durch die Überweisungen in die Herkunftsländer (siehe 2.2) erhielten diese dringend benötigte Devisen, die zu einem nicht geringen Teil wieder für den Import deutscher Industrieprodukte ausgegeben wurden und damit der deutschen Wirtschaft zugute kamen.

Bessere Arbeitsplätze für Deutsche
Die ausländischen Arbeitskräfte übernahmen viele Tätigkeiten, die deutsche Arbeitskräfte gerne aufgaben, weil sie eintönig, gesundheitsgefährdend, psychisch belastend und meist auch schlechter bezahlt waren. Die Deutschen wanderten in weniger belastende, höher qualifizierte und besser bezahlte Tätigkeiten ab

(z.B. in den öffentlichen Dienst). Die Ausländer schlossen die dadurch entstehenden Lücken wieder.

„In der Industrie insgesamt verließen ... von 1961 bis 1973 fast 1,4 Millionen Arbeiter ihre Arbeitsplätze, während 816 Tausend Ausländer neu eingestellt wurden. Rund 1 Million der deutschen Arbeiter sind in jenen Jahren in Angestellten- und Beamtenpositionen zum Staat übergewechselt. Somit haben nicht nur die Unternehmer, sondern auch deutsche Arbeiter durch ihren beruflichen Aufstieg unmittelbar vom Einsatz der ausländischen Beschäftigten profitiert."
(Aus: Hugo Reister: Ausländerbeschäftigung und Ausländerpolitik in der Bundesrepublik Deutschland. Publikationen der Fachhochschule für Verwaltung und Rechtspflege Berlin – Deutsche und Ausländer – 2. Aufl., Berlin 1983, S. 28)

Soziales Sicherungssystem

Auch das Sozialversicherungssystem der Bundesrepublik konnte aus den Beitragszahlungen der ausländischen Arbeiter Nutzen ziehen.
Diese bezahlten Beiträge zur
– Krankenversicherung,
– Arbeitslosenversicherung,
– Rentenversicherung.
Die Leistungen aller Versicherungszweige wurden in den ersten Jahren der Ausländerbeschäftigung wegen der Alters- und Familienstrukturen der ausländischen Bevölkerung von dieser kaum in Anspruck genommen. Allerdings konnte die Tatsache, daß Ausländer die risikoreichsten und die Gesundheit belastenden Arbeitsplätze übernahmen, auf die Dauer ebensowenig ohne Einfluß auf die Inanspruchnahme von Krankenversicherungsleistungen sein, wie der Familiennachzug nach 1973.

Im Oktober 1973 wurde für die pflichtversicherten Krankenkassenmitglieder insgesamt eine Krankenquote von 6,22 % ermittelt, für die pflichtversicherten Ausländer von 6,4 %. Der Unfallverhütungsbericht der Bundesregierung vom Januar 1976 hielt für das Jahr 1974 auf je 1000 deutsche Beschäftigte 89, auf je 1000 ausländische Beschäftigte hingegen 219 Arbeitsunfälle fest.

Mit zunehmender Arbeitslosigkeit, von der ausländische Arbeitskräfte überdurchschnittlich betroffen sind, mußten sie in den letzten Jahren auch überdurchschnittlich häufig die Leistungen der Bundesanstalt für Arbeit in Anspruch nehmen, für die sie aber auch jahrelang ihre Beiträge bezahlt haben (siehe 5.2.1.).
Bei der Rentenversicherung ist festzustellen, daß mit den Beiträgen der ausländischen Beitragszahler seit über 20 Jahren die Bezüge deutscher Rentner zu erheblichen Teilen mitfinanziert werden.
Nach Angaben des „Verbandes Deutscher Rentenversicherungsträger"(VDR) von 1986
– wurden von 1970 bis 1984 insgesamt ca. 16,5 Mrd. DM an Rentenleistungen und ca. 5,4 Mrd. DM als Beitragserstattungen – insgesamt ca. 22 Mrd. DM – ins Ausland überwiesen,
– für den Zeitraum von 1970–1984 wurden die eingezahlten Versi-

cherungsbeiträge ausländischer Arbeitnehmer vom VDR indes auf ca. 129 Mrd. DM geschätzt,

– ca. 107 Mrd. DM konnten damit für Leistungen an deutsche Rentenbezieher und Rücklagen der Versicherungsanstalten aufgewandt werden.

Dieses Mißverhältnis zwischen Beitragzahlung und Inanspruchnahme für Leistungen kann nicht für alle Zeiten bestehenbleiben, denn die Zahl der ausländischen Rentenbezieher wird schlagartig ansteigen, wenn die am Anfang der 60er Jahre angeworbenen Ausländer ins Rentenalter kommen. Allerdings profitierten die deutschen Rentenversicherungsanstalten auch von der Möglichkeit, sich bei Rückkehr in die Heimat die eingezahlten Rentenversicherungsanteile erstatten zu lassen, da in diesem Falle nur die Arbeitnehmeranteile ausgezahlt werden, die Arbeitgeberanteile hingegen bei der deutschen Rentenversicherung bleiben und damit den weit überwiegenden deutschen Rentnern zugute kommen.

3. Ausländerpolitik der Bundesrepublik Deutschland

3.1. Von der Anwerbung zum Anwerbestopp

Arbeitsmarktpolitik

Der Entschluß der Bundesregierung in den 60er Jahren, ausländische Arbeitnehmer in großer Zahl in die Bundesrepublik einreisen zu lassen, war nicht das Ergebnis einer alle Folgen berücksichtigenden umfassenden Entscheidung. Die Öffnung der Grenzen hatte ihre Ursache allein in dem Bedarf der deutschen Wirtschaft an zusätzlichen Arbeitskräften (siehe 1.2. und 2.1.). Es ging allein darum:

- den Bedarf zu ermitteln,
- Anwerbevereinbarungen zu schließen,
- die arbeits- und sozialrechtliche Stellung der „Gastarbeiter" zu regeln.

Regierung, Arbeitgeber und Gewerkschaften gingen von einer Übergangserscheinung aus, die keine weiterreichenden Planungen für die Sozial-, Gesellschafts- und Bildungspolitik erforderlich machte. Ausländerpolitik war lediglich ein Aspekt der allgemeinen Wirtschafts- und Arbeitsmarktpolitik.

Rotation

Die Grundidee war die der Rotation (siehe 1.5.). Es war die Vorstellung, daß ausländische Arbeitnehmer als Ledige für einige Jahre in die Bundesrepublik kommen, hier arbeiten, Geld verdienen, sparen und dann wieder in die Heimat zurückkehren sollten. Falls nach dieser Zeit weiterhin Bedarf bestehen würde, könnten neue Arbeitskräfte angeworben werden. Dieses Konzept ist von den Ausländerbehörden in der Praxis jedoch zu keiner Zeit konsequent umgesetzt worden. Soweit eine Fluktuation stattfand, erfolgte diese überwiegend auf freiwilliger Basis.

Der Gedanke der Rotation stieß auch sehr bald auf Widerstand. Die Arbeitgeber wollten nicht die inzwischen angelernten und in die Betriebe integrierten Arbeitskräfte verlieren. Eine Einarbeitung von neu angeworbenen „Gastarbeitern" hätte sie in der dann wiederum notwendigen Übergangsphase Zeit und Geld gekostet. Die Gewerkschaften bestanden auf längerfristigen Verträgen, um nicht die Arbeitnehmerschaft in eine „Zwei-Klassen-Gesellschaft" aufspalten zu lassen, die auch die Stellung deutscher Arbeitnehmer hätte gefährden können (siehe 2.1.).

Stillschweigendes „Bleiberecht"

Mit Billigung der Bundesregierung wurden daher Aufenthalts- und Arbeitserlaubnis durch die Ausländerbehörden und Arbeitsämter regelmäßig um jeweils zwei Jahre verlängert. Die Folge war nicht nur ein zunehmend längerfristiger Aufenthalt zahlreicher ausländischer Arbeitnehmer, sondern auch ein allmählich wachsender Nachzug von Ehegatten und Kindern sowie die Geburt ausländischer Kinder in der Bundesrepublik.

In der Rechtsprechung entwickelte sich daneben eine eigene Dynamik, die den Handlungsspielraum der Politik einzuschränken begann. Aufgrund des Rechts- und Sozialstaatsprinzips wurde Ausländern von den Gerichten bei längerfristigem Aufenthalt und bei wiederholter Verlängerung der Aufenthaltserlaubnis ein Anspruch auf „Vertrauensschutz" zugebilligt. Nach fünfjährigem Aufenthalt konnte die Aufenthaltserlaubnis auch unbefristet erteilt werden. Dies bedeutete, daß die Verweigerung eines weiteren Aufenthalts – selbst wenn dies politisch gewollt gewesen wäre – rechtlich zunehmend schwieriger und sogar unmöglich wurde. Das Bundesverfassungsgericht (Amtliche Entscheidungssammlung Band 49, S.168) hat 1978 abschließend und bestätigend entschieden, daß der Einwand, die Bundesrepublik sei kein Einwanderungsland, gegenüber dem Verfassungsgebot des Vertrauensschutzes nachrangig ist.

Objektiv entwickelte sich so die Notwendigkeit für eine gesellschaftspolitische Ergänzung der bislang nur am Arbeitsmarkt orientierten Ausländerpolitik. Subjektiv wurde dies jedoch zunächst nur von wenigen so wahrgenommen.

3.2. Integration statt Arbeitsmarktpolitik

Anwerbestopp

Die durch die „Ölkrise" ausgelöste Wirtschaftsrezession führte im November 1973 zur Verkündung des Anwerbestopps, der den weiteren Zuzug von Ausländern von außerhalb der EG zum Zweck der Arbeitsaufnahme strikt und schlagartig untersagte. Damit trat eine neue Phase für die Ausländerpolitik ein. Man stand vor dem Dilemma, einerseits ein Überangebot an Arbeitskräften zu haben, andererseits war man sich aber einig, daß es aus rechtlichen, politischen und moralischen Gründen nicht möglich war, die ausländischen Arbeitnehmer und ihre Familien zu einer „Zwangsrückkehr" zu verpflichten. Man mußte sich der Erkenntnis stellen, daß man „Arbeitskräfte geholt hatte, aber Menschen gekommen" waren (Max Frisch).

Bewußtseinswandel

Die Tatsache, daß in der Bundesrepublik inzwischen vier Millionen Ausländer lebten, die in ihrer Mehrzahl in absehbarer Zeit nicht in ihre Heimatländer zurückkehren würden, rückte langsam in das Bewußtsein einer breiteren Öffentlichkeit. Man begriff die Notwendigkeit, die engen, rein arbeitsmarktpolitischen Konzepte durch eine umfassendere Gesellschaftpolitik abzulösen. Ausländerpolitik wurde nun auch bei den politischen Parteien zum Thema.

Neue Sicht

Kennzeichnend für die sich wandelnde Haltung ist der folgende Auszug aus einem Artikel des damaligen Bürgermeisters der Stadt Bremen, Hans Koschnick (SPD):

„Wenn ich mir überlege, was in den 15 bis 20 Jahren Ausländerbeschäftigung in der Bundesrepublik Deutschland von deutscher Seite aus für eine wirksame Integration der ausländischen Arbeitnehmer getan worden ist, kann ich nur feststellen: Wir haben die ausländischen Arbeitnehmer und ihre Familien zwar in unser Land geholt, uns ihrer Arbeitskraft bedient, uns aber dann selber nicht weiter um sie gekümmert.

Die einzige ‚Kosten-Nutzen-Analyse', die mir geboten erscheint, ist folgende: Wir haben über fast zwei Jahrzehnte alle den Nutzen aus der Ausländerbeschäftigung gezogen. Wir werden uns jetzt daran gewöhnen müssen, auch Kosten dafür zu übernehmen. Sonst würden wir den Anstieg unseres Lebensstandards mit der Ausbeutung anderer Menschen begründen; eine Vision, der ich aus grundsätzlicher christlicher wie politischer Überzeugung Widerstand entgegenbringe.

Gerade im Bereich der Ausländerpolitik haben wir schon viel zu viel Zeit ins Land gehen lassen. Jeder, der sich mit den damit zusammenhängenden Fragen etwas intensiver befaßt, weiß, daß eine weitere dilatorische Befassung die Probleme ständig größer werden läßt. Wer glaubt, daß er sich heute den Problemen entziehen kann, der irrt. Wer glaubt, die Probleme ließen sich leichter Hand wegorganisieren oder manipulieren oder im Gesetzesweg stornieren, der irrt ebenfalls."

Aus: Blätter der Wohlfahrtspflege, 1977, Heft 9, Seite 202 f.

Ein erstes Aktionsprogramm

Einen ersten Schritt in Richtung einer Neuorientierung stellte das „Aktionsprogramm" der sozialliberalen Bundesregierung des Jahres 1973 dar. In diesem wurde in Übereinstimmung mit der Wirtschaft die Beschäftigung von Ausländern weiterhin als notwendig angesehen, aber nach wie vor von einer nur befristeten Übergangserscheinung ausgegangen. Zugleich wurde der nebulöse Begriff einer „Integration auf Zeit" formuliert. Man hoffte dabei, durch ein „Einfrieren" der Situation einen allmählichen Abbau der Ausländerbeschäftigung zu erreichen, um so letztlich zu

einer im Ergebnis nur noch geringen und damit zu vernachlässigenden Zahl von Arbeitsmigranten zu gelangen.
Der Anwerbestopp des Jahres 1973 und die diesen bis 1977 „flankierenden Maßnahmen", wie erste Beschränkungen des Familiennachzugs und Zuzugssperren für „überlastete Siedlungsgebiete", zielten in diese Richtung. Sie blieben jedoch letztlich ohne den erhofften Erfolg; die Zahl der Ausländer zeigte im Gegenteil eine steigende Tendenz (vgl. Tabelle 8).
Ursachen dieser unerwarteten Entwicklung waren:
- Arbeitnehmer entschlossen sich jetzt zum „vorläufigen" Bleiben, da im Falle einer Rückkehr in die Heimat nunmehr eine Wiedereinreise in die Bundesrepublik ausgeschlossen war. Scheiterte man zu Hause aus sozialen und/oder ökonomischen Gründen, war der erneute Weg nach Deutschland versperrt.
- Da man sich nun auf einen längeren Aufenthalt einrichtete, wurden in steigender Zahl Ehepartner und Kinder auf dem Wege des Familiennachzugs in die Bundesrepublik geholt. Dies konnte durch die Behörden zwar juristisch erschwert werden, war aber letztlich verfassungsrechtlich nicht zu verhindern.

Schritte zur Integration

Die trotz restriktiver Politik sich immer deutlicher abzeichnende Dauerpräsenz einer erheblichen Zahl von Ausländern und insbesondere der zunehmende Anteil von solchen der sogenannten zweiten und dritten Generation, bei denen von einer Rückkehrbereitschaft noch weniger gesprochen werden konnte als bei deren Eltern, machten weitere Schritte in Richtung einer ernsthaften Integrationspolitik unausweichlich. Die Vorstellung einer Integration auf Zeit erwies sich – schon bevor sie umgesetzt wurde – als Trugschluß. Weiter wurde der öffentliche Druck von Kirchen, Wohlfahrtsverbänden, Gewerkschaften und auch Kommunen, die die

Tabelle 8 Ausländer im Bundesgebiet 1972–1977

Jahr	Gesamtzahl Tsd.	Anteil an der Wohnbevölkerung in % (gerundet)	sozialversicherungspflichtig Beschäftigte Tsd.
1972	3 526,6	5,7	2 352,3
1973	3 966,2	6,4	2 595,0
1974	4 127,4	6,7	2 286,6
1975	4 089,6	6,6	2 038,7
1976	3 948,3	6,4	1 920,8
1977	3 948,3	6,4	1 869,4

Aus: Daten und Fakten zur Ausländersituation. Mitteilungen der Beauftragten der Bundesregierung für die Integration der ausländischen Arbeitnehmer und ihrer Familien. 10. Auflage, Bonn Mai 1989, S. 14

individuellen und konkreten Probleme täglich und hautnah erfuhren, immer heftiger. Sie forderten, Konsequenzen aus der faktisch erfolgten Einwanderung von vier Millionen Ausländern zu ziehen, diese als Mitbürger zu sehen und in die Gesellschaft einzugliedern.

Im Frühjahr 1977 erarbeitete die Bundesregierung auf der Grundlage eines Kommissionberichtes Vorschläge und formulierte Grundpositionen. Die wichtigsten waren:

- Die Bundesrepublik sei kein Einwanderungsland.
- Es würden bei Aufrechterhaltung des Anwerbestopps gleichwohl auf lange Sicht ausländische Arbeitnehmer weiterhin benötigt werden.
- Rückkehrbereitschaft und Rückkehrfähigkeit seien zu fördern.
- Die ausländischen Arbeitnehmer und ihre Familien seien in ihrem rechtlichen Status zu sichern, und ihre Integration in die Gesellschaft solle gefördert werden.

Um diese Ziele der Ausländerpolitik auf staatlicher Ebene zu koordinieren, wurde 1978 das Amt des „Beauftragten der Bundesregierung für die Integration der ausländischen Arbeitnehmer und ihrer Familien" geschaffen (1978 bis 1981 der ehemalige nordrhein-westfälische Ministerpräsident Heinz Kühn [SPD], ab 1981 die F.D.P.-Politikerin Liselotte Funke; siehe 7.2.4.).

„Kühn-Memorandum"

Heinz Kühn legte 1979 ein „Memorandum" vor, das eine Weiterentwicklung der bestehenden Konzepte bewirken sollte und einen Appell zur Neuorientierung enthielt.

Auszug aus dem Memorandum des Beauftragten der Bundesregierung, Stand und Weiterentwicklung der Integration der ausländischen Arbeitnehmer und ihrer Familien in der Bundesrepublik Deutschland, Bonn September 1979:

I. Leitlinien

Der alarmierende Befund, insbesondere im Hinblick auf die Zukunftsperspektiven von 1 Mio. ausländischer Kinder und Jugendlicher im Bundesgebiet, macht umfassende Anstrengungen dringlich, um größten individuellen und gesamtgesellschaftlichen Schaden abzuwenden. Die bereits vorhandenen und erst recht die sich ohne eine rasche entscheidende Wende für die nahe Zukunft abzeichnenden Probleme stellen eine Aufgabe, die, wenn sie nicht alsbald gelöst wird, unlösbar zu werden droht und dann verhängnisvolle Konsequenzen befürchten läßt.

Die bisherige Entwicklung und die bisherigen Maßnahmen sind offenbar zu sehr von der Priorität arbeitsmarktpolitischer Gesichtspunkte geprägt worden, während die ebenso gewichtigen sozial- und gesellschaftspolitischen Postulate nachrangig erschienen.

Der vor dem Hintergrund der aktuellen und sich zunehmend verschärfenden Problematik der ausländischen Arbeitnehmer und ihrer Familien notwendige neue korrigierende Ansatz muß daher wesentlich stärker den gesellschaftspolitischen Gegebenheiten und Erfordernissen Rechnung tragen. Es muß anerkannt werden, daß hier eine nicht mehr umkehrbare Entwicklung eingetreten ist und die soziale Verantwortung gegenüber den heute – zumeist schon über eine beachtliche Zeitspanne – in Deutschland lebenden und einstmals in der Mehrzahl gezielt „angeworbenen" Menschen und ihren Kindern nicht eine Variable der jeweiligen Arbeitsmarktlage sein kann.

Den (vermeintlich in großer Zahl) bleibewilligen Zuwanderern, namentlich der zweiten

und dritten Generation, muß das Angebot zur vorbehaltlosen und dauerhaften Integration gemacht werden.
Undifferenzierte Konzeptionen einer Integration „auf Zeit" sind in sich widersprüchlich und unrealistisch und werden von den tatsächlichen Gegebenheiten permanent augenfällig widerlegt. Auch Versuche der Rückkehrförderung, deren Möglichkeiten nicht überschätzt werden sollten, erscheinen erst sinnvoll, wenn sie auf diejenigen gezielt ausgerichtet werden können, die dafür ernsthaft in Betracht kommmen. Auch dies setzt voraus, daß die alternativen Perspektiven den Betroffenen offengelegt werden."

Kühn forderte somit als Grundlage für politische Entscheidungen, die Tatsache zu akzeptieren, daß durch die faktische Einwanderung eine nicht mehr umkehrbare Entwicklung eingetreten sei. Die ausländischen Arbeitnehmer und ihre Familien dürften nicht länger mehr nur als Puffer am Arbeitsmarkt gehandelt werden, sie seien als Mitbürger anzuerkennen und auch so zu behandeln.
Die wesentlichen Forderungen des Memorandums waren daher:
- Konzepte für eine Integration zu entwickeln und umzusetzen,
- Gettobildungen zu verhindern,
- jugendlichen Ausländern ungehinderten Zugang zu Ausbildungs- und Arbeitsplätzen zu ermöglichen,
- ein Optionsrecht für in der Bundesrepublik aufgewachsene oder hier geborene Ausländer auf Einbürgerung zu schaffen,
- die politischen Rechte der Ausländer auszubauen,
- soziale Beratung zu intensivieren,
- eine Anpassung des Ausländerrechts und des Einbürgerungsverfahrens zur Erleichterung der Integration vorzunehmen.

Neue Richtlinien

Auf der Basis des „Kühn-Memorandums" entwickelte sich eine breite öffentliche Diskussion der Ausländerprobleme, die eine Vielzahl von Papieren zur Integrationsfrage zur Folge hatte.
Als ein Ergebnis veröffentlichte im März 1980 die damalige SPD/F.D.P.-Regierung überarbeitete Richtlinien für eine staatliche Integrationspolitik. Dem Memorandum oder anderen Vorschlägen wurde hierbei jedoch nur teilweise gefolgt. Es sollten in erster Linie die schulische und berufliche Ausbildung und die Wohnsituation der Familien verbessert sowie die Einbürgerung ab dem 18. Lebensjahr nach langjährigem Aufenthalt erleichtert werden.

Beschlüsse der Bundesregierung zur Ausländerpolitik
Beschluß vom 11. November 1981
Es besteht Einigkeit im Kabinett, daß die Bundesrepublik Deutschland kein Einwanderungsland ist und auch nicht werden soll. Die ausländerpolitische Konzeption vom 19. März 1980 wird vom Kabinett bestätigt. Das Kabinett hat die Absicht, seine ausländerpolitische Konzeption im Lichte der zwischenzeitlichen Erfahrungen anzupassen.
Alle Ausländer, die dazu bereit sind, sollen rechtlich, wirtschaftlich und sozial integriert werden.
Es soll jedoch kein Zwang zur kulturellen Assimilation ausgeübt werden, diese soll lediglich angeboten werden, z.B. über das deutsche Schulsystem.

Der Vorstellung des Kabinetts entspricht eine volle Integration einschließlich des Erwerbs der deutschen Staatsangehörigkeit, auch mit entsprechenden Pflichten.

3.3. Rückkehr oder Einbürgerung?

Neue Schwerpunkte

Nach dem Regierungswechsel im Oktober 1982 setzte die neue Bundesregierung entsprechend den Wahlprogrammen der sie tragenden Parteien – CDU/CSU und F.D.P. – andere Akzente in der Ausländerpolitik, um auch hier die geforderte gesellschaftliche „Wende" herbeizuführen. Die Grundpositionen wurden nunmehr dahin definiert, daß

- die Bundesrepublik kein Einwanderungsland sei und werden dürfe,
- die weitere Zuwanderung von Ausländern wirksamer als bisher begrenzt werden müsse,
- Rückkehrbereitschaft und auch Rückkehrfähigkeit zu stärken seien,
- Einbürgerung das Ziel jeder Integration sein müsse.

Zur Durchsetzung dieser Ziele sei auch das Ausländerrecht zu ändern, um die neue Politik zu verankern und durchsetzbar zu machen.

Dies waren zunächst Feststellungen, die sich von denen der vorhergehenden Bundesregierung äußerlich nur wenig unterschieden. Wesentlich ist jedoch, welche Punkte betont wurden und wie diese durchgesetzt werden sollten.

Begrenzungsstrategie

Die Aufrechterhaltung des Anwerbestopps ist in einer breiten politischen Öffentlichkeit unbestritten, da ein unkontrollierter weiterer Zuzug im Ergebnis das Wirtschafts- und Sozialgefüge der Bundesrepublik – insbesondere den Arbeitsmarkt – gefährden würde. Ebenso besteht wohl ein weitgehender Konsens in der Bevölkerung, daß eine noch erheblich größere Zahl von Ausländern eine Integration der bereits hier lebenden erschweren würde (siehe 1.4.).

Umstritten war jedoch, ob und inwieweit beim Familiennachzug die bereits getroffenen und auch noch weitere Maßnahmen notwendig wären. Zur Begründung weitergehender Schritte wurde darauf verwiesen, daß die bisherigen Beschränkungen ein Steigen der Zahlen nicht habe verhindern können und diese damit nicht ausreichend gewesen seien. Die gegenwärtigen Regelungen, die

schon vergleichsweise liberal seien, reizten nur zur Umgehung des Anwerbestopps. Dem wurde entgegengehalten, diese Entwicklung sei beendet – das „Potential" nachzugsberechtigter Angehöriger fast erschöpft – weitergehende Maßnahmen seien inhuman und nicht mit Art. 6 Grundgesetz – Schutz von Ehe und Familie – vereinbar.
Ein Problem besonderer Art stellte der Wunsch der Türkei dar, Vollmitglied der EG zu werden. Nach dem förmlichen Ablauf des Assoziierungsvertrages des Jahres 1963 zum 1.12.1986, der als Fortsetzung an und für sich eine weitere Festigung der Zugehörigkeit vorsah, ist eine neue Vereinbarung bislang nicht geschlossen worden. Ein Antrag auf Vollmitgliedschaft wurde 1989 von der Europäischen Kommission vorerst abgelehnt. Die Staaten Westeuropas sträuben sich bisher aus unterschiedlichen Gründen, eine Mitgliedschaft zuzulassen. Ein Aspekt hierbei ist die Befürchtung, daß dann ein nicht mehr zu kontrollierender Zustrom von Arbeitnehmern aus der Türkei einsetzen könnte. Zusätzlich kompliziert wird die Situation nunmehr durch die Entwicklung in Osteuropa, da die dortigen Staaten nach Wiedererlangung ihrer demokratischen Freiheiten ebenfalls in die Europäische Gemeinschaft drängen.

Rückkehr

Um den Arbeitsmarkt zu entlasten, wurde als politisches Ziel die Forderung nach Rückkehr von Ausländern stärker in den Vordergrund gerückt. Zwar war diese Vorstellung auch schon zuvor Bestandteil eines jeden „Pakets" ausländerpolitischer Grundsätze, doch nahm dies nunmehr neben dem Gedanken der Integration einen gleichrangigen – im Bewußtsein nicht weniger Betroffener sogar einen vorrangigen – Stellenwert ein. Verbunden mit der Aufrechterhaltung des Anwerbestopps und der weiteren Erschwerung des Familiennachzugs sollte so die Zahl der in der Bundesrepublik lebenden Ausländer gesenkt werden. Nach Ansicht der Bundesregierung und der sie tragenden Kräfte war eine Reduzierung des Ausländeranteils auch deshalb erforderlich, weil die „Belastungsgrenze" erreicht wäre (siehe 1.4.). Für eine realistische Integrationspolitik sei in der deutschen Bevölkerung die notwendige Zustimmung nur zu finden, wenn nicht noch mehr Ausländer nach Deutschland kämen.
Verbunden mit dem Aspekt des Arbeitsmarktes gewann bei dieser Argumentation die Forderung nach Rückkehr eine neue Qualität. Wurde sie bisher arbeitsmarktpolitisch begründet, so war sie jetzt auch Konsequenz aus der gesellschaftspolitischen These, daß nur eine begrenzte Zahl von Ausländern in die Bundesrepublik inte-

griert werden könne – eine Zahl, die bis heute niemand kennt oder nennt.

Einbürgerung als Integrationsziel

Ausländer, die sich zum Verbleib entschließen, sollten sich stärker um Integration bemühen und eine Einbürgerung anstreben. Damit wurde die bisherige Position aufgegeben, daß es für die Betroffenen drei Wege gebe:
- Rückkehr,
- langfristiger Verbleib mit gesichertem Aufenthaltsstatus,
- Einbürgerung.

Nach dem Neuansatz sollte es nur noch zwei Möglichkeiten geben:
- Rückkehr oder
- Einbürgerung nach Integrationsphase.

Integration und Rückkehr

„Die Integration der ausländischen Arbeitnehmer und ihrer Familien ist eine wesentliche Aufgabe der Ausländerpolitik. Es geht dabei darum, die Ausländer instand zu setzen, am gesellschaftlichen Leben in der Bundesrepublik Deutschland möglichst voll und gleichberechtigt teilzuhaben. Gleichzeitig müssen sie ihre eigene Identität, die gerade in der Fremde Halt bietet und Voraussetzung für eine freiwillige Rückkehr darstellt, bewahren können. In dem Umfang, in dem sich die Ausländer für die freiwillige Rückkehr oder den dauerhaften Verbleib in der Bundesrepublik Deutschland entscheiden, wird sich das Spannungsverhältnis, das zwischen diesen beiden Zielsetzungen zweifellos besteht, vermindern."

Aus: Bericht der Kommission Ausländerpolitik; Hrsg.: Der Bundesminister des Innern, Hektogr. Ms., März 1983, S. 12

Kontroverse Diskussion

Der politische Ansatz der Bundesregierung, den Ausländern die Entscheidung abzuverlangen, sich entweder auf eine Rückkehr vorzubereiten oder sich mit dem Ziel der Einbürgerung zu integrieren, war Gegenstand heftiger Diskussionen.

Hauptargumente der Befürworter dieser Politik waren und sind:
- Die Belastungsgrenze der Bundesrepublik sei erreicht. Es sei nicht möglich, über 4 Millionen Ausländer zu integrieren, die Zahl müsse daher gesenkt werden. Zudem sei die Integrationsfähigkeit und -willigkeit der deutschen Bevölkerung erschöpft.
- Die Mehrzahl der Ausländer sei ohnehin langfristig zur Rückkehr entschlossen. Es liege nicht im deutschen Interesse, dies durch irgendwelche Maßnahmen – gewollt oder ungewollt – zu ändern.
- Es müßten Maßnahmen getroffen werden, die das Entstehen von Minderheiten verhindern, da diese das Sozialgefüge der Bundesrepublik gefährden könnten. Diese dürfe nicht zum „Vielvölkerstaat" werden.
- Jeder Mensch habe ein Recht auf Heimat. Es sei daher legitim, wenn die Bundesrepublik nicht Menschen entwurzeln wolle, son-

dern ihnen durch Maßnahmen der Förderung der Rückkehrbereitschaft und Rückkehrfähigkeit den Zugang zu ihrer Heimat erhalte.

Die Gegner dieser Politik warfen und werfen der Bundesregierung insbesondere vor, daß sie damit vielen Ausländern eine Entscheidung aufzuzwingen versuche, die diese gegenwärtig nicht treffen können und wollen:

- Es sei offen, wieviele Ausländer tatsächlich zur Rückkehr entschlossen seien. Das „Offenhalten" der Absicht sei auch ein strukturelles Merkmal der Arbeitsmigration überall in Westeuropa und sei zumindest für den Bereich der Europäischen Gemeinschaft wegen des Grundsatzes der Freizügigkeit auch legitim. Die Entscheidung, wo jemand leben wolle, sei innerhalb relativ weiter Rahmenbedingungen (z.B. Arbeitsplatz, Existenzsicherung, Wohnung) dem einzelnen zu überlassen. Es müsse akzeptiert werden, daß sich vielfältige Lebensformen entwickeln.
- Der Begriff der „Belastungsgrenze" sei nicht objektiv meßbar. Er sei lediglich eine situationsbedingte persönliche Wertung und könne daher nicht Grundlage von politischen Entscheidungen sein.
- Die geforderte Lebensplanung werde einmal durch die unsicheren wirtschaftlichen und zum Teil auch politischen Verhältnisse in den jeweiligen Heimatländern erschwert. Diese seien auch nicht durch die Bundesrepublik beeinflußbar. Zum anderen stehe ein immer noch unsicherer Status in der Bundesrepublik einer Entscheidung zum Bleiben im Wege.
- Es komme nicht auf die formale Entscheidung – Einbürgerung –, sondern auf das tatsächliche Verhalten an. Integration sei keine punktuelle Entscheidung, sondern Ergebnis eines langen – sich möglicherweise über Generationen erstreckenden – Prozesses. Es sei irrig, Einbürgerung und Integration gleichzusetzen.

Krise der Integrationspolitik

„Auf seiten der Ausländer greift herbe Verbitterung Platz, verbunden mit Unsicherheit und Angst. Das Ansinnen der Vollintegration wird als Angriff auf die nationale Ehre empfunden und mit trotzigem Nationalstolz zurückgewiesen. Aus der Überbetonung ihrer Eigenständigkeit durch ausländische Sprecher schließen Einheimische auf mangelnde Integrationsbereitschaft oder -fähigkeit. Sie geben ihrerseits vor, um die Erhaltung deutscher ‚Identität' besorgt zu sein, warnen vor einer ‚Überfremdung unserer Sprache, unserer Kultur und unseres Volkstums' und rufen zur Gründung eines ‚Bundes zur Erhaltung des deutschen Volkes und seiner politischen Identität' auf, um das ‚christlich-abendländische Erbe' zu retten. ‚Ausländerintegration ist Völkermord', ist ein ‚Verbrechen an den ausländischen Volksgruppen und am deutschen Volk', tönt es schrill aus der äußersten rechten Ecke deutscher Meinungsmacher. Deutsche Scholle sei ‚kein herrenloses Land' erklären Verteidiger des Vaterlandes; ‚schleichende Landnahme' dürfte nicht erlaubt sein. Selbst das Wiedervereinigungsgebot der Verfassung wird bemüht, das durch ‚fremdvölkische' Unterwanderungen verletzt werde; die ‚Grenze der Aufnahmefähigkeit' sei erreicht. Notwendig sei ‚eine konsequente Repatriierung von arbeitslosen Ausländern'. Gegenüber ‚Bürgern auf Zeit' seien ‚harte Maßnahmen jetzt nicht mehr zu vermeiden.'"

Aus: Fritz Franz, Ausländerpolitik im Umbruch?, in: Zeitschrift für Ausländerrecht und Ausländerpolitik (ZAR), 1983, S. 62

Erste Umsetzung der Ziele

Die christlich-liberale Bundesregierung setzte Ende 1982 eine neue Kommission aus Vertretern von Bund, Ländern und Gemeinden ein, die Vorschläge zur Realisierung ihrer ausländerpolitischen Konzeption entwickeln sollte. Deren Bericht wurde 1983 vorgelegt. Das Bundesinnenministerium erarbeitete 1985 ein weiteres Grundsatzpapier mit Regelungsvorschlägen und kündigte ein neues Ausländergesetz an.

Bis 1989 wurden jedoch im Rechtsbereich nur einzelne Maßnahmen – meist durch Veränderung oder Ergänzung von Verwaltungsvorschriften – getroffen.

- Das Nachzugsrecht von Kindern und Jugendlichen wurde vom 18. auf das 16. Lebensjahr herabgesetzt.
- Wenn nur ein Elternteil in der Bundesrepublik lebt, darf ein Nachzug der Kinder nicht mehr erfolgen.
- Ehegatten von Ausländern, die hier geboren wurden oder als Kind zugezogen sind, dürfen erst nachziehen, wenn der hier ansässige Ehepartner mindestens 18 Jahre alt ist, sich seit acht Jahren in der Bundesrepublik aufhält, die Existenz aus eigenem Einkommen gesichert ist und die Ehe mindestens ein Jahr besteht. In Bayern und Baden-Württemberg wurden bis zu einer aufhebenden Entscheidung des Bundesverfassungsgerichts im Sommer 1988 sogar eine dreijährige „Ehebestandszeit" vor der Einreise verlangt.
- Bei Ausländern, die sich zur Aus- oder Fortbildung aufhalten, wurde ein Nachzug grundsätzlich verboten.
- Die Erteilung einer Arbeitserlaubnis an nachgezogene Familienangehörige wurde an enge Voraussetzungen und Wartezeiten geknüpft.

Rückkehrförderungsgesetz

Ein direkter Versuch, das Ziel der Heimkehr möglichst vieler Ausländer zu erreichen, war 1983 der Erlaß des Gesetzes zur Förderung der Rückkehrbereitschaft von Ausländern. Arbeitslose Ausländer sollten durch Zahlung einer Rückkehrhilfe und Erstattung von Beiträgen zu Versicherungen sowie vorfristige Rückzahlung von Sparanlagen veranlaßt werden, in ihre Heimatländer zurückzukehren.

Wesentliche Inhalte des Gesetzes waren:

- Zahlung einer allgemeinen Rückkehrhilfe.

  Personenkreis: Arbeitnehmer aus ehemaligen Anwerbeländern (Ausnahme EG-Staaten).

Voraussetzung war, daß der Zurückkehrende durch Konkurs oder Betriebsstillegung arbeitslos geworden oder seit einem halben Jahr von Kurzarbeit betroffen war. Die Gewährung der Rückkehrhilfe setzte voraus, daß er die Bundesrepublik mit seiner ganzen Familie – einschließlich volljähriger Kinder – verließ. Höhe der Leistung: 10.500,- DM zuzüglich 1500,- DM für jedes zurückkehrende Kind. Die Hilfe konnte vom Inkrafttreten des Gesetzes nur bis Juni 1984 in Anspruch genommen werden. Die Ausreise mußte dann bis spätestens Ende September 1984 erfolgt sein.

- Vorzeitige Verfügung über öffentlich begünstigte Sparleistungen ohne Verlust der staatlichen Vergünstigungen (Steuerermäßigung, Prämie).
- Erstattung des Arbeitnehmeranteils zur gesetzlichen Rentenversicherung ohne zweijährige Wartezeit bei Ausreise bis spätestens zum 30. September 1984.
- Abfindung von Anwartschaften in der betrieblichen Altersversorgung einschließlich der Zusatzversorgung im öffentlichen Dienst.

Die Ziele und Inhalte diesen Gesetzes, das am 31.12.1984 ausgelaufen ist, waren äußerst umstritten. Kritisiert wurde, daß

- zum Zeitpunkt des Inkrafttretens dieses Gesetzes (01.12.1983) bereits schon länger arbeitslose Ausländer ausgenommen waren, also eine wesentliche Gruppe nicht erfaßt wurde,
- der für den einzelnen Ausländer zu erzielende Betrag zu gering sei, da er im Regelfall nicht zum Aufbau einer sicheren neuen Existenz genüge, die „Rückkehrprämie" also zu niedrig sei, um einen wirklichen Anreiz darzustellen,
- die Bundesrepublik durch diese Maßnahmen ihre ökonomischen Probleme auf die wirtschaftlich erheblich schlechter gestellten Entsendeländer abgewälzt und das Gesetz so zu Verstimmungen insbesondere im deutsch-türkischen Verhältnis geführt habe, da die Türkei sich als Opfer einer „Verdrängungspolitik" empfinde, die zu ihren Lasten gehe,
- eine Verpflichtung zur Ausreise der gesamten Familie gefordert wurde, ohne daß auf Bleibewünsche von Kindern, die hier aufgewachsen und integriert sind, Rücksicht genommen wurde.

Schätzungen der Bundesregierung gehen von etwa 300.000 Ausländern aus, die aufgrund dieses Gesetzes zurückgekehrt sind. Dies entspräche damit im Ergebnis der ohnehin üblichen Rückkehrquote. Die ursprünglichen Erwartungen lagen jedoch sehr viel höher. Die Bundesregierung erklärte daher auch, sie habe nicht die Absicht, ein solches Gesetz erneut vorzuschlagen.

Integration

Im Bereich der Integrationsmaßnahmen wurden und werden nach wie vor nicht unerhebliche Mittel für Fördermaßnahmen an Schulen, Kindergärten und Jugendzentren, für Maßnahmen zur beruflichen Bildung und für die Einrichtung sozialer Beratungsstellen zur

Verfügung gestellt. Hierbei darf allerdings nicht übersehen werden, daß dies oft Entscheidungen einzelner Bundesländer waren, die nicht immer im vollem Umfang die ausländerpolitische Konzeption der Bundesrepublik teilten und die dann auch die erforderlichen Mittel aufbrachten (s. allg. 7. Kapitel). Eine Erleichterung der Einbürgerung durch den Gesetzgeber, obwohl schon seit 1977 gefordert und immer wieder angekündigt, erfolgte jedoch nicht. Lediglich einzelne Bundesländer lockerten ihre Praxis insbesondere bei der Frage der Zulassung von Doppelstaatsangehörigkeiten. Damit blieb die politische Forderung nach Integration mit dem Ziel der Einbürgerung unerfüllt – die Politik inkonsequent –, so daß das „Angebot" für viele unerreichbar oder persönlich nicht akzeptabel war. Das Spannungsfeld zwischen Forderung nach Rückkehr und Bewahrung der Rückkehrfähigkeit einerseits und Integration andererseits blieb ungelöst. Beides zugleich kann schwerlich erwartet und gefordert werden (siehe auch 5.2.).

Reformbedarf

Von der Notwendigkeit einer Reform des Ausländerrechts waren nach 1982 alle Parteien und viele Verbände überzeugt, da die Regelungen aus dem Jahre 1965 den sozialen und wirtschaftlichen Erfordernissen nach dem Zuzug von über 4 Millionen Ausländern in die Bundesrepublik, die teilweise einen Daueraufenthalt anstrebten, nicht gerecht wurden und werden konnten.

Kontrovers diskutiert wurden jedoch die Ziele und Inhalte. Unstreitig war lediglich, daß die neuen gesetzlichen Bestimmungen klar und präzise zu formulieren und Ermessensspielräume zu begrenzen seien, um eine größere Rechtssicherheit – d.h. Vorhersehbarkeit des Verwaltungshandelns – herbeizuführen.

Die Bundesregierung verfolgte zur Verwirklichung ihrer Absichten der Zuzugsbegrenzung, Rückkehrförderung und Integration der Bleibewilligen die Ziele:

- bei der Frage der Erteilung einer Aufenthaltserlaubnis zukünftig deutlicher auf den jeweiligen Zweck des Aufenthalts abzustellen,
- bei neuen Zuzügen die Möglichkeit eines Daueraufenthalts in Zukunft grundsätzlich auszuschließen,
- neue Voraussetzungen für den Familiennachzug einzuführen,
- den Zuzug von Kindern und Jugendlichen effektiver zu kontrollieren,
- die Ausweisungstatbestände je nach betroffenem Personenkreis zu unterscheiden und zum Teil zu erweitern,
- die Voraussetzungen für die Verfestigung des Aufenthaltsstatus

durch zusätzliche Anforderungen an die jeweils nachzuweisende „Integrationsleistung" heraufzusetzen,
- extremistische politische Betätigungen leichter unterbinden zu können,
- die Einbürgerung für Ausländer insbesondere der zweiten und dritten Generation zu erleichtern,
- das Asylverfahren abzukürzen und zu beschleunigen.

Nur auf einer solchen Grundlage war und ist ihrer Ansicht nach auf Dauer eine endgültige Integration der zum Bleiben entschlossenen Ausländer zu erreichen und sind unter Vermeidung einer multikulturellen Gesellschaft die Interessen der deutschen Bevölkerung zu wahren.

Von den Gegnern dieser Politik wurde hiergegen eingewandt, daß ein Teil der vorgesehenen Regelungen im Gegenteil überwiegend eher integrationshemmend als -fördernd wirkten, da Voraussetzung jeder Bereitschaft zur Integration Sicherheit sei.

Es sei daher im Gegenteil notwendig, daß bereits schon bestehende Barrieren abgebaut würden und ausländischen Arbeitnehmern und ihren Familien ein sicheres Niederlassungsrecht und ein breiteres politisches Beteiligungsrecht einzuräumen sei. Zwingend geboten sei damit eine „Schlußstrich-Regelung", die den faktisch eingewanderten Ausländern eine garantierte und sichere Grundlage für ihre Lebensplanung bietet. Nur auf einer solchen Grundlage könne das Ziel einer Integration erreicht werden. An einer Rückkehr in die Heimat sei niemand auch bei einem gesicherten Aufenthaltsrecht gehindert. Eine Integrationspolitik auf einer solchen Basis wirke nicht ausgrenzend und sichere damit den sozialen Frieden der Bundesrepublik.

Die Politiker müssen Farbe bekennen

„Wer mit dem Gefühl lebt, er müsse morgen seine Koffer packen, kann nicht integriert werden. Von ihm kann auch nicht der Lebensplan erwartet werden, der Aufschluß über die Frage gibt: Wollen sie gehen oder bleiben?"

Aus: Nina Grunenberg, Die Politiker müssen Farbe bekennen, in: Die Zeit, Nr. 6 vom 05.02.1982, S.6

3.4. Neues Recht – Neue Chance?

Neues Gesetz

Bundestag und Bundesrat beschlossen im Frühjahr 1990 mit großem Zeitdruck das neue Ausländergesetz gegen die Stimmen der Opposition von SPD und Grünen, kurz bevor diese im Bundesrat nach den Wahlen in Niedersachsen eine Mehrheit erreichten. Die neuen Vorschriften treten am 1.1.1991 in Kraft (siehe 4. Kapitel).

Ein Gesetzentwurf des Bundeskabinetts für ein neues Ausländerrecht konnte erst im Herbst 1989 in den Bundestag eingebracht werden, obwohl er seit 1982 wiederholt angekündigt und jeweils erklärter Teil der Regierungsprogramme gewesen war. Der Grund für diese Verzögerungen lag darin, daß sich die Koalitionsparteien zwar über die allgemeinen Grundsätze ihrer Ausländerpolitik verständigt hatten, aber lange in zahlreichen Einzelfragen kein Einvernehmen erzielen konnten. Insbesondere der F.D.P. waren die Vorstellungen des damaligen Bundesinnenministers Zimmermann (CSU) zu eng. Manche F.D.P.-Politiker kritisierten sie als geradezu „ausländerfeindlich". Die Wahlerfolge der Republikaner 1988 und 1989 im rechten Wählerspektrum veranlaßten dann die CDU/CSU, einen konsensfähigen Entwurf zu erstellen und möglichst schnell zu verabschieden. Auch der daraufhin vorgelegte Entwurf des neuen Innenministers Schäuble (CDU) war innerhalb der Koalition zunächst noch umstritten. Jetzt war es die CSU, welcher der Entwurf bei der Einschränkung der Nachzugsregelungen und den Abschiebungsvoraussetzungen für abgelehnte Asylbewerber nicht weit genug ging. Die wichtigsten „Eckwerte" wurden dann in einem Gremium von drei Abgeordneten – je einem von CDU, CSU und F.D.P. – festgelegt.

3.5. Kritik und Forderungen

Die Vorlage des Bundeskabinetts stieß auf heftige Kritik der SPD, der Grünen, des DGB, der Kirchen und der Ausländerbeauftragten, da nach deren Auffassung zu wenig für die Sicherheit des Aufenthaltsstatus der bereits lange hier lebenden Ausländer getan, die Bedürfnisse der Ausländer der zweiten und dritten Generation nicht hinreichend beachtet, Einbürgerungen nicht im notwendigen Umfang erleichtert und Forderungen des Datenschutzes mißachtet würden. Das Gebot einer sog. „Schlußstrich-Regelung" für hier lebende Ausländer mit der Absicht des Daueraufenthalts – so die Kritik – werde ignoriert; es würde im Gegenteil die bisherige Ausgrenzungspolitik fortgesetzt (siehe auch 7.1.). Die Vorstellung, man könne beliebig jeden Ausländer auf das Land seiner Abstammung als seine Heimat und damit den angemessenen Ort seiner persönlichen Lebensentfaltung verweisen, sei irrig. Für diejenigen, die hier seit 15 oder 20 Jahren leben oder hier geboren und aufgewachsen sind, sei häufig die Bundesrepublik die eigentliche Heimat. Dies gelte es, auch rechtlich durch einen sicheren Status anzuerkennen. Die alten Kategorien von „Inländer“ und „Ausländer“ würden auf diesen sozialen Sachverhalt nicht mehr zutreffen.

Die ausländerpolitische Diskussion wird auch nach Verabschiedung des neuen Gesetzes noch von den Stichworten: Begrenzung, Belastungsgrenze, Rückkehr, Ausweisungsverschärfung, politischer Extremismus und Asylantenschwemme bestimmt. Hinzu kommen zusätzliche Probleme mit Aus- und Übersiedlern. Der Gesichtspunkt der Integration scheint dabei fast in Vergessenheit zu geraten. Dies vermittelt den Eindruck, als sei die Aufgabe der Ausländerpolitik allein Reduzierung und Ausgrenzung. Bei nicht wenigen Deutschen wird damit die Illusion erweckt, dies könne zu einer Lösung des Ausländerproblems führen. Bei den Betroffenen löst es Unruhe und Sorge vor der Zukunft aus. Bereitschaft und Fähigkeit zur Integration sinken.

Beide Reaktionen sind gefährlich, und ihnen ist entgegenzuwirken. Bei allen parteipolitischen „verbalen Kraftakten“ muß jedem verantwortungsbewußten Politiker klar sein, daß

- die Bundesrepublik auch weiterhin mit einem in etwa gleichbleibenden ausländischen Wohnbevölkerungsanteil von ca. 7,5 % wird rechnen müssen,
- aus Gründen internationaler Reputation, des Widerstandes vieler Gruppen in der Bevökerung und auch aufgrund verfassungsrechtlicher Gebote sowie ökonomischer Gründe eine radikale Wende in der Ausländerpolitik mit dem Ziel einer drastischen Reduzierung nicht durchsetzbar ist.

Aufgabe der Politik muß es daher sein, in der Bevölkerung – bei Deutschen wie Ausländern – auf die Bereitschaft zur Akzeptanz unterschiedlicher Lebensformen hinzuwirken. Es ist den Bürgern zu verdeutlichen, daß sie Verantwortung tragen für das Zusammenleben von Mehrheit und Minderheiten und daß dies auf den Grundlagen von Toleranz, Gleichberechtigung und Solidarität zu erfolgen hat. Dies gilt auch für das Verhältnis von Minderheiten untereinander. Begrenzungsstrategien für den Neuzuzug werden durch eine derartige Haltung nicht ausgeschlossen.

Es muß jedoch deutlich werden, daß es wirklich um „Eingliederung“ und nicht um „Ausgrenzung“ geht, daß bleibewillige Ausländer nicht auf Dauer als Randgruppe behandelt werden können, die einem ständigen unmittelbaren oder mittelbaren Rückkehrdruck ausgesetzt ist. Die „gebetsmühlenhafte“ Wiederholung des Satzes, daß die Bundesrepublik kein Einwanderungsland sei, erweckt auf der deutschen Seite die Erwartung, daß eine Wiederherstellung des Zustandes vor der Anwerbephase möglich sei, wo man noch „unter sich“ war. Auf der anderen Seite werden viele Ausländer durch die Formel der „Wahrung der Identität in der Fremde“ und der Forderung nach Aufrechterhaltung der Rückkehrfähigkeit im Glauben bestärkt, sie könnten auf Dauer ein ungestörtes national-kulturelles Eigenleben in der Bundesrepublik führen. Beides ist irrig. Bei einer derartigen Grundeinstellung wird Fremdheit nicht beseitigt, sondern es wachsen Mißtrauen und Unduldsamkeit, wenn sich diese Vorstellungen als nicht einlösbar erweisen.

Probleme und Sorgen bereiten nach wie vor insbesondere:

- steigende Ausländerfeindlichkeit bei Teilen der Bevölkerung,
- nicht ausreichende Arbeits- und Ausbildungsplätze,
- mangelhafte Wohnraumversorgung und Gettobildungen,
- Anstieg der Zahl von Straftaten gerade bei Jugendlichen,
- unzureichende Einbindung von Ausländern in politische Entscheidungsprozesse, die sie betreffen,
- Unsicherheit über den Rechtsstatus und dessen Bedeutung für ein künftiges sicheres Bleiberecht.

Hier müssen noch mehr Anstrengungen unternommen werden, um nicht ein Konfliktpotential entstehen zu lassen, das zu nur noch schwer zu bewältigenden Spannungen führt. Deutsche und Ausländer sind hier zu Integrationsbereitschaft und Integrationsleistungen gefordert. Jede verantwortungsbewußte Ausländerpolitik muß sich an diesem Ziel ausrichten. Parteien, Politiker und Verbände tragen nicht nur Verantwortung für die inhaltliche Formulierung der Politik, sondern auch für deren Darstellung in der Öffentlichkeit und die politische Bewußtseinsbildung. Vermeintlich populistische Parolen, die sich, um Wählerstimmen zu gewinnen, gegen die Integration richten, könnten sich langfristig für die Gesellschaft verheerend auswirken.

4. Ausländerrecht

4.1. Recht als Instrument der Gestaltung gesellschaftlicher Verhältnisse

Funktion des Rechts

Recht – auch Ausländerrecht – erfüllt keinen Selbstzweck. Es soll vielmehr das Zusammenleben der Menschen innerhalb der Gemeinschaft regeln, um so einen möglichst reibungslosen Ablauf des sozialen Miteinanders zu sichern. Weiter stellt es Regeln für das Verhältnis des einzelnen Bürgers zur staatlichen Gemeinschaft auf. Recht und Gesetz sollen dem einzelnen und der Gemeinschaft damit Sicherheit schaffen. Sicherheit über das, was Recht ist und daß Konflikte nicht willkürlich, sondern nach bestimmten Regeln gelöst werden. Die Forderung nach Sicherheit beinhaltet damit, daß man wissen muß

- welche Normen existieren,
- welchen Inhalt diese haben,
- wie sie im Einzelfall angewandt werden.

Erst wenn dies bekannt ist, kann sich der einzelne darauf einstellen und verläßlich seine persönliche und wirtschaftliche Zukunft planen.

Der Gesetzgeber trägt also die Verantwortung dafür, das Zusammenleben der Menschen – seien es Inländer oder Ausländer – zu regeln und langfristig zu steuern. Er hat die rechtlichen Rahmenbedingungen zu schaffen, die für die eigenverantwortliche Gestaltung des Lebens eines jeden von uns unerläßlich sind.

Ausländerrecht zwischen Tagespolitik und Gerechtigkeit

Wie jedes Gesetz hat also auch das Ausländerrecht den Forderungen nach Sicherheit und Vorhersehbarkeit Rechnung zu tragen. Für die Arbeitsmigranten und ihre Familien sind insbesondere folgende Aspekte von Bedeutung:

- Dauer des Aufenthaltsanspruchs,
- Möglichkeit und Inhalt eines endgültigen Bleiberechts,

– Rechtsstellung der Familienangehörigen,
– Recht auf Arbeit oder gewerbliche Betätigung,
– Möglichkeit der Teilnahme am öffentlichen Leben,
– Gründe der Beendigung des Aufenthaltsrechts.

Dies alles sind Bedingungen, die den Arbeitsmigranten ihre wirtschaftliche, gesellschaftliche und soziale Existenz ermöglichen – oder nicht. Durch sie wird rechtlich der Rahmen ihres Lebens in der Bundesrepublik abgesteckt. Zugleich sind die Interessen der Inländer – der deutschen Bevölkerung – zu wahren, wozu gerade auch gehört, daß ein friedliches Miteinander unter Vermeidung sozialer Spannungen oder etwa gar Gefahren möglich wird. Sicherheit auf der einen Seite erfüllt auch diesen Anspruch für die andere Seite. Einseitig begünstigende oder belastende Regelungen führen auf die Dauer zu Konflikten und gefährden die Gesellschaft und den einzelnen. An der Frage, ob diesen Voraussetzungen durch unser Ausländerrecht genügt wird, ist dessen Qualität zu messen.

Das bisherige Ausländerrecht des Jahres 1965 entsprach diesen Forderungen nur eingeschränkt. Der Gesetzgeber hatte sich seiner politischen Verantwortung – inhaltlich und gesetzestechnisch – weitgehend entzogen.

Notwendige Flexibilität?

Der häufige Gebrauch von sogenannten unbestimmten Rechtsbegriffen, d.h. der Verwendung von Worten deren Rechtsbedeutung nur mit Schwierigkeiten erkennbar ist, machte das Ausländerrecht des Jahres 1965 inhaltlich nicht nur für Laien schwer verständlich. Durch die Einräumung weiter Ermessensspielräume für die Verwaltung war die Verantwortung für das, was Ausländerrecht in der Praxis tatsächlich bedeutete, weitgehend den Behörden überlassen worden. Eine Situation, die mit dem Rechtsstaatprinzip und dem Grundgedanken der Gewaltenteilung nur schwer zu vereinbaren war.

Die Erteilung einer Aufenthaltserlaubnis war gemäß § 2 Ausländergesetz der alten Fassung (AuslG a.F.) wie folgt geregelt:

> „Die Aufenthaltserlaubnis darf erteilt werden, wenn die Anwesenheit des Ausländers Belange der Bundesrepublik Deutschland nicht beeinträchtigt."

Was sind diese „Belange"? Wann sind diese „beeinträchtigt"?

Die mögliche Dauer einer Aufenthaltserlaubnis bestimmte sich gemäß § 7 Abs. 2 AuslG a.F. wie folgt:

> „Die Aufenthaltserlaubnis wird befristet oder unbefristet erteilt. Eine befristete Aufenthaltserlaubnis kann verlängert werden."

Wann gilt welche Frist? Wann „kann" verlängert werden?

Position der Bundesregierung
Große Ermessensspielräume haben den Nachteil, daß die Berechenbarkeit insbesondere für Rechtsunkundige gemindert wird. Normen, die der Verwaltung einen breiten Ermessensspielraum belassen, haben auf der anderen Seite den Vorzug, daß sie im Hinblick auf die Vielgestaltigkeit der Lebenssachverhalte vernünftige, den Verhältnissen des Einzelfalles gerecht werdende Entscheidungen ermöglichen. Sie verdienen insofern den Vorzug vor starren und abschließenden Regelungen.
Die Bundesregierung hält es daher für zweckmäßig, im Interesse der Rechtssicherheit und Berechenbarkeit für die betroffenen Ausländer wie auch im Interesse einer einheitlichen Verwaltungspraxis die derzeit im Gesetz enthaltenen Ermessensspielräume – soweit sinnvoll – zu begrenzen.
Aus: Antwort der Bundesregierung auf eine Große Anfrage der SPD vom 3.10.1984, Deutscher Bundestag Drucksache 10/2071

Die bewußte Unbestimmtheit vieler Begriffe im Ausländerrecht und die weiten Ermessensräume wurden mit einer für diesen Bereich notwendigen Flexibilität begründet, um je nach politischer oder wirtschaftlicher Lage großzügiger oder einschränkender reagieren zu können. Das ist zweifellos ein nicht unwesentlicher Gesichtspunkt. Dieser darf aber nicht einseitig zu Lasten der Ausländer strapaziert werden, so daß diese letztlich zu bloßen Objekten staatlicher Nützlichkeitserwägungen degradiert werden, eine Vorgehensweise, die Art.1 GG – Wahrung der Menschenwürde des Individuums – mißachtet.
In der Praxis führte die Situation bis 1991 zu einer selbst von Spezialisten kaum noch zu überschauenden Fülle von grundlegenden und ergänzenden gesetzlichen Regelungen, internationalen Vereinbarungen, veröffentlichten und internen Weisungen und Rundschreiben der Behörden sowie sich zum Teil widersprechenden Urteilen der Gerichte.
Vor dem Hintergrund dieser Kritik sind auch eine Reihe von pauschalen Vorwürfen, die gegenüber Ausländern erhoben wurden und werden, zu relativieren. Hinweise etwa auf das Vorliebnehmen mit schlechtem Wohnraum, mangelnde Sorgfalt bezogen auf die Ausbildung der Kinder, fehlende Bereitschaft zum Erwerb deutscher Sprachkenntnisse können nicht nur mit möglicherweise in der jeweiligen nationalen und sozialen Herkunft liegenden Ursachen erklärt werden. Sie finden ihre Erklärung nicht zuletzt auch in der unsicheren Rechtsstellung der Arbeitsmigranten bei uns. Zweifel über die Dauer des Aufenthaltsrechts, den Erhalt einer Arbeitserlaubnis, eine mögliche Ausweisung oder einen Anspruch auf Einbürgerung bringen Verunsicherung. Diese wiederum führt zur Vernachlässigung von Aspekten, die eine dauernde und sinnvolle Integration ermöglichen würden. Das bisherige Ausländerrecht war so eher Barriere als Förderungsinstrument für eine Integration.

Politische Kritik des alten Ausländerrechts
„Ich sage es einmal ganz deutlich: Es ist eine Zumutung, den ausländischen Arbeitnehmern und ihren Familienangehörigen auf dem heutigen rechtlichen Fundament eine Entscheidung für oder gegen die Integration anzubieten. Wenn Menschen keine Grundlage für vorausschauende und zielorientierte Lebensplanungen bekommen, wenn sie sich morgen nicht sicher in ihren Rechten fühlen können, dann befällt sie Lethargie, dann können sie keine Entscheidungen für sich und ganz besonders keine Entscheidungen für ihre Kinder treffen, dann leben sie unter uns ohne Ziel und ohne Richtung. Wollen wir das?"
Hans Koschnick, damaliger stellv. Parteivorsitzender der SPD, in einer Rede am 11.9.1981, aus: Materialien Ausländerpolitik, Hrsg. Vorstand der SPD, Bonn

Neues Ausländerrecht

Die gesellschaftlichen Erfordernisse der faktisch erfolgten Einwanderung von über 4 Millionen Arbeitsmigranten und ihrer Familien sowie die verfassungsrechtlichen und formalen Unzulänglichkeiten des alten Ausländerrechts führten bereits Ende der 70er Jahre zu Reformvorschlägen. Die grundsätzliche Notwendigkeit einer Reform wurde auch bald allgemeine politische Überzeugung. Es gelang aber erst in den Jahren 1989/90, ein neues Gesetz zum 1.1.1991 zu verabschieden. Zur Entwicklungsgeschichte des Gesetzes und dessen Beurteilung siehe 3.4. und 7.1.1.

4.2. Grundlagen und Regelungsbereich

Rechtsquellen

Welche Rechte und Pflichten Ausländer in der Bundesrepublik Deutschland haben, ergibt sich zum einen aus dem Grundgesetz, insbesondere den dort verankerten Menschenrechten und zum anderen aus Völkerrecht und internationalen Verträgen. In diesem Rahmen regelte das Ausländergesetz von 1965 und jetzt ab 1991:
- unter welchen Voraussetzungen Fremde einreisen und sich hier aufhalten dürfen,
- welche Rechtsstellung sie bei uns haben,
- wann ehemalige Arbeitsmigranten eingebürgert werden können,
- wann sie die Bundesrepublik verlassen müssen.

Wie die Behörden im einzelnen zu verfahren haben, wird ergänzend durch Rechtsverordnungen sowie Verwaltungsvorschriften von Bund und Ländern bestimmt.
Zum Ausländerrecht im weiteren Sinne zählen darüber hinaus alle Vorschriften, die Ausländer in einzelnen Fragen zusätzlich besonders ansprechen – unter anderem das Arbeits-, Steuer-, Sozialhilfe-, Vereins- und Versammlungsrecht.
Zu den Rechtsverordnungen siehe Anhang nach 4.14.

Ein Mensch – zwei Rechtssysteme

Jeder Staat übt Gebietshoheit aus, das heißt alle Bewohner seines Territoriums unterliegen seiner Rechtsordnung. Damit gilt auch für Ausländer in der Bundesrepublik deutsches Straf-, Vertrags-, Gewerberecht usw. Zugleich bleiben sie aber als Bürger ihres Herkunftslandes auch unter dessen Personalhoheit, die z.B. Paßrecht, Staatsangehörigkeit, Wehrpflicht und Wahlrecht umfaßt. Menschen, die ihre Heimat verlassen, werden also in gewisser Weise zu rechtlich gespaltenen Persönlichkeiten. Um unnötige Konflikte zu vermeiden, sind nach dem Völkerrecht beide Ansprüche zu respektieren.

Ausländer haben also in der Bundesrepublik, wie überall sonst auch, einen Sonderstatus. Der gern gebrauchte Begriff „Mitbürger" kann – rechtlich gesehen – Illusionen hervorrufen: Der Staatsfremde ist nach unserer Rechtsordnung kein gleichberechtigter Mitbürger; er ist Einwohner mit teilweise anderer, minderer Stellung.

Ausländer ist nicht gleich Ausländer

Ohne den Grundsatz der Gleichbehandlung zu verletzen, kann der Staat für unterschiedliche Gruppen von Ausländern auch unterschiedliche Regelungen schaffen:

- Personal des diplomatischen und konsularischen Dienstes sowie der alliierten Streitkräfte ist dem Ausländerrecht überhaupt nicht unterworfen.
- Arbeitnehmer, Gewerbetreibende und Studenten aus EG-Ländern genießen mit ihren Familien Freizügigkeit. Sie haben einen Rechtsanspruch auf Aufenthaltserlaubnis („Gesetz über Einreise und Aufenthalt von Staatsangehörigen der Mitgliedstaaten der Europäischen Wirtschaftsgemeinschaft" von 1969 in heutiger Fassung).
- Angehörige einiger Nationen (z.B. Japan, Österreich, Schweiz, USA) sind aufgrund zwischenstaatlicher Vereinbarungen in manchen Fällen bevorzugt.
- Für Asylbewerber gelten besondere Vorschriften (Art. 16 Abs.2 GG, Asylverfahrensgesetz von 1982 in heutiger Fassung).

Zweck ist nicht gleich Zweck

Nicht nur die jeweilige Nationalität erfordert Unterscheidungen, sondern auch der Zweck des beabsichtigten Aufenthalts. Es liegt auf der Hand, daß sich für unsere Gesellschaft die Probleme jeweils anders stellen, ob jemand als Tourist für vier Wochen, als Student zur Ausbildung, als Asylbewerber oder als Arbeitnehmer mit der

Absicht eines langfristigen Bleibens zu uns kommt. Auch hier ist also Ausländer nicht gleich Ausländer.

Grenzen der Darstellung
Im folgenden wird in erster Linie von ausländischen Arbeitnehmern und ihren Familien gesprochen. Was zu ihnen festgestellt wird, läßt sich nicht immer ohne weiteres auf andere Gruppen übertragen. Auch wird nur ein Überblick unternommen, der nicht ausreicht, Einzelfälle zu lösen.
Soweit im folgenden das Ausländergesetz (AuslG) zitiert wird, ist das neue Gesetz ab 1.1.1991 gemeint. Verweise auf die alte Fassung werden kenntlich gemacht.

4.3. Einreise und Aufenthalt

Pflicht zu Aufenthaltsgenehmigung und Sichtvermerk
Ausländer, die in die Bundesrepublik einreisen und sich hier aufhalten wollen, benötigen eine Aufenthaltsgenehmigung und einen gültigen Paß (§§ 3 ff. AuslG). Juristisch spricht man von einem „Verbot mit Erlaubnisvorbehalt".
Im Gegensatz zu vorher ist seit dem 1.1.1991 zur Einreise die Aufenthaltsgenehmigung im Prinzip immer in Form eines Sichtvermerks – Visum – erforderlich (§ 3 AuslG), der von einer deutschen auswärtigen Vertretung zu erteilen ist. Dies gilt nunmehr auch für Kinder und Jugendliche. Es ist also eine zusätzliche schärfere Kontrolle der Einreise in die Bundesrepublik eingeführt worden, d.h. die schon früher nur vorgeblich „weltoffene" Regelung hat weitere Einschränkungen erfahren.

Befreiungen
Durch Gesetz oder Rechtsverordnung sind Ausnahmen von diesem Grundsatz zugelassen.
Von der Pflicht zum Sichtvermerk sind unter anderem befreit:
- Angehörige von Mitgliedsstaaten der EG, da dies sonst gegen den Grundsatz der Freizügigkeit verstoßen würde,
- Touristen aus bestimmten Staaten, wenn sie hier nicht länger als drei Monate bleiben und nicht arbeiten wollen,
- Durchreisende aus den meisten Staaten oder mit bestimmten Funktionen (z.B. Flugpersonal, Seeleute, Transit-Passagiere).

Von der Pflicht zur Aufenthaltsgenehmigung sind befreit:
- Touristen aus vielen – insbesondere europäischen – Staaten,
- Personal vieler Staaten im Transitverkehr.

Befreiung bedeutet aber nicht, daß etwa ein Recht auf Aufenthalt besteht. So kann z.B. ein „befreiter" Tourist, der in der Bundesrepublik eine Straftat begeht, gleichwohl zum sofortigen Verlassen des Landes gezwungen werden.

Formen der Aufenthaltsgenehmigung

Das bisherige Recht kannte als ausschließliche Form die Aufenthaltserlaubnis, die befristet oder unbefristet erteilt werden konnte. Der jeweils zulässige Zweck des Aufenthalts ergab sich nur aus besonderen Zusätzen. Voraussetzung der Erteilung war die Prüfung, ob „Belange der Bundesrepublik Deutschland" durch den Aufenthalt beeinträchtigt werden. Zu der Problematik dieser äußerst unscharfen Formulierung siehe 4.1.

Zu den „Belangen" zählten insbesondere:

- kein Vorliegen von Ausweisungstatbeständen,
- Schutz des Arbeitsmarktes (Anwerbestopp von 1973),
- einwanderungspolitische Gesichtspunkte,
- entwicklungshilfepolitische Überlegungen (Ausländer aus der „dritten Welt" sollen nach Abschluß ihrer Ausbildung als Student oder Praktikant in ihre Heimatländer zurückkehren),
- Familiennachzug als Schutz von Ehe und Familie (Art. 6 GG).

Seit dem 1.1.1991 ist eine am jeweiligen Zweck und dem Grad der Verfestigung des Aufenthalts sich orientierende gruppenspezifische Differenzierung eingeführt worden, die sich auch in den Begriffen ausdrückt. Hauptziel hierbei war es, einerseits einen Aufenthaltsstatus zu schaffen, der im Ergebnis so wie bisher auch einen Daueraufenthalt ermöglicht und andererseits einen, der von vornherein nur befristet angelegt ist. Damit wird die Grundidee der Rotation (siehe 3.1.) etwa im Falle einer Einreise zum Zweck der Arbeitsaufnahme wieder – nunmehr rechtlich verankert – ermöglicht. Die früheren Aspekte der „Belange" sind in einer anderen, präziseren rechtlichen Einkleidung wieder aufgenommen worden (siehe z.B. § 10 AuslG als Festschreibung des Anwerbestopps).

Oberbegriff

Die allgemeine Bezeichnung für alle einzelnen Aufenthaltstitel ist nunmehr die der Aufenthaltsgenehmigung (§§ 5–14 AuslG). In diesem Zusammenhang werden die Grundsätze und Rahmenbedingungen für alle im folgenden genannten speziellen Aufenthaltstitel geregelt.

Eine Aufenthaltsgenehmigung – in welcher Form auch immer – darf nur erteilt werden, wenn entweder ein ausdrücklicher gesetzlicher Anspruch besteht (z.B. §§ 16, 18, 23 AuslG) oder wichtige

Interessen der Bundesrepublik nicht gefährdet werden. Im letzteren Falle ist ein Aufenthaltsrecht regelmäßig abzulehnen, es sei denn, daß sich im Einzelfall eine besondere Ausnahme ergibt (sog. Regel-Versagungsgrund). Der Verwaltung steht dann also ein Ermessen (z.B. §§ 7, 17 AuslG) zu: Sie muß die staatlichen Interessen und die persönlichen Bedürfnisse des Antragstellers gegeneinander abwägen, wobei die staatlichen Belange grundsätzlich den Vorrang haben.

Nebenbestimmungen

Die Behörde kann die Aufenthaltsgenehmigung mit Bedingungen und Auflagen versehen. So darf sie es etwa Ausländern versagen:
- Arbeit aufzunehmen,
- eine selbständige Erwerbstätigkeit auszuüben,
- in bestimmten Gebieten zu wohnen.

Diese Zuzugssperre soll verhindern, daß in Stadtvierteln mit einem ohnehin schon hohen Ausländeranteil dieser dort weiter steigt und die Gefahr einer „Gettobildung" entsteht. In Berlin gilt dies unter anderem für die Bezirke Kreuzberg, Tiergarten und Wedding. Im Bundesgebiet verzichtete man seit 1977 auf solche Maßnahmen, weil sie wenig wirksam waren und zudem auf rechtliche Bedenken stießen.

Arten der Aufenthaltstitel

- Eine Aufenthaltserlaubnis (§§ 15 bis 26 AuslG) begründet ein zunächst befristetes allgemeines Aufenthaltsrecht und ist nicht an einen bestimmten Zweck gebunden. Durch eine später unbefristete Erteilung (§§ 24 bis 26 AuslG) kann dann ein Daueraufenthaltsrecht begründet werden.

  Die Aufenthaltserlaubnis ist insbesondere die im Rahmen des Familiennachzugs (siehe 4.4.) und für hier geborene oder aufgewachsene Kinder (siehe 4.5.) vorgesehene Aufenthaltsform. Eine befristete Aufenthaltserlaubnis kann unter den gleichen Voraussetzungen wie bei der Erteilung verlängert werden.
- Eine Aufenthaltsberechtigung (§ 27 AuslG) gewährt wie bisher ein selbständiges unbefristetes Aufenthaltsrecht und stellt die stärkste Stufe der „Verfestigung" (s.u.) dar.
- Für einen Aufenthalt, der wegen seines Zwecks von vorneherein nur ein befristeter sein soll, ist zukünftig die Aufenthaltsbewilligung (§§ 28, 29 AuslG) vorgesehen. Eine Entwicklung zum Daueraufenthalt ist damit rechtlich ausgeschlossen, da wegen der strikten Zweckbindung dann eine Verlängerung nicht mehr in Betracht kommt.

  Diese Form der Aufenthaltsgenehmigung ist insbesondere für Studenten, eine befristete Arbeitsaufnahme, Besuchsaufenthalte und Touristen mit Sichtvermerkspflicht vorgesehen.
- Für Ausländer, denen aus politischen oder humanitären Gründen ein Aufenthalt erlaubt wird, obwohl nach den obigen Zweckbe-

stimmungen ein solcher grundsätzlich nicht zulässig wäre, kann eine zunächst befristete Aufenthaltsbefugnis (§§ 30 bis 35 AuslG) erteilt werden. Diese kann im Ergebnis jedoch auch ein Daueraufenthaltsrecht begründen (§ 35 AuslG).

Dieser Status ist etwa für abgelehnte Asylbewerber bestimmt, die wegen der politischen oder wirtschaftlichen Verhältnisse in ihren Heimatländern nicht in diese abgeschoben werden können oder dürfen (z.B. zur Zeit Libanon, Afghanistan, Äthiopien, Iran, bis 1988 auch der gesamte „Ostblock").

- Eine besondere Form der Aufenthaltserlaubnis findet sich im Aufenthaltsgesetz für die EG-Staatsangehörigen (Aufenthaltsgesetz/EWG), soweit sich diese als Arbeitnehmer, Selbständige oder Familienangehörige im Rahmen der Freizügigkeit in der Bundesrepublik aufhalten. Diese Form wird jetzt als Aufenthaltserlaubnis-EG bezeichnet.
  Daneben existieren zwei weitere Formen, die jedoch kein Unterfall der Aufenthaltsgenehmigung sind:
- Asylbewerbern wird gemäß dem Asylverfahrensgesetz (AsylVfG) für die Dauer des Anerkennungsverfahrens eine Aufenthaltsgestattung erteilt. Diese ist räumlich beschränkt und an bestimmte einschränkende Regelungen (z.B. Verteilung auf die Bundesländer, Gemeinschaftsunterkunft, reduzierte Sozialhilfe, Arbeitsverbot) gebunden.
- Eine Duldung (§§ 55, 56 AuslG) ist die einseitige Verzichtserklärung der Behörde auf Durchführung einer an sich möglichen und zulässigen Abschiebung (siehe 4.6.). Sie begründet also kein Recht auf Aufenthalt oder macht diesen „legal".

Die Ausländerbehörde prüft:

- Welche genaue Staatsangehörigkeit hat der Antragsteller?
- Ist er im Besitz eines gültigen Passes?
- Ist er „privilegierter" Ausländer (z.B. EG-Staatsangehöriger)?
- Welcher Aufenthaltszweck wird angestrebt (z.B. Arbeit, Tourist, Familiennachzug)?
- Welche Form der Aufenthaltsgenehmigung kommt in Betracht?
- Rechtsanspruch oder Ermessensentscheidung?
- Falls Ermessen: Abwägung staatlicher und persönlicher Interessen.
- Falls erteilt wird: Sind Auflagen oder Bedingungen erforderlich?

Verfestigung

Bis 1991 konnte sich grundsätzlich durch eine wiederholte Verlängerung einer zunächst befristet erteilten Aufenthaltserlaubnis ein Vertrauensschutz (siehe 3.1.) bilden, der nach der Rechtsprechung zum Anspruch auf ein unbefristetes Aufenthaltsrecht führte; der

Aufenthalt „verfestigte“ sich. Dies war später auch politisch so gewollt, da man den länger hier lebenden ausländischen Arbeitnehmern und ihren Familien eine auch rechtliche Perspektive des Daueraufenthalts bieten wollte und mußte.

„Die Aufenthaltsberechtigung leitet eine dauernde Niederlassung ein. Es ist mit dem ständigen Verbleib des Ausländers in der Bundesrepublik zu rechnen.“
Aus: Grundsätze für die Erteilung einer Aufenthaltsberechtigung, Nordrhein-Westfalen, Erlaß vom 2.10.1969, MBINW 1969, S. 1764

Diese Möglichkeit der Verfestigung ist beibehalten, aber in ihren Voraussetzungen – inhaltlich und in Hinblick auf den Personenkreis – eingeschränkt worden. Zur besonderen Situation für Ehepartner und Jugendliche siehe 4.4. und 4.5.

Unbefristete Aufenthaltserlaubnis

Soweit ein Daueraufenthalt nach den neuen Vorschriften – insbesondere nach der Schaffung der Aufenthaltsbewilligung – überhaupt zulässig ist, ist die Erteilung einer unbefristeten Aufenthaltserlaubnis an folgende Voraussetzungen (§ 24 AuslG) gebunden:

- seit fünf Jahren im Besitz einer befristeten Aufenthaltserlaubnis,
- die Sicherung der wirtschaftlichen Existenz durch eigenes ausreichendes Einkommen, z.B. Besitz einer besonderen Arbeitserlaubnis (siehe 4.8.),
- „sich auf einfache Art“ in Deutsch verständlich machen können,
- über ausreichenden Wohnraum verfügen,
- ein Ausweisungsgrund liegt nicht vor.

Die bisher schon existierende Wohnraumklausel wurde verschärft. Galt vor dem 1.1.1991 die Grenze des Wohnungsaufsichtgesetzes, so kann jetzt der Standard einer Sozialwohnung (§ 17 Abs.4 AuslG) verlangt werden. Eine Forderung, die gerade für Ausländer in städtischen Ballungsräumen häufig nur schwer zu erfüllen ist (siehe auch 4.4. und 6.3.).

Bei Arbeitslosigkeit, die länger als drei Jahre dauert, kann nachträglich wieder eine Befristung vorgenommen werden (§ 24 Abs.2 AuslG). Langzeitarbeitslosigkeit kann also zum Verlust des Aufenthaltsrechts führen, die Bundesrepublik sich damit sozialen Verpfichtungen entziehen.

Aufenthaltsberechtigung

Eine weitere rechtliche Besserstellung bietet die Aufenthaltsberechtigung (§ 27 AuslG), da durch sie z.B. Ausweisungen nur noch unter erschwerten Voraussetzungen möglich sowie Auflagen und Bedingungen unzulässig werden.

Eine Aufenthaltsberechtigung kann erhalten, wer neben den Vor-

aussetzungen einer unbefristeten Aufenthaltserlaubnis noch zusätzlich folgende Bedingungen erfüllt:
- seit mindestens acht Jahren im Besitz einer Aufenthaltserlaubnis (kürzere Fristen beim Familiennachzug möglich),
- Entrichtung von mindestens 60 Monaten Beiträgen zur gesetzlichen Rentenversicherung (ab 1.1.1991 neues Erfordernis, siehe auch 4.5.).

Ungenutzte Möglichkeiten
Über die Stufen von unbefristeter Aufenthaltserlaubnis und Aufenthaltsberechtigung kann sich die Rechtsstellung von Ausländerinnen und Ausländern allmählich verfestigen. Dennoch haben bislang weit weniger als möglich diese Angebote genutzt, obwohl zumindest die zeitlichen Voraussetzungen gegeben wären (siehe Tabelle 6).

Aufenthaltsstatus	31.12.87	31.12.88
befristete Aufenthaltserlaubnis	33,5%	33,0%
unbefristete Aufenthaltserlaubnis	29,9%	29,1%
Aufenthaltsberechtigung	9,1%	10,2%
sonstiger Aufenthaltsstatus	27,6%	27,7%

Aus: Statistisches Jahrbuch 1989, S. 58

Warum nur so wenige von den Möglichkeiten Gebrauch gemacht haben, kann nur vermutet werden:
- Fühlt sich ein großer Teil durch eine langjährige, aber nach wie vor befristete Aufenthaltserlaubnis bereits hinreichend gesichert?
- Sind viele nicht imstande, den geforderten angemessenen Wohnraum nachzuweisen?
- Mangelt es an Information? Beraten die Behörden nicht genügend, wie es eigentlich ihre rechtliche Pflicht wäre?

Wie Erfahrungen in Berlin gezeigt haben, spielt die fehlende Kenntnis wohl eine nicht unwesentliche Rolle: Nach einer gezielten Aufklärungskampagne durch die Ausländerbeauftragte des Senats sind die Zahlen in der Stadt deutlich gestiegen.

Sonderrolle für EG-Arbeitnehmer
Arbeitnehmer aus der EG haben eine bevorzugte Position. Haben sie in der Bundesrepublik einen Arbeitsplatz gefunden, so muß ihnen eine Aufenthaltserlaubnis erteilt werden. Eine Ablehnung darf nur ausnahmsweise bei schweren persönlichen Vorwürfen (z.B. erhebliche Straftaten) ausgesprochen werden, nicht aber aus Gründen des Schutzes des Arbeitsmarktes, anderen wirtschaftlichen Überlegungen oder einwanderungspolitischen Grundsätzen.

Im Rahmen der EG ist die Bundesrepublik damit wie auch umgekehrt die anderen Mitgliedsländer rechtlich längst ein Einwanderungsland geworden.

4.4. Familiennachzug

Schutz der Familie

„Ehe und Familie stehen unter dem besonderen Schutze der staatlichen Ordnung." Diese Vorschrift des Artikel 6 des Grundgesetzes schließt als allgemeines Menschenrecht auch die ausländischen Familien mit ein. Ausländer sind daher grundsätzlich berechtigt, ihre Ehepartner und Kinder zu sich nach Deutschland zu holen, um hier mit ihnen ein gemeinsames Leben zu führen. Dies ist der Zweck der zu erteilenden Aufenthaltserlaubnis, und ihr Fortbestand ist zunächst auch an diesen Zweck gebunden.

Nachzug von Ehepartnern

Für die Angehörigen der sog. ersten Generation gelten gemäß §§ 17 bis 19 AuslG die folgenden Voraussetzungen:

- der/die hier Lebende muß bereits bei Einreise verheiratet gewesen sein und eine Aufenthaltserlaubnis oder Aufenthaltsberechtigung besitzen,
- gesicherter Unterhalt für die Familie aus eigenem Einkommen,
- ausreichender Wohnraum.

Weitergehende Einschränkungen gelten für die Situation, daß der im Bundesgebiet lebende Ehegatte bereits als Kind eingereist oder hier geboren ist und nun einen Partner aus dem Ausland nachziehen lassen möchte. Politisch ist dies nicht erwünscht, da hierdurch die Zahl der Ausländer in der Bundesrepublik weiter steigt. Aus diesem Grunde und um zu verhindern, daß Ehen nur zum Zweck des Erhalts einer Aufenthaltserlaubnis geschlossen werden, gelten bei der zweiten Generation zusätzliche strengere Voraussetzungen:

- der/die hier Ansässige muß mindestens seit acht Jahren im Bundesgebiet leben und eine unbefristete Aufenthaltserlaubnis oder -berechtigung haben,
- Volljährigkeit,
- die Existenz muß durch eigenes Einkommen des Paares gesichert sein.

Die früher notwendige Wartefrist der ein- oder sogar dreijährigen Ehebestandszeit ist seit dem 1.1.1991 entfallen.

Verschärft wurde in der gesetzlichen Neuregelung die „Wohnraumklausel" (§ 17 Abs.4 AuslG). Gültig ist jetzt als Obergrenze die

Bezugnahme auf Sozialwohnungen, d.h. z.B. für Alleinstehende 40 qm, zwei Personen 50 qm usw.

Angesichts des Wohnungsmarktes insbesondere in Großstädten ist dies faktisch eine drastische Erschwerung des Nachzugs, gerade wenn man an Familien mit Kindern denkt. In Ballungsräumen könnte sich diese Regelung so bei restriktiver Auslegung von ihrer ursprünglichen Schutzfunktion – kein unzumutbarer Wohnraum – zu einer Abwehrschranke wandeln.
Den Ländern bleibt es jedoch wie bisher möglich, das Wohnungsaufsichtsgesetz, das geringere Anforderungen stellt, als Maßstab zu nehmen.

Abhängiger Aufenthaltsstatus
Der nachziehende Ehepartner erhält zunächst eine befristete Aufenthaltserlaubnis, die vom Fortbestand der ehelichen Lebensgemeinschaft abhängt (§ 17 Abs.1 AuslG), da ihr alleiniger Zweck die Wahrung der familiären Gemeinschaft ist. Grundsätzlich erst nach vier Jahren erwirbt der Partner ein eigenständiges Recht auf Aufenthalt (§ 19 AuslG).

Nachzug von Kindern
Kinder hier lebender Ausländer können zu ihren Eltern in die Bundesrepublik grundsätzlich nur dann nachziehen, wenn beide Elternteile hier ihren Aufenthalt haben (§ 20 AuslG) und das Kind nicht älter als 16 Jahre ist. Von beiden Erfordernissen kann in Härtefallen Abstand genommen werden.
Auch für Kinder gilt jetzt, daß sie ab Einreise aufenthaltserlaubnispflichtig sind und unter Umständen sogar einen Sichtvermerk benötigen. Die frühere Befreiung bis zum 16. Lebensjahr ist seit dem 1.1.1991 entfallen.

Sonstige Angehörige
Anderen Angehörigen als Ehepartnern und Kindern darf nur in Fällen außergewöhnlicher Härte eine Aufenthaltserlaubnis erteilt werden (§ 22 AuslG). Ein Härtefall könnte z.B. Pflegebedürftigkeit oder die Betreuung minderjähriger Kinder sein, wenn die Eltern gestorben sind.

Sonderregelungen
Ausländische Ehepartner und Kinder deutscher Staatsangehöriger haben einen Rechtsanspruch auf eine sofortige Aufenthaltserlaubnis, die zunächst auf drei Jahre befristet erteilt und bei Fortbestand der familiären Gemeinschaft verlängert wird (§ 23 AuslG). Erleichterte Voraussetzungen gelten auch für die Angehörigen von Arbeitnehmern aus Mitgliedsstaaten der EG gemäß dem AufenthaltsG/EWG.

4.5. Aufenthaltsstatus von Kindern und Jugendlichen

Erlaubter Aufenthalt

Kinder ausländischer Familien dürfen mit ihren Eltern grundsätzlich auf Dauer in der Bundesrepublik leben, wenn sie hier geboren oder legal auf dem Wege des Familiennachzugs (siehe 4.4.) nach Deutschland gekommen sind.

Nach dem alten Gesetz waren Kinder bis zum 16. Lebensjahr zunächst von der Aufenthaltserlaubnispflicht befreit. Das hieß jedoch schon damals nicht, daß sie nach Belieben ihren Aufenthalt in der Bundesrepublik nehmen konnten. Auch vor 1991 galten dem jetzigen Rechtszustand ähnliche Nachzugsregelungen. Nach § 21 des neuen Gesetzes sind Kinder von Geburt an aufenthaltserlaubnispflichtig. Sie erhalten die Genehmigung von Amts wegen, wenn auch die Mutter legal im Bundesgebiet lebt. Der weitere Aufenthalt des Kindes/Jugendlichen hängt zunächst von dem Status seiner Eltern ab und wird ggf. entsprechend verlängert.

Verfestigung des Aufenthaltsrechts

Der Jugendliche erwirbt ein eigenständiges Aufenthaltsrecht, wenn er volljährig wird und sich acht Jahre im Bundesgebiet aufhielt oder eine unbefristete Aufenthaltserlaubnis gemäß § 26 AuslG erhält.

Die unbefristete Aufenthaltserlaubnis wird erteilt, wenn

- er/sie sich vor dem 16. Lebensjahr acht Jahre im Bundesgebiet aufhielt,
- ausreichende deutsche Sprachkenntnisse hat,
- den Lebensunterhalt aus eigenem Einkommen bestreiten kann oder sich in einer Schul- oder Berufsausbildung befindet,
- kein Ausweisungsgrund oder keine Verurteilung wegen einer vorsätzlichen Straftat vorliegt.

Fehlt es an einer der Voraussetzungen, kann unter Umständen – muß aber nicht – lediglich eine weitere Verlängerung erfolgen. Insbesondere die Frage der Ausbildung oder einer Arbeitsstelle kann wegen dem Erfordernis des Einkommens angesichts der Arbeitsmarktlage für ausländische Jugendliche im Einzelfall erhebliche Probleme aufwerfen.

Früher war es sogar möglich, daß ein Jugendlicher nach dem Erreichen des 16. Lebensjahres sofort eine Aufenthaltsberechtigung erhielt, die ihm einen weitgehend sicheren Rechtsstatus verlieh. Dies ist seit dem 1.1.1991 ausgeschlossen, da gemäß § 27 AuslG (siehe 4.3.) hierfür die Entrichtung von Pflichtbeiträgen zur

Rentenversicherung über 60 Monate verlangt wird. Dies kann von einem 16- oder 18jährigen nicht erwartet werden. Der Aufenthaltsstatus der Jugendlichen hat sich damit durch das neue Gesetz deutlich verschlechtert. Statt den hier geborenen und/oder aufgewachsenen Jugendlichen eine bessere Rechtsstellung und damit Integrationschance anzubieten, werden sie noch schärfer als bisher ausgegrenzt.

Bleiberecht bei Heimkehr der Eltern
Sobald das Kind ein eigenständiges Aufenthaltsrecht hat, kann es, wenn sein Unterhalt und seine Betreuung gewährleistet sind (vgl. § 16 AuslG), auch ohne seine Eltern in der Bundesrepublik bleiben. Es besteht damit kein Zwang zur gemeinsamen Rückkehr der gesamten Familie.

Rückkehroption
Nicht selten mißlingt gerade bei Kindern und Jugendlichen die sog. Re-Integration bei der Rückkehr in die Heimat. Sprachliche, schulische und soziale Probleme erweisen sich als im Ergebnis nicht lösbar. Das AuslG bietet hier in § 16 eine Möglichkeit der Rückkehr in die Bundesrepublik, wenn ein entsprechender Antrag neben anderen Voraussetzungen bis spätestens zum 21. Lebensjahr gestellt wird.

Konflikt mit Eltern
Wenn ausländische Kinder und Jugendliche Probleme mit ihren Eltern oder der Familie haben, so gilt auch für sie nach dem internationalen Haager Übereinkommen zum Schutze von Minderjährigen sowie zur Regelung des Unterhalts deutsches Recht. Sie können sich also an Jugendbehörden und Gerichte wenden, um z.B. bei Streitigkeiten darüber, welche Schule sie besuchen oder welchen Beruf sie ergreifen sollen oder ob sie mit den Eltern ausreisen müssen, eine Klärung zu erzielen.

4.6. Ende des Aufenthaltsrechts, Ausweisung und Abschiebung

Verbot der Massenausweisung
Nach internationalem und deutschem Recht darf die Bundesrepublik, selbst wenn sie es wollte, nicht alle Ausländer „auf einen Schlag" ausweisen, etwa indem sie durch einfachen Federstrich

jede Aufenthaltserlaubnis für ungültig erklärte. Wann und warum jemand die Bundesrepublik zu verlassen hat, ist aufgrund des Gesetzes und jeweils im Einzelfall zu entscheiden.

Erlöschen der Aufenthaltsgenehmigung
Eine Aufenthaltsgenehmigung erlischt (§ 44 AuslG) u.a. automatisch, wenn
- deren Frist abgelaufen ist und sie nicht auf Antrag verlängert wurde,
- ein Ausländer aus dem Bundesgebiet endgültig fortzieht; dies gilt nicht für den Fall der Erfüllung der Wehrpflicht.

Widerruf einer Aufenthaltsgenehmigung
Eine Aufenthaltsgenehmigung kann durch Entscheidung der Behörde u.a. widerrufen werden (§ 43 AuslG), wenn:
- der Ausländer keinen gültigen Paß seines Heimatlandes mehr besitzt (z.B. Entzug durch dortigen Staat; keine Verlängerung der Gültigkeitsdauer),
- er seine Staatsangehörigkeit wechselt oder verliert.

Ausweisung
Gefährdet oder beeinträchtigt ein Ausländer die deutsche Rechts- und Gesellschaftsordnung nicht unerheblich, so kann die Ausländerbehörde ihn ausweisen. Die Ausweisung ist damit der nachträgliche Entzug eines Aufenthaltsrechts. Zugleich fordert die Behörde den Ausländer auf, die Bundesrepublik unverzüglich und endgültig zu verlassen. Für die Zukunft ist ihm die Wiedereinreise – befristet – verboten.
Durch das neue Ausländergesetz ist auch im Bereich der Ausweisung eine detaillierte Differenzierung nach Fallgruppen und/oder betroffenem Personenkreis erfolgt. Es werden drei Stufen unterschieden:
- Kann-Ausweisung (§§ 45, 46 AuslG), d.h. bei Vorliegen eines Ausweisungsgrundes muß im Rahmen des Ermessens unter Berücksichtigung aller Umstände des Einzelfalls über eine mögliche Ausweisung entschieden werden.
- Regel-Ausweisung (§ 47 Abs.2 AuslG), d.h. bei Vorliegen des Ausweisungsgrundes (z.B. Verurteilung zu Freiheitsstrafe ohne Bewährung, Handel mit Rauschgift) wird der betroffene Ausländer grundsätzlich ausgewiesen, es sei denn, daß sich im Einzelfall für ihn besonders entlastende Umstände ergeben.
- Ist-Ausweisung (§ 47 Abs.1 AuslG), d.h. bei Eintreten des

Tatbestandes (z.B. Verurteilung zu einer Freiheitsstrafe von mindestens fünf Jahren) erfolgt zwangsläufig eine Ausweisung.

Eine Ausweisung ist – bis auf die sog. Ist-Ausweisung – immer eine Ermessensentscheidung der Behörde. Es sind die persönlichen Interessen des Ausländers am Verbleib – z.B. Dauer des bisherigen Aufenthalts und Integration, Existenzsicherung, familiäre Bindungen – gegen die staatlichen Interessen des Schutzes der Gemeinschaft abzuwägen.

In diesem Rahmen gilt für einzelne Personengruppen wiederum ein besonderer Schutz (§ 48 AuslG) vor Ausweisung, z.B.

- Ausländer, die eine Aufenthaltsberechtigung besitzen,
- Ausländer, die hier geboren oder aufgewachsen sind und eine unbefristete Aufenthaltserlaubnis haben,
- minderjährige Ausländer,
- Asylbewerber und Asylberechtigte.

Gründe für eine Ausweisung können etwa sein:

- Gefährdung der staatlichen Sicherheit der Bundesrepublik,
- Verurteilung wegen einer Straftat, wenn Wiederholungsgefahr besteht oder ein schwerwiegendes Delikt begangen wurde (siehe 6.5.),
- Handel mit oder Verbrauch von Rauschgift,
- Verstoß gegen ausländerrechtliche Vorschriften (z.B. illegaler Aufenthalt, Einreise ohne Sichtvermerk),
- Erwerbstätigkeit ohne Arbeitserlaubnis,
- Gefährdung der öffentlichen Gesundheit,
- Bezug von Sozialhilfe. (Bei einigen Staaten – z.B.Türkei – ist dies jedoch aufgrund des Europäischen Fürsorgeabkommens nur eingeschränkt möglich.)

Als besonders problematisch wird die Formulierung in § 45 Abs.1 AuslG angesehen, nach der ein Ausländer schon ausgewiesen werden kann, wenn „sein Aufenthalt die öffentliche Sicherheit und Ordnung“ beeinträchtigt. Nach rechtlicher Auslegung dieser Begriffe bedeutet dies, daß jeder Verstoß gegen eine Norm, der durch Polizei oder Behörden geahndet werden kann – unabhängig von der Höhe der jeweiligen Sanktion (z.B. Bußgeld, Verwarnungsgebühr) – die formale Voraussetzung einer Ausweisung erfüllt (siehe auch 4.13.). Diese Regelung wird als zu weitgehend und als im Ergebnis integrationsfeindlich angesehen. Ähnlich kritisch wird auch gesehen, daß der Bezug von Sozialhilfe zur Ausweisung führen kann, da ausländische Arbeitnehmer durch ihre Steuerzahlungen einen Beitrag zum Staatshaushalt geleistet haben. Überdies gehe es dabei nicht wie bei den sonstigen Tatbeständen um ein persönlich vorwerfbares Verhalten.

Arbeitslosigkeit als solche ist kein Grund für eine Ausweisung. Sie kann jedoch zur Nichtverlängerung einer befristeten Aufenthaltserlaubnis führen. Letzteres gilt neben der Möglichkeit der Ausweisung auch für den Bezug von Sozialhilfe.
Jährlich werden unter 0,3% aller Ausländer ausgewiesen. (Dieser Vorgang sollte allerdings nicht mit der Abschiebung z.B. abgelehnter Asylbewerber verwechselt werden, da dies eine ganz andere Rechtsfrage und ein anderer Problemkreis ist.) Aus dieser relativ geringen Zahl wird erkennbar, daß das Instrument der Ausweisung von den Behörden im Regelfall tatsächlich nur mit Zurückhaltung benutzt wird.

Abschiebung
Kommt ein Ausländer seiner Pflicht zur Ausreise – gleich aus welchem Grunde – nicht freiwillig nach, so muß er von der Behörde abgeschoben werden (§§ 49 ff. AuslG). Die Abschiebung ist also die zwangsweise Durchsetzung der Rückkehrpflicht. Zur Sicherung der staatlichen Kontrolle der Ausreise kann der Ausländer durch richterliche Anordnung bis zu einem Jahr in Abschiebehaft (§ 57 AuslG) genommen werden. Die Abschiebungshaft als freiheitsentziehende Maßnahme darf nur angeordnet werden, wenn andere die persönliche Freiheit des Betroffenen weniger einschränkende Maßnahmen nicht genügen, die Ausreise sicherzustellen. Abschiebehaft ist also keine Strafhaft.
Verboten ist eine Abschiebung in einen Staat, in welchem dem Betroffenen politische Verfolgung (§ 51 AuslG, sog. „kleines Asyl"), Folter (§ 53 Abs.1 AuslG) oder die Todesstrafe (§ 53 Abs. 2 AuslG) droht.
Falls eine Abschiebung aus rechtlichen oder auch humanitären Gründen nicht möglich ist, so ist dem Ausländer entweder eine Duldung oder sogar eine Aufenthaltsbefugnis (siehe 4.3.) zu erteilen.

Zurückweisung, Zurückschiebung
Wenn ein Ausländer ohne gültige Einreisepapiere die Grenze überschreiten will, muß er zurückgewiesen werden; wird später – binnen sechs Monaten – festgestellt, daß er unerlaubt eingereist ist und sich damit illegal aufhält, wird er sofort über die Grenze „zurückgeschoben".

4.7. Einbürgerung

Regelfall

Das geltende Recht – im Reichs- und Staatsangehörigkeitsgesetz (RuStAG) und den Einbürgerungsrichtlinien geregelt – betrachtet die Einbürgerung grundsätzlich als Endpunkt – "krönenden Abschluß" – einer Anpassung an die deutschen Lebensverhältnisse (siehe auch 7.1.2.). Die Verleihung der deutschen Staatsangehörigkeit kann daher im Regelfall nur erfolgen, wenn folgende Mindestvoraussetzungen vorliegen:

- Antrag durch den Ausländer,
- Niederlassung im Inland über 10 Jahre,
- Unbescholtenheit (z.B. straffreie Führung, guter Leumund),
- gesicherte Existenzgrundlage,
- eigene Wohnung,
- Beherrschung der deutschen Sprache in Wort und Schrift,
- Entlassung aus der alten Staatsangehörigkeit (Ausnahmen in engem Rahmen möglich),
- einheitliche Staatsangehörigkeit in der Familie,
- Zahlung einer Gebühr zwischen DM 100,- und DM 5.000,-.

Allgemein wird in den Einbürgerungsrichtlinien verlangt, daß „eine freiwillige und dauerhafte Hinwendung zu Deutschland" bestehen müsse. Es ist eine Maßnahme, die nur dann erfolgen soll, wenn sie im Interesse der Bundesrepublik ist. Interessen des Ausländers sind demgegenüber nachrangig.

Bundesverwaltungsgericht

„Die Behörde hat nicht nur zu prüfen, ob der Bewerber um die deutsche Staatsangehörigkeit nach seinen persönlichen Verhältnissen einen wertvollen Bevölkerungszuwachs darstellt, sondern auch, ob seine Einbürgerung nach allgemeinen poltischen, wirtschaftlichen und kulturellen Gesichtspunkten erwünscht ist. Dies ergibt sich unabhängig von den Einbürgerungsrichtlinien des Bundesministers des Innern aus dem Zweck des Gesetzes."
(Aus: Entscheidung des Bundesverwaltungsgerichts vom 27.2.1957 in der Amtlichen Entscheidungssammlung Band 4, S. 300)

Erleichterung nach neuem Recht

Für die ehemals angeworbenen Arbeitnehmer und ihre Familienangehörigen gelten mit den §§ 85 bis 90 des neuen AuslG seit dem 1.1.1991 besondere Vorschriften, die einige Erleichterungen bringen. Zur Diskussion dieses Problems siehe allgemein 7.1.2.

Ausländer, die sich seit mindestens 15 Jahren in der Bundesrepublik rechtmäßig aufgehalten haben, können gemäß § 86 AuslG bis zum 31. Dezember 1995 einen Antrag auf Einbürgerung stellen, an den etwas geringere Ansprüche gestellt werden, z.B. keine volle

Beherrschung der deutschen Sprache und einheitliche Staatsangehörigkeit der Familie; Angehörige können auch ohne das Erfordernis der 15 Jahre gleich miteingebürgert werden.
Mit der Fristsetzung wird ein Entscheidungsdruck ausgeübt, denn anschließend ist „die Tür wieder zu", d.h. es gelten die sonstigen engeren Vorschriften. In der Begründung (Bundestagsdrucksache 11/90 A.IV. Abs.7 und 8) heißt es dazu sogar, daß ein erleichtertes Angebot für diese Gruppe wenig sinnvoll ist, weil bei dieser die „Rückkehrbereitschaft noch am stärksten ausgeprägt" sei.
Für die sog. 2. und 3. Generation gilt, daß eine Einbürgerung als Regelanspruch unter teilweise abweichenden, erleichterten Voraussetzungen erfolgen kann. In der Begründung des Gesetzes wird hierzu ausgeführt, daß es gelte, den „jungen Ausländern deutlich zu machen, daß die Bundesrepublik Deutschland an ihre dauernde Niederlassung ... die Erwartung knüpft, auch alle Rechte und Pflichten des Staatsbürgers zu übernehmen". Dies setzt auch wie bisher „eine freiwillige und dauernde Hinwendung zu unserem Staat voraus".
Die Einbürgerung dieser Gruppe kann erfolgen, wenn
- der Antrag zwischen dem 16. und 23. Lebensjahr gestellt wird,
- ein achtjähriger Aufenthalt in der Bundesrepublik vorliegt,
- sechs Jahre eine deutsche Schule besucht wurde,
- keine Verurteilung wegen einer Straftat vorliegt,
- die bisherige Staatsangehörigkeit erlischt (Ausnahmen gemäß § 87 möglich).

Gestrichen wurde das Erfordernis, daß eine einheitliche Staatsangehörigkeit in der Familie im Ergebnis vorliegen muß.
Diese Regelungen sind insbesondere aus zwei Gründen unbefriedigend und voraussichtlich damit auch wenig effektiv:
- Schwer nachvollziehbar ist die Begrenzung der erleichterten Einbürgerung auf das 23. Lebensjahr. Hier wird ein Zeitzwang ausgeübt, der unter Druck eine Entscheidung herbeiführen soll, die eigentlich ja freiwillig und nach reiflicher Überlegung gewachsen Platz greifen soll. Welche zwingenden Gründe sprechen eigentlich dagegen, für diese Gruppe hier geborener und/oder aufgewachsener „Ausländer" auch eine spätere Option unter gleichen Voraussetzungen zuzulassen? Gerade bei ausländischen Jugendlichen ist zu berücksichtigen, daß sie noch relativ lange den Traditionen ihres Elternhauses verhaftet bleiben und hierauf Rücksicht nehmen. Eine Störung des Familienfriedens kann in niemandes Interesse sein. Nach den Daten des Statistischen Bundesamtes (Band 1989, S. 59) ist gerade in der Gruppe der 25-35jährigen die Bereitschaft zur Einbürgerung vergleichsweise hoch.

- Problematisch (siehe 7.1.2.) ist weiter die nach wie vor verankerte Regelung, daß eine mögliche Doppelstaatsangehörigkeit einen grundsätzlichen Ausschlußgrund darstellt.

4.8. Arbeitserlaubnis

Arbeit nur mit Arbeitserlaubnis
Ausländer – ausgenommen Staatsangehörige aus der Europäischen Gemeinschaft – benötigen eine Arbeitserlaubnis, wenn sie in der Bundesrepublik tätig sein wollen. Diese Genehmigung wird nicht von der Ausländerbehörde, sondern vom Arbeitsamt erteilt. Allerdings ist es möglich, daß die Ausländerbehörde unabhängig von der Arbeitsverwaltung die Aufnahme einer beruflichen Tätigkeit durch eine entsprechende Auflage von vornherein untersagt (siehe 4.2.).

Schutz des Arbeitsmarktes
Ein Unternehmer, der einen Ausländer ohne eine Erlaubnis beschäftigt, kann mit einem Bußgeld von bis zu 100.000 DM belegt werden. Durch diese Vorschriften soll der deutsche Arbeitsmarkt geschützt werden, der nur für Deutsche, Arbeitnehmer aus der EG sowie bereits hier mit einer Aufenthalts- und Arbeitserlaubnis sich legal aufhaltende Ausländer frei zugänglich sein soll.

Voraussetzungen
Eine Arbeitserlaubnis soll daher nur gewährt werden, wenn:
- der Ausländer sich legal im Bundesgebiet aufhält,
- ihm eine Erwerbstätigkeit nicht ausländerrechtlich untersagt ist (z.B. Touristen, Einschränkungen bei Studenten),
- die Lage am Arbeitsmarkt eine Erteilung zuläßt oder bestimmte Wartefristen erfüllt sind.

Das Arbeitsrecht (Arbeitsförderungsgesetz, Arbeitserlaubnisverordnung) unterscheidet zwischen der allgemeinen und der besonderen Arbeitserlaubnis. Diese Begriffe sind mißverständlich, da die allgemeine Arbeitserlaubnis sehr viel enger in ihrem Rahmen ist.
Die Allgemeine Arbeitserlaubnis, die bei einer erstmaligen Beschäftigung in der Regel allein in Betracht kommt, darf nur „nach Lage und Entwicklung am Arbeitsmarkt" gewährt werden. Es wird damit von einem möglichen Arbeitgeber der Nachweis gefordert, daß Bemühungen, deutsche oder diesen gleichgestellte Arbeitnehmer zu finden, erfolglos geblieben sind. Im Falle der Erteilung gilt sie befristet, ist regional begrenzt und auf eine bestimmte Tätigkeit

beschränkt. Eine Verlängerung der Arbeitserlaubnis wird bei fortbestehendem Arbeitsverhältnis regelmäßig vorgenommen, wenn nicht ein bevorrechtigter Arbeitnehmer (s.o.) zur Verfügung steht. Eine allgemeine Arbeitserlaubnis hatten im Juni 1984 etwa 15 % der Arbeitnehmer.
Die Besondere Arbeitserlaubnis wird erst nach Erfüllung einer bestimmten Wartezeit gewährt. In der Regel wird während einer Zeit von 8 Jahren vor Erteilung eine insgesamt fünfjährige rechtmäßige, unselbständige Tätigkeit gefordert. Zeiten der Arbeitslosigkeit werden bei den 5 Jahren nicht mitgerechnet. Die besondere Arbeitserlaubnis ist damit nicht mehr unmittelbar von der Lage am Arbeitsmarkt abhängig. Der Geltungsbereich erstreckt sich auf das gesamte Bundesgebiet, und sie ist unbefristet. Ende Juni 1984 besaßen ungefähr 76 % der beschäftigten ausländischen Arbeitnehmer eine besondere Arbeitserlaubnis.
Problematisch ist, daß seit 1991 beitragsfreie Zeiten auf die 5-Jahres-Frist nicht mehr angerechnet werden (§ 19 Abs.6 Nr.2 AFG). Hierbei handelt es sich u.a. um Teilzeitarbeit bis zu 18 Stunden wöchentlich, die häufig von Frauen ausgeübt wird. Fraglich ist, ob darin nicht eine zumindest mittelbare geschlechtsspezifische Diskriminierung steckt, da Frauen als Gruppe nunmehr beim Erwerb der besonderen Arbeitserlaubnis faktisch schlechter gestellt sind als Männer.
Etwas günstigere Sonderregelungen bestehen aufgrund internationaler Vereinbarungen für Türken sowie mit Deutschen verheiratete Ausländer und anerkannte politische Verfolgte.

Familienangehörige
Für Angehörige, die im Wege des Familiennachzuges in die Bundesrepublik kommen und erstmals eine Arbeitserlaubnis beantragen, gelten seit 1981 besondere Wartezeiten. Vor diesem Zeitpunkt war eine sofortige Erteilung möglich. Mit der Verschärfung sollte ein Unterlaufen des Anwerbestopps verhindert werden.

Jugendliche
Jugendliche Ausländer haben einen Anspruch auf Arbeitserlaubnis, wenn sie
- einen deutschen Schulabschluß haben,
- einen Ausbildungsvertrag besitzen,
- an bestimmten Eingliederungsmaßnahmen teilnehmen.

4.9. Arbeitsrechtliche Stellung

Formale Gleichstellung

Auf ausländische Arbeitnehmer in der Bundesrepublik findet das deutsche Arbeitsrecht Anwendung. Es besteht formal der Grundsatz der tariflichen, arbeits- und sozialrechtlichen Gleichstellung im Inland. Ausländer können sich wie ihre deutschen Kollegen auf den Gleichbehandlungsgrundsatz berufen (Diskriminierungsverbot), nach dem es einem Betrieb untersagt ist, einzelne Arbeitnehmer oder bestimmte Gruppen ohne sachlichen Grund schlechter zu stellen als andere. Der Betriebsrat hat die gesetzliche Aufgabe, die Eingliederung ausländischer Arbeitnehmer in den Betrieb und das Verständnis zwischen Deutschen und Ausländern zu fördern. Die Gleichstellung gilt u.a. auch für das Kündigungsschutzrecht, Urlaubsansprüche, Lohnansprüche und Betriebsrenten.

Betriebsverfassungsgesetz
§ 75 Grundsätze für die Behandlung der Betriebsangehörigen
(1) Arbeitgeber und Betriebsrat haben darüber zu wachen, daß alle im Betrieb tätigen Personen nach den Grundsätzen von Recht und Billigkeit behandelt werden, insbesondere, daß jede unterschiedliche Behandlung von Personen wegen ihrer Abstammung, Religion, Nationalität, Herkunft, politischen oder gewerkschaftlichen Betätigung oder Einstellung oder wegen ihres Geschlechts unterbleibt. Sie haben darauf zu achten, daß Arbeitnehmer nicht wegen Überschreitung bestimmter Altersstufen benachteiligt werden.
(2) Arbeitgeber und Betriebsrat haben die freie Entfaltung der Persönlichkeit der im Betrieb beschäftigten Arbeitnehmer zu schützen und zu fördern.

§ 80 Allgemeine Aufgaben
(1) Der Betriebsrat hat folgende allgemeine Aufgaben:
...
7. die Eingliederung ausländischer Arbeitnehmer im Betrieb und das Verständnis zwischen ihnen und den deutschen Arbeitnehmern zu fördern.

Kluft zwischen Theorie und Praxis

Auch wenn formell alles bestens geregelt erscheint, muß doch festgestellt werden, daß Theorie und Praxis auch hier nicht immer im Einklang miteinander stehen.

Bei Einstellungen gibt es keine Norm, die eine Gleichbehandlung erzwingt. Art. 3 Grundgesetz nennt die Nationalität nicht als Eigenschaft, die nicht Anknüpfungspunkt für eine Ungleichbehandlung sein darf. Das Verbot der Diskriminierung greift insoweit erst ab Einstellung. Arbeitgeber können daher – wie dies in der Praxis durchaus geschieht – erklären, daß sie keine Ausländer oder bestimmte Ausländergruppen einstellen.

Eine Kündigung ist allgemein nur gerechtfertigt, wenn bei ihr soziale Gesichtspunkte beachtet werden. Gerade auch bei Ausländern haben die Arbeitsgerichte im Streitfall zu prüfen, ob diesen durch den Verlust des Arbeitsplatzes nicht besondere Nachteile drohen. Solche Nachteile können aufenthaltsrechtliche oder arbeitserlaubnisrechtliche Konsequenzen sein. Es läßt sich durchaus feststellen, daß Ausländer durch Kündigungen und damit Arbeitslosigkeit überdurchschnittlich hoch betroffen sind (siehe Tabellen 9 und 10). Nach einer Untersuchung aus dem Jahre 1978 betrafen bei den befragten Unternehmen 25% aller Kündigungen Ausländer, obwohl deren Beschäftigungsanteil nur bei 10% lag. Das heißt, im Verhältnis wurde mehr als doppelt so vielen Ausländern wie Deutschen gekündigt. Bei Klein- und Mittelbetrieben wurde sogar eine drei- bis fünffache Quote verzeichnet. Diese Zahlen können nicht allein auf arbeitstechnische Gründe oder jeweiliges persönliches Fehlverhalten zurückgeführt werden.

Der abstrakte Grundsatz der Gleichbehandlung kann nicht verhindern, daß Ausländer überwiegend auf Arbeitsplätzen eingesetzt werden, die durch schlechte Arbeitsbedingungen wie etwa Lärm, Schmutz, gesundheitsgefährdende und unfallträchtige Tätigkeiten geprägt sind und ein niedriges Lohnniveau aufweisen (siehe 2.3. und Tabelle 17). Der bei ausländischen Arbeitnehmern ungleich höhere Prozentsatz von Erwerbs- und Berufsunfähigkeit, Berufskrankheiten und Arbeitsunfällen unterstreicht diese Situation. Bei Arbeitsunfällen ist das Verhältnis etwa 11% zu 20%. Allerdings läßt sich – zynisch formuliert – sagen, daß hier eine Gleichbehandlung mit Deutschen, soweit diese auf derartigen Arbeitsplätzen tätig sind, gegeben ist. Es besteht hier jedoch kaum eine Konkurrenzsituation, weil die deutschen Arbeitnehmer gerade durch die Ausländerbeschäftigung qualifiziertere und bessere Arbeitsplätze erhalten haben.

Ausländische Arbeitnehmer können uneingeschränkt Mitglied und Funktionsträger in einer deutschen Gewerkschaft sein (siehe 7.2.2.). Der Organisationsgrad der Ausländer liegt jedoch unter dem der deutschen Arbeitnehmer und ist je nach Nationalität und Branche recht unterschiedlich. Der Anteil der organisierten Arbeitnehmer liegt bei Deutschen bei rund 48% und bei Ausländern bei 36%.

Da sie sich häufig nicht ausreichend vertreten und repräsentiert fühlen – knapp 2/3 der beschäftigten ausländischen Arbeitnehmer äußerten sich 1985 entsprechend – haben sich in den letzten Jahren bei Betriebsratswahlen zunehmend unabhängige oppositionelle Gruppen gebildet, die von Ausländern getragen wurden.

Ausländische Gewerkschaftler waren und sind, wenn sie aus Ländern mit autoritären Regimen stammen, häufig auch in Deutschland dem Druck ihrer Heimatregierungen ausgesetzt, da diese jede politisch-organisatorische Betätigung als Gefahr empfinden. Deutsche Behörden müssen hier darauf achten, daß sie bei ausländerrechtlichen Maßnahmen nicht aus vermeintlich politischen Rücksichtnahmen zu Handlangern undemokratischer Regierungen werden.

4.10. Ausländer als Unternehmer – Selbständige Erwerbstätigkeit

Ein Ausländer, der in der Bundesrepublik als selbständiger Unternehmer tätig sein will, muß sowohl die Voraussetzungen des allgemeinen Gewerberechts wie auch des Ausländerrechts erfüllen.
Nach dem Gewerberecht hat er lediglich die auch für Deutsche geltenden Vorschriften über die jeweiligen persönlichen und technischen Voraussetzungen zu beachten. Das Ausländerrecht dagegen gestattet ihm grundsätzlich nur eine Tätigkeit als abhängig beschäftigter Arbeitnehmer, um deutsche Gewerbetreibende vor Konkurrenz zu schützen. Mit der Aufenthaltserlaubnis erhält ein Ausländer daher von der Behörde die Auflage: „Selbständige Erwerbstätigkeit oder vergleichbare unselbständige Tätigkeit ist nicht gestattet."
Von diesen Einschränkungen ausgenommen sind zunächst nur diejenigen, die

– Bürger eines Landes der Europäischen Gemeinschaft sind und damit Freizügigkeit genießen,
– mit einer oder einem Deutschen verheiratet sind,
– dank zwischenstaatlicher Vereinbarungen einen Anspruch auf Bevorzugung haben (z.B. USA, Japan, Schweiz).

Anderen Ausländern kann die Ausländerbehörde auf Antrag eine selbständige Tätigkeit gestatten, wenn hieran „ein übergeordnetes wirtschaftliches Interesse oder ein besonderes örtliches Bedürfnis besteht". Ob diese Voraussetzungen erfüllt sind, entscheidet die Behörde nach Anhörung der Industrie- und Handelskammern bzw. der Handwerkskammern. Deren Stellungnahmen waren lange Zeit in der Regel ablehnend. Dieses sogenannte Bedürfnisprinzip ist von den Gerichten dahin eingeschränkt worden, daß auch Gesichtspunkte der Dauer des bisherigen Aufenthalts und der Integration zu berücksichtigen sind, so daß sich nunmehr eine großzügigere Handhabung durchgesetzt hat. Bei einer Aufenthaltsberechtigung ist eine derartige Einschränkung grundsätzlich nicht mehr zu verfügen.

Eine Studie des Deutschen Industrie- und Handelstages aus dem Jahre 1981 ergab,

- vor allem Türken, danach Jugoslawen und Griechen beantragten die Erlaubnis zur selbständigen Tätigkeit,
- die meisten wollten eine Gaststätte, ein Einzelhandelsgeschäft oder ein Reisebüro betreiben,
- die Kammern stimmten 1980 in 57% der Fälle zu.

Die bisherige Handhabung der Zulassung stößt nach wie vor auf folgende Bedenken:

- Die gegenwärtige Situation führt nicht selten zu einer rechtswidrigen Umgehung durch Beschäftigung sogenannter Strohmänner.
- Es widerspricht dem Grundsatz der Marktwirtschaft, wenn inländische Unternehmen einseitig durch einen derartigen Wettbewerbsschutz bevorzugt werden.
- Länger bei uns lebenden Ausländern ist Chancengleichheit bei der freien Wahl von Beruf, Arbeitsplatz und Gewerbe einzuräumen, um deren Integration in unsere Gesellschaft zu fördern.

4.11. Das Netz der sozialen Sicherung

Versicherungspflicht

Jeder Ausländer wird mit Beginn der Arbeitsaufnahme im gleichen Umfang versicherungspflichtig wie ein deutscher Arbeitnehmer. Da er selbst Beiträge z.B. zur Kranken-, Unfall- und Arbeitslosenversicherung zahlt, erwirbt er damit auch für sich und seine Familie eigene Ansprüche auf Leistungen. Diese Gleichstellung deutscher und ausländischer Arbeitnehmer wird jedoch durch das sogenannte Territorialitätsprinzip durchbrochen, d.h. Leistungen werden grundsätzlich nur bei Aufenthalt im Inland gewährt. Rentenansprüche würden danach ruhen und im Ergebnis zugunsten des deutschen Versicherungsträgers verfallen, wenn der ausländische Berechtigte die Bundesrepublik verläßt.

Zum Ausgleich dieser Härte, die im Ergebnis ja auch einer praktischen Rückkehrsperre gleichkäme, sind mit den meisten Staaten, aus denen die Arbeitsmigranten stammen, Abkommen geschlossen worden. Diese Verträge ermöglichen wechselseitige Zahlungen und Leistungen in das Ausland. Die Leistungen haben allerdings – insbesondere Renten – nicht den gleichen Umfang, als wenn die Berechtigten noch im Inland leben würden.

Für Bürger aus den Mitgliedstaaten der Europäischen Gemeinschaft gelten besondere Verordnungen, die eine weitergehende Gleichstellung dieser Arbeitnehmer zur Folge haben.

Die Beschränkung der Leistungspflicht auf das Inland bestimmt neben anderen Gründen die wirtschaftliche Situation und damit auch die Entscheidung der Ausländer, in der Bundesrepublik zu bleiben oder diese zu verlassen:

– Bei der Rentenversicherung erhalten z.B. türkische Bürger nur bei einem Aufenthalt in der Bundesrepublik ihre volle Rente.

  Daher kehren bislang nicht wenige nicht in ihr Herkunftsland zurück, obwohl sie sonst aus persönlichen Gründen dazu bereit wären. Sie können nicht ohne weiteres davon ausgehen, daß die geringere Rente durch niedrigere Lebenshaltungskosten ausgeglichen wird.

– Kindergeld in voller Höhe erhält ein ausländischer Arbeitnehmer nur für seine sich auch im Bundesgebiet aufhaltenden Kinder. Leben diese im Heimatland, so entfällt der Anspruch.

  Diese unterschiedliche Behandlung führte neben familiären und sozialen Aspekten zu einem verstärkten Trend, die Kinder nachziehen zu lassen. Abkommen z.B. mit Jugoslawien, Portugal, Spanien und der Türkei für Kinder, die im Heimatland bleiben, ein vermindertes Kindergeld – z. Zt. 10,- DM – zu zahlen, haben diese Haltung wenig geändert.

– Der ausländische Arbeitnehmer ist im Falle der Arbeitslosigkeit nicht gezwungen, die Bundesrepublik zu verlassen. Allerdings muß er sich weiter im Inland aufhalten, da er nur dann dem Arbeitsmarkt zur Vermittlung zur Verfügung steht und so auch seinen Anspruch behält.

  Selbst wenn also die Bereitschaft zur Rückkehr besteht, wird sie – zumindest zunächst – aus verständlichen Gründen nicht erfolgen.

– Im Falle der Bedürftigkeit können auch Ausländer Sozialhilfe in Anspruch nehmen. Der Bezug von Sozialhilfeleistungen kann jedoch nach dem Ausländergesetz die Nichtverlängerung der Aufenthaltserlaubnis oder sogar eine Ausweisung zur Folge haben.

  Dies führt nicht selten zum völligen Verzicht auf derartige gesetzliche Ansprüche. Was das Sozialhilferecht dem Ausländer zuerkennt, wird ihm faktisch durch das Ausländerrecht wieder genommen. Dies, obwohl er – wie auch ein deutscher Arbeitnehmer – als Steuerzahler an den Staat die Mittel auch für den Sozialetat abgeführt hat.

Kapitalisierung von Rentenversicherungsbeiträgen

Im Zuge einer Politik, die auf eine Verminderung der Zahl der Ausländer hinwirkte und deren Rückkehrbereitschaft förderte (siehe 5.2.3.), hat man die vorzeitige Kapitalisierung, d.h. Auszahlung der bisher selbst eingebrachten Rentenbeiträge ermöglicht. Zurückgezahlt erhält er auch nur den sogenannten Arbeitnehmeranteil, d.h. 50 % der Beitragssumme. Der „Arbeitgeberanteil" bleibt bei der Rentenversicherung.

Dieser Verzicht auf spätere Rentenleistungen birgt für den Betroffenen ein hohes Risiko. Das erlangte Kapital kann zumindest gegenwärtig aufgrund der wirtschaftlichen Situation der meisten Entsendeländer kaum gewinnbringend oder existenzsichernd angelegt werden; sein Verlust bedeutet zugleich den Verlust jeglicher Alterssicherung.

Beitragserstattung an türkische Bürger 1982:
- 13.000 Erstattungsanträge von ca. 500.000 versicherungspflichtigen türkischen Arbeitnehmern bei der Rentenversicherung (= 2,6%),
- 96 Millionen DM wurden ausgezahlt,
- durchschnittlicher Erstattungsbetrag: 8.700,- DM.

Aus: Landesversicherungsanstalt Oberfranken und Mittelfranken, in: Zeitschrift für Ausländerrecht und Ausländerpolitik (ZAR), 1983, S. 126.

Das geltende Recht steht so den politischen Bestrebungen, die freiwillige Rückkehr in das Heimatland zu fördern und die dortige Reintegration zu erleichtern, zum Teil im Wege. Politischer Wunsch und tatsächliche Rechtslage widersprechen sich.

4.12. Grundrechte und politische Betätigung

Menschen- und Bürgerrechte

Das Grundgesetz (GG) unterscheidet zwischen sogenannten Menschenrechten und Bürgerrechten. Letztere stehen nur deutschen Staatsangehörigen zu. Ausländer genießen damit nach unserer Verfassung im Ergebnis alle Grundrechte mit Ausnahme der
- Versammlungsfreiheit, Art. 8 GG,
- Freizügigkeit, Art. 11 GG,
- freien Wahl von Beruf und Arbeitsplatz, Art. 12 GG,
- Vereinsfreiheit, Art. 9 GG.

Der Staat ist daher auch Ausländern gegenüber in seinem Handeln weitgehend an die Schranken gebunden, die er auch sonst bei jedem einzelnen Bürger zu beachten hat. Da Freizügigkeit und freie Arbeitsplatzwahl Ausländern nicht als Menschenrechte zugestanden werden, kann der Gesetzgeber für sie die Einreise von einer Aufenthaltsgenehmigung und die Berufstätigkeit von einer Arbeitserlaubnis abhängig machen.

Politische Betätigung als Grundrecht

Es existiert zwar kein Grundrecht, das speziell – sei es für Deutsche oder Ausländer – das Recht auf politische Betätigung regelt, doch ergibt sich aus einer Reihe von Artikeln des GG (Art. 2, 4, 5, 9 Abs. 3, 17), daß ein solches Recht als allgemeines Menschenrecht besteht. Versammlungs- und Vereinsfreiheit sind Ausländern in diesem Zusammenhang zwar nicht durch das Grundgesetz, wohl aber durch einfache Gesetze gewährt. Das Bundesverfassungsgericht mißt dem Recht auf Meinungsfreiheit (Art. 5 GG) in diesem Zusammenhang eine entscheidende Bedeutung zu und sieht es als grundlegend für jede freiheitliche und demokratische Staatsordnung an.

Ausländern steht damit grundsätzlich das Recht auf politische Betätigung zu. Sie können also z.B.

- sich öffentlich zu politischen Fragen äußern,
- an Demonstrationen und Streiks teilnehmen sowie Flugblattaktionen durchführen,
- Mitglieder in Parteien und Gewerkschaften sein,
- an Wahlen zu berufsständischen Organisationen, in Schulen und Hochschulen teilnehmen,
- in einigen Gemeinden über „Ausländerbeiräte" auf kommunaler Ebene bei der politischen Willensbildung beratend mitwirken (siehe 7.2.2.).

Es geht also nicht nur um eine im engeren Sinne Partei- oder Staatspolitik, sondern auch um Aktivitäten im sozialen und wirtschaftlichen Bereich. Verwehrt ist Ausländern jedoch das aktive und passive Wahlrecht für parlamentarische Gremien sowie die Gründung eigener Parteien (siehe 7.1.4.).

Gesetzliche Regelung

Das AuslG regelt in § 37 das Recht auf politische Betätigung des einzelnen Ausländers und erklärt diese in Übereinstimmung mit dem GG für zulässig. Ergänzende Regelungen finden sich im Vereinsgesetz für Organisationen, die bei rechtswidrigem Verhalten der Mitglieder aufgelöst und verboten werden können.

In den Fällen des § 37 Abs. 2 AuslG ist jedoch eine politische Betätigung schlechthin verboten. Dies ist zunächst insoweit unproblematisch, als es um rechtswidrige Handlungen – z.B. Straftaten – geht, die auch Deutschen untersagt wären. Schwierigkeiten kann jedoch in der Praxis die Formulierung der Nr. 2 dieses Absatzes. „... soweit sie ... Gewaltanwendung als Mittel zur Durchsetzung politischer, religiöser oder sonstiger Belange ... hervorzurufen ... geeignet ist" bereiten. Sie darf wohl nicht so interpretiert werden – obwohl der Wortlaut dies gestatten würde –, daß etwa eine mißliebige politische Handlung eines Ausländers bei extremen deutschen Gruppen Gewaltaktionen „provoziert" und damit die politische Betätigung dann als verboten anzusehen wäre.

Die politische Betätigung kann weiter im Einzelfall gemäß § 37 Abs.1 AuslG eingeschränkt werden. Es gelten auch hier im Prinzip zunächst wieder die gleichen Rahmenbedingungen wie auch für Deutsche. Weitergehend ist die Bestimmung, daß die Betätigung nicht „sonstigen erheblichen Belangen" der Bundesrepublik „zuwiderlaufen" darf. Was das im einzelnen sein soll, ist für den Ausländer schwer erkennbar. Eine Zensur unliebsamen Verhaltens ist durch solche Formulierungen jedenfalls nicht ausgeschlossen.

Besondere Probleme kann die politische Betätigung von Ausländern aufwerfen, wenn sich diese aktiv gegen die Politik ihres Hei-

matlandes richtet und so u.U. die außenpolitischen Beziehungen der Bundesrepublik belastet. Auch dieses ist ein Sachverhalt, der Einschränkungen im Einzelfall gestattet. Es sollte hier jedoch grundsätzlich der Vorrang des demokratischen Rechts auf Meinungsfreiheit vor dem „Schutz" gerade diktatorischer Regime beachtet werden.
Schwierigkeiten bereiten links- oder rechtsextremistische Ausländergruppen, die gelegentlich ihre Konflikte auf dem Boden der Bundesrepublik austragen. Die Ursachen für derartige Auseinandersetzungen liegen in der Regel in der jeweiligen Situation des Heimatlandes. Das Vereins- und das Versammlungsgesetz bieten die Möglichkeit, solche Organisationen aufzulösen und eine Mitgliedschaft unter Strafe zu stellen.
In der Bundesrepublik waren 1985 nach Schätzung des Bundesinnenministeriums ca. 116.000 Ausländer Mitglieder einer als extremistisch einzustufenden Organisation. Davon sollen
- 81.000 in linksextremen,
- 14.700 in rechtsextremen,
- 19.650 in islamisch-extremistischen

Gruppen gewesen sein.
Die Gewährung eines möglichst wenig eingeschränkten Rechts auf politische Betätigung ist notwendige Grundlage jeder Integration. Integration heißt nicht nur „Anpassung" im privaten und beruflichen Bereich, sondern beinhaltet auch das Erlernen der Übernahme öffentlicher Rechte und Pflichten und die kritische Teilnahme an gesellschaftlichen Prozessen. Unsere Gesellschaft muß begreifen, daß Ausländer auf Dauer nicht nur Objekt staatlichen Handelns sein können, sondern selbst mitgestaltend tätig sein müssen. Einschränkungen der politischen Betätigung, wenn sie schon überhaupt erforderlich sein sollen, müßten in der Praxis zumindest nach Dauer und Zweck des Aufenthalts abgestuft werden.

4.13. Datenerhebung und Ausländerzentralregister

Datenschutz oder der „gläserne Ausländer"?

Das Bundesverfassungsgericht hat 1983 in seinem Urteil zur Volkszählung (BVerfG Amtliche Entscheidungssammlung Band 65, S. 1 ff.) entscheidende Grundsätze zum Datenschutz formuliert und Gesetzgeber und Verwaltung Grenzen der „Sammelwut" gezogen. Das BVerfG führt u.a. aus, daß „... unter den Bedingungen der

modernen Datenverarbeitung der Schutz des Einzelnen gegen unbegrenzte Erhebung, Speicherung, Verwendung und Weitergabe seiner Daten von dem allgemeinen Persönlichkeitsrecht des Art.2 Abs.1 i.V.m. Art.1 GG umfaßt" wird und „... die Befugnis des Einzelnen, grundsätzlich selbst über die Preisgabe und Verwendung seiner persönlichen Daten zu bestimmen", gewährleistet sein muß.
Ein Eingriff in das Recht der sog. „informationellen Selbstbestimmung" kann nur durch ein überwiegendes Allgemeininteresse gerechtfertigt werden und durch ein Gesetz erfolgen, das den Grundsätzen der Verhältnismäßigkeit und Normenklarheit entsprechend eine präzise Bezeichnung der zu erfassenden Daten und vornimmt und bestimmt, wer Zugang zu ihnen hat. Da die Art.1 und 2 GG allgemeine Menschenrechte sind, stehen sie auch Ausländern zu, d.h. auch sie haben also das Recht auf informationelle Selbstbestimmung. Es ist daher sehr fraglich, inwieweit die getroffenen Regelungen im AuslG und dem Gesetz über das Ausländerzentralregister (AZR) diesen Anforderungen genügen.

Datenerhebung

Im neuen AuslG ist in den §§ 75–80 eine umfassende Erhebung personenbezogener Daten von Ausländern und deren Übermittlung an andere Behörden vorgesehen. Die Daten sind entweder beim Betroffenen selbst zu erheben; sie können aber auch ohne seine Mitwirkung bei anderen Behörden abgerufen werden. Darüber hinaus haben alle „öffentlichen Stellen" die Ausländerbehörde „unverzüglich ... zu unterrichten", wenn sie von Fakten Kenntnis erlangen, die einen Ausweisungsgrund darstellen.
Wenn man sich den weit gefaßten Katalog möglicher Ausweisungsgründe (siehe 4.6.) betrachtet und bedenkt, daß die anderen Behörden, da sie nicht Fachbehörde sind, kaum in der Lage sind abzuschätzen, was relevant ist oder nicht, kann man sich vorstellen, daß diese Regelung leicht zu einer „wilden Datenflut" bei der Ausländerbehörde führt. Im Grunde muß in Entsprechung von § 45 Abs.1 AuslG jede rechtswidrige Handlung – und sei sie als solche noch so banal – von einer öffentlichen Stelle der Ausländerbehörde mitgeteilt werden.

Dies gilt z.B. auch für den Schule schwänzenden Schüler, da dies eine Ordnungswidrigkeit ist, den Entleiher aus einer öffentlichen Bücherei, der trotz Mahnung ein Buch nicht zurückgibt, den Ausländer, der seinen PKW falsch geparkt hat usw. Alle diese Fälle führen als solche nicht zu einer Ausweisung, wären aber gleichwohl mitteilungspflichtig, da sie, wie Juristen formulieren, „tatbestandsmäßig" sind.

Besonders problematisch ist, daß durch diese Regelung Beratung und Hilfen im Jugend- und Familienbereich bei Ausländern nicht

mehr vertraulich sein dürfen und können. Erfährt ein Sozialarbeiter, Erzieher oder Lehrer von Eltern oder direkt vom Jugendlichen Dinge, die unter die §§ 45 ff. fallen – z.B. Rauschgiftprobleme oder einen Ladendiebstahl –, so müßte er es weitergeben. Eine vertrauensvolle Zusammenarbeit mit pädagogischer Hilfe und Unterstützung bei der Lösung von Problemfällen ist so nicht mehr möglich. Jeder Ausländer, der derartige staatliche Hilfen in Anspruch nehmen wollte, wäre dem sofortigen Risiko von Ermittlungen und u.U. Sanktionen der Ausländerbehörde ausgesetzt. Diese Vorschriften sind dann, wenn sie so ernsthaft umgesetzt werden, wie sie im Gesetz stehen, das Ende jeder ausländerbezogenen staatlichen Jugend- und Elternarbeit. Diese würde nur noch auf privater Basis vertraulich möglich sein.
Die Ausländerbehörde ihrerseits ist zur Weitergabe ihrer Daten an das Ausländerzentralregister verpflichtet. Sind andere Dienststellen mit der Verfolgung von Rechtsverstößen befaßt – z.B. die Gewerbeaufsicht –, so sind auch diese zu informieren. Die perfektionistische Regelung des AuslG führt im Ergebnis zum „gläsernen Ausländer", über den, da er wohl vom Gesetzgeber als latente Gefahr angesehen wird, ein umfassendes Persönlichkeitsprofil angelegt wird.

Ausländerzentralregister
Im Ausländerzentralregister (AZR) in Köln werden Daten von Ausländern zu deren Person und Identifizierung, Meldestatus, Aufenthaltsrecht und Asylverfahren gespeichert, und zwar nicht nur von in der Bundesrepublik lebenden Ausländern, sondern auch von denen, die sich irgendwann einmal hier aufgehalten haben oder Anträge an deutsche Behörden – auch Botschaften und Konsulate – richteten. Nach Auskunft der Bundesregierung (Bundestags-Drucksache 11/2269 vom 6.5.1988) waren zu diesem Zeitpunkt 100 Millionen Daten von 10 Millionen Ausländern gespeichert, obwohl zur Zeit im Bundesgebiet nur ca. 4,6 Millionen Ausländer leben.
Es handelt sich bei dem AZR nicht um ein „Indexregister", das nur die Fundstelle bei der jeweils aktenführenden Stelle nennt, sondern es speichert die relevanten Daten unmittelbar und gibt sie gegebenenfalls weiter. Die Gefahr liegt hier darin, daß verkürzte Datensätze geliefert werden, ohne daß der Empfänger jeweils auch den Kontext des Vorgangs – z.B. Ausweisung, Abschiebung oder Straftat – erfährt, der das Geschehen in einem differenzierteren Licht erscheinen lassen könnte.
Die zentrale Erfassung all dieser Daten wird damit begründet, daß ein Wechsel zwischen Heimatland und Bundesgebiet dazu führe,

daß die „Meldekette" unterbrochen werde und daher die dezentralen örtlichen Melderegister nicht ausreichten. Die öffentlichen Interessen an Kontrolle von Einreise und Aufenthalt erforderten jedoch einen schnellen und umfassenden Datenbestand, um jederzeit die notwendigen Maßnahmen treffen zu können.
In einem geplanten – aus datenschutzrechtlicher Sicht längst überfälligen – Gesetz zum AZR soll darüber hinaus bestimmt werden, daß das Register „stärker in den Schutz der inneren Sicherheit der Bundesrepublik Deutschland einzubeziehen" sei, daß also Verfassungsschutz und Nachrichtendienste, Polizei und Staatsanwaltschaft Zugang haben müssen und die für diese interessanten Daten zu speichern sind. Der Kreis der zugriffsberechtigten Behörden wird sich neben den Ausländerbehörden etwa auch auf Grenzbehörden, Zollämter, Bundesanstalt für Arbeit, private Institutionen (z.B. Rotes Kreuz) sowie ausländische diplomatische Missionen erstrecken. Da in vielen Fällen ein sog. On-Line-Anschluß zulässig sein wird, haben dann die entsprechenden Stellen einen weitgehend unkontrollierten Informationszugang.

4.14. Verwaltungsverfahren und Rechtsschutz

Zuständig für die Entscheidung ausländerrechtlicher Fragen sind grundsätzlich die Ausländerbehörden. In der Regel sind diese den jeweiligen Kreisbehörden zugeordnet. Die Arbeitserlaubnis erteilt jedoch das Arbeitsamt.
Besondere Verfahrensregelungen sind in den §§ 63ff. AuslG niedergelegt. Insbesondere § 70 ist von Bedeutung, der dem Ausländer die Pflicht auferlegt, alle für ihn günstigen Umstände darzulegen und ggf. zu beweisen; hierfür können ihm Fristen gesetzt werden. Bei Ablauf der Frist ist dann ein weiteres Vorbringen von Tatsachen nicht mehr möglich.
Wegen mangelnder Sprachkenntnisse kommt bei den Behörden der allgemeinen Pflicht zur Aufklärung und Beratung eine besondere Bedeutung zu, um den sozial- und rechtsstaatlichen Grundsätzen unserer Rechtsordnung zu genügen. Die Verwaltung hat insbesondere bei ablehnenden Bescheiden oder bei Erlaß einer Ausweisung den Betroffenen anzuhören und ihm Gelegenheit zu einer Stellungnahme zu geben. Entscheidungen sind grundsätzlich schriftlich zu erlassen, zu begründen und mit dem Hinweis auf mögliche Rechtsmittel zu versehen.
Da die Amtssprache Deutsch ist, besteht kein Anspruch auf Übersetzung. Die Entscheidungen und Belehrungen ergehen daher in

Deutsch. Es wird vom Ausländer erwartet, daß er, wenn er den Text nicht versteht, sich selbst um eine Übersetzung bemüht. In der Praxis führen Sprachschwierigkeiten nicht selten zur Versäumung von Fristen oder sogar zur völligen Nichtbeachtung behördlicher Schreiben. Das Risiko hierfür trägt der Ausländer allein.
Wie deutschen Bürgern steht Ausländern bei sie betreffenden Entscheidungen das Recht auf Widerspruch bei der nächsthöheren Behörde und/oder der Klageweg zu den Verwaltungsgerichten offen.

Anhang: Rechtsverordnungen

Am 21. Dezember 1990 wurden die vom Ausländergesetz vorgesehenen Durchführungsverordnungen erlassen, die bestimmte Einzelfragen nunmehr ausführlicher und verbindlich regeln.

- Verordnung zur Durchführung des Ausländergesetzes (DVAuslG). Geregelt werden die Fälle der Befreiung von der Aufenthaltsgenehmigungs-, Sichtvermerks- und Paßpflicht und welche Dokumente an Stelle von Pässen zugelassen werden (Paßersatzpapier). Wichtig ist insbesondere § 2 DVAuslG, der die Befreiung von Kindern und Jugendlichen aus EG, EFTA und Anwerbeländern von der Aufenthaltsgenehmigungpflicht bis zum 16. Lebensjahr bestimmt.
- Verordnung über Aufenthaltsgenehmigung zur Ausübung einer unselbständigen Erwerbstätigkeit (AAV). Hier wird § 10 AuslG präzisiert und werden die Fälle geregelt, bei denen trotz des Anwerbestopps eine Aufenthaltsgenehmigung zum Zweck der Arbeit erteilt werden kann. Praktisch gleichlautend gilt für die Arbeitsämter die Verordnung über Ausnahmeregelungen für die Erteilung einer Arbeitserlaubnis an neueinreisende ausländische Arbeitnehmer (Anwerbestoppausnahme-Verordnung).
- Gebührenordnung zum Ausländergesetz (AuslGebV).
- Verordnung über Datenübermittlungen an die Ausländerbehörden (AuslDüV). Die Bestimmungen bezeichnen die Behörden (z.B. Arbeitsämter, Justiz, Meldestellen), die automatisch verpflichtet sind, die in den Bestimmungen genannten Daten an die Ausländerbehörde weiterzugeben.
- Verordnung über die Führung von Ausländerdateien durch die Ausländerbehörden und die Auslandsvertretungen (AuslDatV). Es werden für die behördeninterne Tätigkeit die notwendigen Bestimmungen darüber getroffen, welche Daten zu erheben, wie diese zu speichern, und wann sie zu löschen sind.

5. Zur gegenwärtigen Situation ausländischer Bürger – Zwischen Integration und Heimkehr

5.1. Integration – Ein schwieriger Begriff

Kühn-Memorandum

In Kapitel 3.2. wurde das „Kühn-Memorandum" vom September 1979 ausführlich dargestellt. Der frühere nordrhein-westfälische Ministerpräsident Heinz Kühn (SPD) ging als „Beauftragter der Bundesregierung für ausländische Arbeitnehmer und ihre Familien" im Gegensatz zu früheren und auch nach ihm bis heute von der offiziellen Politik formulierten Positionen von einer Anerkennung der faktischen Einwanderung der bis 1973 angeworbenen ausländischen Arbeitskräfte und ihrer Familien bei fortdauerndem Ausschluß einer weiteren Anwerbung aus. Hieraus zog er den Schluß, dies mache eine Abkehr von den Konzeptionen der „Integration auf Zeit" erforderlich. An ihre Stelle müsse ein Maßnahmenbündel treten, das den Bleibewilligen die Chance zu einer vorbehaltlosen und dauerhaften Eingliederung eröffne (siehe auch 3.3.).

Faktisches Einwanderungsland

„Aber selbst unter der Voraussetzung, daß auf mittlere Sicht weitere Arbeitsmarktprobleme gegeben sind, muß die künftige Politik gegenüber den heute in der Bundesrepublik lebenden ausländischen Arbeitnehmern und ihren Familien davon ausgehen, daß hier eine nicht mehr umkehrbare Entwicklung eingetreten ist und die Mehrzahl der Betroffenen nicht mehr ‚Gastarbeiter', sondern Einwanderer sind, für die eine Rückkehr in ihre Herkunftsländer aus den verschiedensten Gründen nicht wieder in Betracht kommt. Dies gilt für die in Deutschland geborene und eingereiste junge Generation in besonderem Maße, da sie – trotz aller integratorischen Defizite – zweifellos ihre stärkste Prägung bisher durch die Verhältnisse in der Bundesrepublik erfahren hat."

(Heinz Kühn: Stand und Weiterentwicklung der Integration der ausländischen Arbeitnehmer und ihrer Familien in der Bundesrepublik Deutschland. Memorandum des Beauftragten der Bundesregierung. Bonn, September 1979)

Aspekte der Integration

„Integration" wird von Kühn als „vorbehaltlose und dauerhafte Eingliederung" verstanden.

- „Vorbehaltlos" ist ein Adjektiv, das eine Bereitschaft auf der Seite der Gesellschaft des Aufnahmelandes ebenso voraussetzt wie auf der Seite der Arbeitsmigranten. Integration wird mithin nicht als einseitige Leistung des Eingewanderten verstanden.

- „Dauerhaft" kann diese Eingliederung in die deutsche Gesellschaft nur sein, wenn die Arbeitsmigranten frei von der Furcht sind, daß ihr Aufenthalt trotz langer Jahre der Anwesenheit in Deutschland plötzlich gegen ihren Willen beendet werden könnte. Dauerhaftigkeit setzt die Entscheidung des Eingewanderten voraus, seinen Lebensmittelpunkt für die Zukunft in der neuen Heimat zu sehen, verlangt aber auch von der Aufnahmegesellschaft das Angebot einer Perspektive, in der die Sicherheit des Aufenthaltes gewährleistet ist.
- „Eingliederung" heißt, gleichwertiger und gleichberechtigter Bestandteil der Gesellschaft des neuen Heimatlandes zu werden und bedeutet keine einseitige Anpassung des Einwanderers an die in der Gesellschaft vorhandenen Werte, Verhaltensweisen und kulturellen Güter. Sie bedeutet nicht den Verlust aller bisherigen Identität, sondern das Gewinnen einer neuen Identität im Rahmen eines veränderten gesellschaftlichen Bezugsrahmens unter Berücksichtigung der bisherigen Identität des Eingewanderten. Der in diesem Sinne integrierte Ausländer kann sich mit seiner neuen Heimat identifizieren, ohne seine Herkunft leugnen zu müssen.

Amerikanischer Integrationsbegriff

Der amerikanische Erziehungswissenschaftler und wissenschaftliche Berater des amerikanischen Kongresses Ray Rist hat zur Verdeutlichung dessen, was Integration sein könnte, den Begriff der „Bindestrich-Identität" geprägt.
Er schreibt:
„Der Begriff ‚Integration' hat offensichtlich (für Deutsche, d. Verf.) eine andere Bedeutung als für Amerikaner. Nichts im deutschen Konzept läßt z.B. etwas von der Idee der ‚Bindestrich-Amerikaner' anklingen. Viele, wenn nicht die Mehrheit der Amerikaner, würden, wenn man sie fragte, sich selbst als ‚Bindestrich-Amerikaner' bezeichnen. Es gibt – zumindest scheint es so – in Deutschland keine derartigen Vorstellungen. Die Idee, jemand könne Türkisch-Deutscher oder Jugoslawisch-Deutscher sein, ist ketzerisch. Man ist entweder das eine oder das andere, niemals beides gleichzeitig."
(Ray C. Rist: Education and Marginality: The Situation of the Guestworkers in Germany, in: Interchange. A Journal of Educational Policy. Deutsch in: Detlef Bischoff/Maria Heinzl, Hrsg.: Arbeitsmigration und ihre sozialen Folgen. Der Beitrag der Wissenschaft zu ihrer Bewältigung. Publikationen der Fachhochschule für Verwaltung und Rechtspflege Berlin – Deutsche und Ausländer – Nr. 33, Berlin 1982, S. 26)

Keine Bundesregierung hat sich bisher jedoch Kühns Vorschlag angeschlossen, die Tatsache einer „faktischen Einwanderung" der bis 1973 von der deutschen Wirtschaft in die Bundesrepublik geholten Arbeitskräfte und ihrer Familien anzuerkennen und daraus die notwendigen rechtlichen und politischen Folgerungen zu ziehen. So betonte der damalige Bundesinnenminister Zimmermann in der Bundestagsdebatte zur Fortentwicklung des Ausländerrechts vom 5. Oktober 1984 wie andere Bundespolitiker davor und danach: „Die sehr dicht besiedelte Bundesrepublik Deutschland ist kein Einwanderungsland."

Unterschiede zu klassischen Einwanderungsländern

Tatsächlich unterscheiden sich die Bundesrepublik und auch die anderen westeuropäischen Staaten von den „klassischen" Einwanderungsländern, allen voran den USA, durch

- das Nichtvorhandensein riesiger dünn oder überhaupt nicht besiedelter Räume, die durch die Einwanderer erschlossen werden sollen,
- die zunächst bei den Einwanderern vorhandene feste Rückkehrabsicht und, daraus resultierend,
- das Fehlen eines Einwanderungsrechts zum Zeitpunkt der Einwanderung, da auch die Anwerbenden von einem Aufenthalt auf Zeit ausgehen.

Andererseits

- „haben Gastarbeiter selten so klare Vorstellungen über Aufenthaltsdauer, als ihnen nachgesagt oder von staatlicher Seite nahegelegt werden. In den USA und Australien wiederum hat man in den vergangenen Jahrzehnten bei den zur dauerhaften Niederlassung hereingelassenen Einwanderern eine allgemeine Rückwanderungsquote bis zu 30% festgestellt". (Wolf-Rüdiger Böhning: Arbeitsmigration, in: Georg Auernheimer, Hrsg, Handwörterbuch Ausländerarbeit. Beltz Verlag Weinheim 1984, S. 34),
- leben mehr als vier Millionen Ausländer seit vielen Jahren hier und geht es darum, den veränderten Umständen Rechnung zu tragen und nunmehr jenen, wenn sie es wollen, ein Heimatrecht einzuräumen. Dies ist etwas anderes als die von Gegnern eines liberaleren Ausländerrechts häufig vorgetragene Unterstellung, die Bundesrepublik solle für die Zukunft ein Einwanderungsland werden.

Assimilation

In der wissenschaftlichen Diskussion wird zwischen „Integration" und „Assimilation" unterschieden.

> Der Soziologe Günter Endruweit bezeichnet Assimilation als eine Form des sozio-kulturellen Wandels „bei der die Mitglieder eines Kultursystems in einem anderen Kultursystem sich im wesentlichen nach dessen Kulturmustern verhalten, ohne daß sie diese internalisieren. Internalisieren sie die neue Kultur, dekultieren sie sich aus ihrem bisherigen System, und kommt dazu die Aufnahmebereitschaft der Zielgesellschaft, kann daraus eine Integration werden."
> (Günter Endruweit: Gastarbeiter zwischen türkischer Identität und deutscher Integration, in: Zeitschrift für Ausländerrecht und Ausländerpolitik; 3/1982, S. 141)

Integration als wechselseitiger Prozeß

Integration ist also keine Leistung, die ausschließlich vom Ausländer zu erbringen ist. Dies wäre Assimilation in der von Endruweit oben beschriebenen Form. Vielmehr ist sie ein Prozeß, der aus

Leistungen beider Seiten – des Ausländers und der Aufnahmegesellschaft – besteht.

Zu diesen Leistungen gehören:

auf seiten des Ausländers	**auf seiten der Aufnahmegesellschaft**
die Bereitschaft zum Erlernen der Sprache, die Akzeptanz der verfassungsmäßigen Ordnung einschließlich der durch sie gestatteten Methoden der politischen Auseinandersetzung und der anerkannten sozialen Normen, die Bereitschaft zur Beteiligung am politischen und sozialen Leben, Toleranz gegenüber den in der Aufnahmegesellschaft gegebenen kulturellen Traditionen und religiösen Überzeugungen, die Bereitschaft, bei Erfüllung der von seiten der Aufnahmegesellschaft zu erbringenden Integrationsleistungen zukünftig auch die Staatsangehörigkeit anzunehmen.	Unterstützung des Spracherwerbs durch gezielte Angebote für alle Gruppen, Schaffung der Voraussetzungen für die gleichberechtigte Teilhabe an allen Bereichen des rechtlichen, sozialen und kulturellen und stufenweise auch des politischen Lebens, Toleranz gegenüber mitgebrachten religiösen Überzeugungen und kulturellen Traditionen und die Bereitschaft, diese unter den Bedingungen der neuen Heimat sich auch weiterentwickeln zu lassen, das Angebot der Dauerhaftigkeit des Aufenthalts auch im Falle sozialer Problemsituation wie z.B. Arbeitslosigkeit, die Bereitschaft, auf eine Zwangsassimilation zu verzichten bei gleichzeitiger Erleichterung der Einbürgerungsmöglichkeiten.

Die Integration in die Gesellschaft eines Landes, das sich wie die Bundesrepublik als Aufenthaltsland auf Zeit verstand, unterscheidet sich von den klassischen Einwanderungsländern gewiß auch darin, daß zumindest die erste Generation der Arbeitsmigranten sich erst nach einigen Aufenthaltsjahren überhaupt mit dem Gedanken eines dauerhaften Aufenthalts befaßte. Bei vielen bleibt darüber hinaus die Rückkehrabsicht bestehen, obwohl ihre Verwirklichung – von Ausnahmen abgesehen – gar nicht ernsthaft in Angriff genommen wird. Sie erweist sich damit, wie Minister Zimmermann vor dem CSU-Parteitag 1983 einräumte, bei einem Teil letztlich nur als Rückkehrillusion.
Weder Deutsche noch Ausländer tun sich leicht beim Integrationsprozeß. Bestehende Hemmnisse und erreichte Ergebnisse sollen in den folgenden Abschnitten dargestellt werden.

5.2. Gesellschaftlich-politische Rahmenbedingungen gegenwärtiger Integrationspolitik

Säulen der Integrationspolitik

Die seit Ende 1982 im Bund regierende Koalition von CDU/CSU und F.D.P. hat ihre Ausländerpolitik auf drei Pfeiler gesetzt:
- „die Integration der seit langem bei uns lebenden ausländischen Arbeitnehmer und ihrer Familien,
- die Begrenzung des weiteren Zuzugs und

– die Förderung der Rückkehrbereitschaft".
(Bundeskanzler Helmut Kohl in seinen Regierungserklärungen vom 13.10.1982 und 04.05.1983 vor dem Deutschen Bundestag; siehe auch 3.3.)
„Integration" wird an erster Stelle genannt, aber der Bundeskanzler läßt offen, ob diese Reihenfolge auch die ausländerpolitische Prioritätensetzung der Bundesregierung wiedergibt.
Ein logischer Zusammenhang zwischen Integration und der Zuzugsbegrenzung läßt sich sicherlich leichter herstellen als zwischen den Zielen „Integration" und „Förderung der Rückkehrbereitschaft", denn man kann argumentieren, unsere Gesellschaft sei unter den gegenwärtigen wirtschaftlichen Bedingungen zur Integration der bereits hier lebenden Ausländer eher in der Lage, wenn deren Zahl nicht durch Zuzüge noch weiter wächst.
Schwieriger wird es schon, gleichzeitig die Integration und die Förderung der Rückkehrbereitschaft in einen logisch-argumentativen Zusammenhang zu bringen. Schließlich werden von denjenigen, die in die deutsche Gesellschaft voll integriert werden sollen, Integrationsleistungen verlangt, welche die innere Distanz dieser Menschen zu ihrer alten Heimat vergrößern. Damit aber sinkt auch ihre Rückkehrbereitschaft und -fähigkeit. Umgekehrt dürfte die durch Maßnahmen der deutschen Politik erfolgende Aufrechterhaltung des Rückkehrwillens (siehe 5.2.3.) kaum die Bereitschaft zur Integration in die deutsche Gesellschaft in dem Maße fördern, wie diese sie vom Arbeitsmigranten erwartet. Dies wäre selbst dann der Fall, wenn der grundsätzlich rückkehrwillige Ausländer seine Rückkehr immer wieder aufschiebt.
Die Bundesregierung hat im Anhang zu ihrer Antwort auf eine Große Anfrage der SPD-Fraktion im Deutschen Bundestag zur Fortentwicklung des Ausländerrechts ihre Haltung zur Integration präzisiert, indem sie die Integration der 2. und 3. Ausländergeneration zur „Schwerpunktaufgabe" erklärte. Die 1. Generation, die heute noch die Masse der hier lebenden Ausländer ausmacht, wurde in diesem Zusammenhang nicht ausdrücklich genannt.

Kritik an Regierungspolitik
Kritiker der Bundesregierung wie die SPD-Bundestagsabgeordnete Herta Däubler-Gmelin werfen ihr daher auch vor, widersprüchliche Ziele formuliert zu haben und damit weiter zur Unsicherheit statt zur Klarheit bei den Ausländern beigetragen zu haben.

In der Bundestagsdebatte vom 05.10.1984 sagte die Abgeordnete Däubler-Gmelin u.a.: „Wenn wir das Ziel der Integration ernst nehmen, ist Unsicherheit das letzte, was wir brauchen können; denn Integration setzt voraus, daß derjenige, der eingegliedert werden soll, derjenige, der mit jemandem anderen zusammenleben soll, eigene Rechte hat, daß er diese eigenen Rechte kennt, daß er sie in Anspruch nehmen kann, daß er natürlich auch eigene Pflichten hat und daß er Sicherheit in seine Lebensplanung bekommt, kein Leben auf Abruf führen muß, weil auch wir mit einem Leben auf Abruf nicht in der Lage wären, unser Leben zu planen oder auch nur die Anforderungen zu erfüllen, die man in einem Staatswesen an uns stellt. Unsicherheit ist in dieser Regierungspolitik angelegt."

Jede Integrationspolitik, die von den Ausländern als ernsthaftes Angebot zur Verbesserung ihrer Situation verstanden werden und nicht nur ein bunter Strauß unkoordinierter und teilweise widersprüchlicher Maßnahmen sein soll, muß drei zur Zeit äußerst einflußreiche Faktoren als Rahmenbedingungen der Integrationspolitik und konkreter Maßnahmen zur Verbesserung der Situation in Rechnung stellen:

- die hohe Arbeitslosigkeit bei Deutschen und Ausländern,
- das politisch-psychologische Problem der Ausländerfeindlichkeit,
- den „Rückkehrtraum" sehr vieler schon lange hier lebender Ausländer.

Es ist unschwer zu erkennen, daß diese keine den Integrationsprozeß begünstigenden Rahmenbedingungen sind.

5.2.1. Arbeitslosigkeit

Ende der Vollbeschäftigung

Als die ausländischen Arbeitskräfte für die Wirtschaft der Bundesrepublik angeworben wurden, herrschte Vollbeschäftigung mit einem auf dem deutschen Binnenarbeitsmarkt nicht auszugleichenden Defizit an Arbeitskräften. Die Ausländer wurden für die Aufrechterhaltung hoher wirtschaftlicher Wachstumsraten dringend benötigt (siehe 1.5. und 2.1.). Im Sommer 1990 zählen hingegen die Statistiken fast 2 Millionen Arbeitslose. Gleichzeitig tritt mit der großen Zahl von deutschstämmigen Aussiedlern aus Osteuropa und Übersiedlern, die nach der Öffnung der Grenzen in die Bundesrepublik kamen (siehe Kap. 8), trotz sehr guter konjunkureller Bedingungen, neue Konkurrenz auf dem Arbeitsmarkt für deutsche und ausländische Arbeitsuchende auf. Die wirtschaftlichen Probleme der bisherigen DDR nach der Wirtschafts- und Währungsunion und der Vereinigung beider deutscher Staaten belasten den Arbeitsmarkt zusätzlich

Für die Ausländer hat die seit Jahren anhaltende Schwäche des Arbeitsmarktes, die auf vielfältige Ursachen zurückzuführen ist, die mit Automation und Rationalisierung, mit dem Strukturwandel in der Wirtschaft und weltweiten Krisen zu tun haben, zwei erhebliche Konsequenzen:

– Ausländer sind von der hohen Arbeitslosigkeit noch stärker betroffen als Deutsche. Im Jahresschnitt 1987 lag die Arbeitslosenquote der ausländischen Arbeitnehmer nach Angaben des Bundesministers für Arbeit und Sozialordnung bei 14,5%, bei allen Arbeitnehmern bei etwa 8,9% (siehe Tabelle 9).
– Sie werden von einem mit anhaltender Arbeitslosigkeit wachsenden Teil der deutschen Bevölkerung als Rivalen im Kampf um die Arbeitsplätze angesehen, die deutschen Arbeitswilligen die Arbeitsplätze wegnähmen und daher besser das Land verlassen sollten. Sind sie allerdings selbst arbeitslos geworden – und können damit auch Deutschen keinen Arbeitsplatz wegnehmen –, werden sie von vielen Deutschen als eine Art Schmarotzer am deutschen Sozialstaat betrachtet, die nun erst recht das Land zu verlassen hätten.

Charakteristika der Arbeitslosigkeit von Ausländern
Die Arbeitslosenquoten der verschiedenen Ausländergruppen fallen auffällig unterschiedlich aus. So betrug im Juni 1987 nach Angaben des Bundesministeriums für Arbeit und Sozialordnung die Arbeitslosenquote bei

Türken	15,1%
Italienern	15,3%

Tabelle 9 Arbeitslose, offene Stellen und Arbeitslosenquoten 1950–1988

Jahr	Arbeitslose	Offene Stellen	Arbeitslosenquoten
	1 000		%
1950[1]	1 868,5	118,5	11,0
1954[1]	1 410,7	139,7	7,6
1958[1]	763,9	221,6	3,7
1962	154,5	573,8	0,7
1966	161,1	539,8	0,7
1970	148,8	794,8	0,7
1974	582,5	315,4	2,6
1975	1 074,2	236,2	4,7
1976	1 060,3	235,0	4,6
1977	1 030,0	231,2	4,5
1978	992,9	245,6	4,3
1979	876,1	304,0	3,8
1980	888,9	308,3	3,8
1981	1 271,6	207,9	5,5
1982	1 833,2	104,9	7,5
1983	2 258,3	75,8	9,1
1984	2 265,6	87,9	9,1
1985	2 304,0	110,0	9,3
1986	2 228,0	153,9	9,0
1987	2 228,8	170,7	8,9
1988	2 241,6	188,6	8,7

1 Ohne Saarland

Aus: Statistisches Bundesamt (Hrsg.) in Zusammenarbeit mit dem Sonderforschungsbereich 3 der Universitäten Frankfurt und Mannheim: Datenreport 1989. Zahlen und Fakten über die Bundesrepublik Deutschland. Schriftenreihe: Arbeitshilfen für die politische Bildung der Bundeszentrale für politische Bildung, Band 257. Bonn 1989, S. 88

Griechen	11,9%
Jugoslawen	9,3%
Spaniern	8,9%
Portugiesen	7,7%

Besonders betroffen waren vor allem zu Zeiten des großen allgemeinen Mangels an Ausbildungsplätzen bis Mitte der 80er Jahre die ausländischen Jugendlichen. Nach den offiziellen Arbeitsmarktstatistiken betrug Ende September 1983 der Anteil der arbeitslos gemeldeten Jugendlichen unter 20 Jahren in den Bundesländern

Berlin	28,5%
Hessen	7,3%
Nordrhein-Westf.	19,2%

Tatsächlich dürfte der Prozentsatz jedoch noch höher gelegen haben, da die arbeitslosen Jugendlichen nach Meinung von Experten von den offiziellen Arbeitsmarktstatistiken nur teilweise erfaßt wurden. So schätzte nach Angaben des Hessischen Wirtschaftministeriums eine Expertengruppe im Jahre 1980 bei den 15- bis unter 18jährigen Ausländern eine Arbeitslosenquote von ca. 46%. In der offiziellen Arbeitslosenstatistik wurde dagegen die Arbeitslosenquote der (nicht ganz identischen Gruppe) der Jugendlichen unter 20 Jahren in Hessen „nur" mit 16,5% beziffert. Die Anfang der 90er Jahre aus demographischen Gründen – "Pillenknick" bei den westdeutschen Jugendlichen – verbesserte Situation für die ausländischen Jugendlichen könnte sich wegen der veränderten politischen Situation leicht wieder zuungunsten der Ausländer verändern.

Die anhaltend hohe Arbeitslosigkeit belastet den Integrationsprozeß, der Leistungen von Deutschen und Ausländern voraussetzt, schwer. Bei vielen Deutschen schwindet mit anhaltender Arbeitslosigkeit die Einsicht in die Notwendigkeit eines hohen Anteils ausländischer Beschäftigter und weicht einfachen Gleichungen wie: „Wir haben über zwei Millionen Arbeitslose und fast zwei Millionen ausländische Beschäftigte. Wenn wir die nach Hause schicken, hat sich das Problem der arbeitslosen Deutschen erledigt."

Wer so redet, übersieht, daß sich die sogenannte „Qualifikationsstruktur", d.h. die Summe der beruflichen Fähigkeiten von deutschen Arbeitslosen und ausländischen Beschäftigten nicht deckt. Man kann etwa einen arbeitslosen 55jährigen deutschen Buchhalter nicht an die Stelle eines 25jährigen türkischen Bergmannes setzen (siehe auch 2.3.).

Das Landesarbeitsamt Nordrhein-Westfalen bestritt im Frühjahr 1989 entschieden die Auffassung, daß Ausländer den deutschen Beschäftigten die Arbeitsplätze wegnehmen. Die Ausländer seien viel härter von der Beschäftigungssituation betroffen. Die Arbeitslosenquote lag im Februar 1989 in diesem Bundesland bei ausländischen Männern und Frauen bei 17,9%, während die Quote aller Beschäftigten bei 10,8% lag.

Wer so redet, übersieht auch die Vielschichtigkeit der Ursachen der Arbeitslosigkeit, die sich nicht auf eine Erklärung wie: „Wir haben zu viele Ausländer" reduzieren läßt. Schließlich gibt es europäische Nachbarländer mit höherem Ausländeranteil an der Gesamtbevölkerung als die Bundesrepublik mit Vollbeschäftigung wie die Schweiz (Ausländeranteil 15%) und Luxemburg (Ausländeranteil 26,5%) und Länder mit niedrigerem Ausländeranteil und höherer Arbeitslosigkeit wie die Niederlande (Ausländeranteil 3,8%) und Dänemark (Ausländeranteil 1,8%).

Auch ein Blick auf die Bundesrepublik, wie er in Tabelle 10 vorgenommen wird, ergibt denselben Befund: Die Ausländerbeschäfti-

gung kann nicht für die anhaltende Massenarbeitslosigkeit verantwortlich gemacht werden.
Die Masse der Bürger hat allerdings kaum ökonomischen Sachverstand und vermutlich auch nicht allzuviel Vertrauen in diesen, da er keine Rezepte für die Lösung des Problems der Arbeitslosigkeit bieten kann. In dieser Situation, die auch für viele Deutsche von Unsicherheit über die eigene Zukunft und Angst vor dem Arbeitsplatzverlust geprägt ist, werden die ausländischen Arbeitskräfte für viele schnell zu Sündenböcken. Dadurch entsteht zwischen Deutschen und Ausländern ein Klima wechselseitigen Mißtrauens. In dessen Folge werden eigentlich längst überfällige Maßnahmen, die einer Verbesserung des Integrationsprozesses dienen könnten, von den Parteien und Politikern aus Rücksichtnahme auf das durch die Arbeitslosigkeit verursachte ungünstige politische Klima bei den Wählern auf die lange Bank geschoben.
Die Arbeitslosigkeit bedroht den Integrationsprozeß allerdings nicht nur auf der Seite der Deutschen, sondern zwangsläufig auch auf der Seite der Ausländer. Deren im Vergleich zu den Deutschen noch höhere Arbeitslosigkeit ist im wesentlichen
- auf ihre Beschäftigung in Branchen, die in besonderem Maße von wirschaftlichen Strukturkrisen betroffen wurden wie Bau- und Stahlindustrie und
- auf ihre geringen beruflichen Qualifikationen (1980 waren 68,7 %

Tabelle 10 Ausländeranteil und Arbeitslosenquote

	Anteil ausländischer Arbeitnehmer (31.3.1985)	Arbeitslosenquote (31.12.1985)
Bundesrepublik Deutschland	7,1 %	9,4 %
Niedersachsen	4,2 %	12,7 %
Baden-Württemberg	11,0 %	5,5 %
Heide-Holstein	1,1 %	18,4 %
Emden	1,3 %	21,2 %
Leer	1,2 %	22,5 %
Schwandorf	1,3 %	15,6 %
Deggendorf	1,5 %	17,0 %
München	13,3 %	6,3 %
Stuttgart	15,7 %	4,7 %
Ludwigsburg	16,2 %	4,4 %
Waiblingen	14,7 %	3,9 %
Göppingen	16,0 %	3,6 %

Aus: Gemeinsam leben – gemeinsam entscheiden. Materialien zur Woche der ausländischen Mitbürger 1986. Frankfurt 1986, S. 23

un- oder angelernte Arbeiter, die am schnellsten durch Rationalisierungsmaßnahmen ersetzt werden können)
zurückzuführen.

Mögliche Folgen
Arbeitslosigkeit hat für die Arbeitsmigranten neben allen auch für deutsche Arbeitslose belastenden sozialen und psychischen Folgen noch die drohende Konsequenz aufenthaltsrechtlicher Nachteile (siehe 4.3.). Es besteht etwa bei denjenigen, die die unbefristete Aufenthaltserlaubnis haben, nicht die Möglichkeit, die den Aufenthalt wesentlich sicherer gestaltende Aufenthaltsberechtigung zu bekommen. Durch eine nachträgliche Befristung kann sogar eine aufenthaltsrechtliche „Rückstufung" erfolgen. Sollte der arbeitslose Ausländer eines Tages Sozialhilfe beziehen müssen, ist auch noch nach dem Wortlaut des neuen Ausländergesetzes die Ausweisung möglich. Da diese Möglichkeit als Drohung über den Köpfen der ausländischen Familien hängt, müssen sie sich immer auf den Eventualfall der Arbeitslosigkeit mit seinen weitreichenden Konsequenzen für die gesamte Familie einstellen. Ihre Integrationsbereitschaft wird dadurch nicht gerade gefördert, denn sie bleiben in einem Schwebezustand zwischen alter Heimat und Bundesrepublik, der oft als Integrationsunwilligkeit interpretiert wird. Integrationsfortschritte in Teilbereichen wie der schulischen und beruflichen Bildung der 2. und 3. Generation geraten dabei allzuleicht in Vergessenheit.

5.2.2. Ausländerfeindlichkeit

Von den „Wohlstandsmehrern" zum „Ausländerproblem"
Der millionste „Gastarbeiter", ein Portugiese, wurde 1964 noch von Politikern und Vertretern der Wirtschaft in Anwesenheit von Fernsehen, Funk und Presse gefeiert und erhielt ein Moped als Geschenk. Diese Zeiten sind vorbei. Heute schmücken manche Politiker ausländerpolitische Rechenschaftsberichte gerne mit anderen Erfolgszahlen: in welchem Maße es gelungen sei, die Ausländerzahl gegenüber dem Vorjahr zu verringern. Das Klima ist umgeschlagen. Aus den „Wohlstandsmehrern" (SPIEGEL) der 60er Jahre ist das „Ausländerproblem" der 70er und 80er Jahre geworden. Aus der Sicht der Ausländer hat sich, wie der „Tagesspiegel" am 14. Januar 1986 berichtete, „angesichts der Arbeitslosigkeit die zuvor erkennbare Sympathie der Deutschen für die türkischen Kollegen in ‚Kälte' verwandelt". Viele der bereits mehr als zwei Jahr-

zehnte in der Bundesrepublik arbeitenden Türken fühlen sich, wie es provokativ in einer allerdings nicht repräsentativen Untersuchung Bielefelder Wissenschaftler heißt, „seit Anfang der 80er Jahre wie Sklaven behandelt".

Erscheinungsformen

Seit einigen Jahren ist auch der Begriff „Ausländerfeindlichkeit" in den allgemeinen Sprachschatz eingegangen, obwohl der Sachverhalt, den er beschreibt – Abwehrreaktion gegenüber nicht der eigenen Nation angehörenden „Fremden" –, ebensowenig eine neuartige Erscheinung ist wie Vorurteile gegenüber ethnischen, rassischen oder kulturellen Minderheiten innerhalb einer Nation.
Sozialpsychologisch betrachtet ist die „Ausländerfeindlichkeit" der Kategorie der „sozialen Vorurteile" zuzuordnen. „Soziale Vorurteile sind in ihrer Anlage und Zielrichtung immer aggressiv und abwertend. Sie wenden sich gegen fremde oder von der Norm abweichende Gruppen." (Manfred Struck: Soziale Vorurteile in unserer Gesellschaft. Argumente gegen Fremdenfeindlichkeit. Hrsg. Friedrich-Ebert-Stiftung, Bonn 1989).
Ihre Funktion ist nach Struck
- die Ableitung von Frustrationen/Aggressionen auf Sündenböcke;
- die Anerkennung in der eigenen Gruppe durch die Erfüllung der empfundenen oder signalisierten Erwartungen (z.B. durch das Mitlachen bei Türkenwitzen am Stammtisch);
- eigene Aufwertung und Stabilisierung des Selbstwertgefühls gerade bei Menschen, die in ihrer sozialen Position bedrängt sind (z.B. Arbeitslose), indem man Gruppen, die anders und fremd wirken, herabsetzt;
- Rechtfertigung von Benachteiligungen anderer Gruppen durch deren Diskriminierung.

Sozialgeschichtlich betrachtet ist das „soziale Vorurteil" ebenfalls keine neuartige Erscheinung. Die Abneigung, ja der Haß gegen Minderheiten, der bis zu deren physischer Ausrottung gehen kann, durchzieht die Weltgeschichte und fand ihren schauerlichen Höhepunkt in der durch die nationalsozialistische Rasseideologie propagierten und mit bürokratischer Perfektion durchgeführten Judenvernichtung. Auf die sozialpsychologischen und sozialhistorischen Wurzeln heutiger Erscheinungsformen von Ausländerfeindlichkeit hinzuweisen bedeutet nicht, daß jedem, der z. B. der Ansicht ist, in der Bundesrepublik Deutschland lebten zu viele Ausländer, unterstellt wird, er vertrete rassistische Ideologien in der Nachfolge des nationalsozialistischen Antisemitismus.
Unter dem heute weit verbreiteten Begriff der „Ausländerfeindlich-

keit" werden eine Fülle von Erscheinungen und Handlungen zusammengefaßt, denen gemeinsam ist, daß sie Ausländern generell oder zumindest Gruppen von ihnen (z.B. Türken oder Asylbewerbern) das Recht auf Aufenthalt in der Bundesrepublik generell bestreiten oder ihnen einen Status völliger Rechtlosigkeit, vergleichbar dem der Fremdarbeiter im nationalsozialistischen Deutschland, zukommen lassen wollen.

Eindeutig äußert sich Ausländerfeindlichkeit in Form von

- Parolen wie „Ausländer raus!" meist rechtsextremer Gruppen wie der „Bürgerinitiative Ausländerstopp" in Nordrhein-Westfalen oder der „Hamburger Liste für Ausländerstopp" und anderer, aus dem Dunstkreis der NPD kommender Gruppen; im Januar 1989 gewinnt die Partei der Republikaner, die mit einem perfiden ausländerfeindlichen Werbespot im Fernsehen auf sich aufmerksam macht, auf Anhieb 7,5 % der Wählerstimmen bei den Wahlen zum Berliner Abgeordnetenhaus;
- weitverbreiteten, bösartigen „Türkenwitzen", die in geistiger Nähe zu den nationalsozialistischen Judenwitzen stehen;
- offener Diskriminierung von Ausländern (Lokalverbote, Wohnungen „nur für deutsche Mieter");
- Gewalttaten wie Bombenanschlägen auf Asylbewerber-Unterkünfte oder Gewaltanwendung gegen Einzelpersonen
- oder auch eines pseudowissenschaftlichen Aufrufs einer Gruppe von Universitätsprofessoren gegen „Überfremdung" im „Heidelberger Manifest" von 1980.

Aus dem „Heidelberger Manifest" ...

„Mit großer Sorge beobachten wir die Unterwanderung des deutschen Volkes durch Zuzug von vielen Millionen von Ausländern und ihren Familien, die Überfremdung unserer Sprache, unserer Kultur und unseres Volkstums ... Völker sind (biologisch und kybernetisch) lebende Systeme höherer Ordnung mit voneinander verschiedenen Systemeigenschaften, die genetisch und durch Traditionen weitergegeben werden. Die Integration großer Massen nichtdeutscher Ausländer ist daher bei gleichzeitiger Erhaltung unseres Volkes nicht möglich und führt zu den bekannten ethnischen Katastrophen multikultureller Gesellschaften ..."

... und eine Gegenposition

„Das Argument, daß Elvis Presley oder die Beatles unsere Kultur vielleicht mehr beeinflußt haben als 1,5 Millionen Türken läßt sich bisher kaum widerlegen. Ostasiatische Sekten und Jugendreligionen bringen mehr Schwierigkeiten in deutsche Familien als die 1,5 Millionen Türken, hinter denen offenbar nur fanatische ‚Mohammedaner' gesehen werden."
(C. Wolf, zitiert nach Harald Bammel, Ursula Mehrländer, Manfred Struck: Argumente gegen Ausländerfeindlichkeit. Hrsg. Friedrich-Ebert-Stiftung, Bonn 1984, S. 217)

Skinheads ermorden einen jungen Türken

Einen Tag nach seinem 26. Geburtstag wird Weihnachten 1985 der Türke Ramazan Avzi in Hamburg von „Skinheads" vor ihrem Hamburger Stammlokal gejagt, auf der Flucht vor den gewalttätigen Jugendlichen von einem Auto angefahren. Eine Gruppe dieser Jugendlichen erschlägt den verletzt am Boden liegenden Türken. Das Magazin STERN druckte am 9. Januar 1986 das folgende mit freundlicher Genehmigung des Verlags auszugsweise wiedergegebene Interview mit Angehörigen der Gruppe der Skinheads ab:
STERN: In Hamburg haben drei Skinheads einen wehrlos am Boden liegenden Türken zu Tode geprügelt. Wie stehen Sie zu der Aktion Ihrer Kameraden?

„ALASKA", 20jähriger Arbeitsloser aus Gießen: Daß sie ihn umgebracht haben, das war ein bißchen hart. Ich meine, solange sie ihn prügeln, ist das noch in Ordnung, aber umbringen ...
„MENGELE", 19jähriger Arbeitsloser aus Saarlouis: Die Skins, die das gemacht haben, haben das einzige Mal in ihrem Leben das Richtige gemacht.
STERN: Meinen Sie das wirklich ernst?"
„ÖLI", 18jähriger Lehrling aus Differten: Die Aktion in Hamburg finde ich genial. Ich war begeistert, als ich das in der Zeitung gelesen habe, und habe mich geärgert, daß ich nicht dabei war.
STERN: Was ist daran genial, einen Türken totzuschlagen?
„ÖLI": Einer weniger.
STERN: Reißen Sie Ihre Klappe jetzt nicht weiter auf, als Sie es wirklich meinen?
„ÖLI": Falsch. Ich bin dafür, daß wir öfter mal einen Türken plattmachen. Mir würde dann höchstens die Zeit leid tun, wo ich im Knast drinsitzen müßte.
STERN: Warum haben Sie eigentlich so einen Haß auf Ausländer?
„FALKE", 19jähriger Arbeitsloser aus Gießen: Gegen Ausländer wie Italiener, da habe ich nichts gegen. Aber die Türken, die wollen ihren Glauben, ihre Moschee, alles wollen die haben hier in Deutschland, da habe ich keine Böcke drauf. Wenn ich in die Türkei gehe und sage, ich will hier eine Kirche haben mit Papst und allem, die würden mich kreuzigen an der Wand.
„ALASKA": Es ist langsam mal Schluß mit den Kerls, die sollen wieder abhauen jetzt. Die Politiker haben damals einen Fehler gemacht, als sie so viele zum Aufbauen nach Deutschland geholt haben. Wie wär's, wenn jetzt gar kein Ausländer reinkommt, das wär doch korrekt. Aber keine Sau sieht das ein.
„MENGELE": Bei uns gibt es noch immer Leute, die neutral der Sache gegenüberstehen. Aber wenn jetzt die Türken in die EG reinkommen, überfluten die unser Land, die primitiven Naturvölker da. Und wenn sie erst mal anfangen, hier die deutschen Frauen zu vergewaltigen, dann geht's erst richtig los.
STERN: Seit wann ist Vergewaltigen eine türkische Spezialität?"
„MATZE", 20jähriger Zeitsoldat aus Gießen: Ich hab nix gegen Türken. Ich war beim Boxen fast nur mit Türken zusammen, wir haben uns alle prima verstanden. Der Trainer ist auch Türke, der ist echt hundertprozentig in Ordnung, muß ich ehrlich sagen.
„BIER", 17jähriger Arbeitsloser aus Saarlouis: Also ich bin aber voll für die arische Rasse. Ausländer, Juden und so was sind stufenmäßig ein bißchen runtergesetzt. Die Affen sollen doch zurück in den Wald gehen.
„THORSTEN", 20jähriger Wehrpflichtiger aus Gießen: Hör mal, wenn ich jetzt Jude wär, was hättest du denn dagegen?
„MENGELE": Hör bloß auf. Juden gibt es eh nicht mehr viele, weil die schon vor 40 Jahren liquidiert worden sind. Das ist kein Thema mehr. Die Türken würde ich heute genauso da reinschicken. Ich hasse die einfach. ...

Umfrageergebnisse

Schwieriger wird die Zuordnung von Befunden wie des Ergebnisses einer im Mai/Juni 1982 vom Allensbacher Institut für Demoskopie durchgeführten Befragung, nach der 82 % einer repräsentativen Stichprobe von Bundesbürgern der Ansicht waren, in der Bundesrepublik lebten zu viele Ausländer. Lassen sich diese 82 % generell als „ausländerfeindlich" einstufen, weil sie auf dem Höhepunkt einer wirtschaftlichen Krise die ihnen vorgelegte Frage bejahten, ob sie der Ansicht seien, es lebten zu viele Ausländer in der Bundesrepublik? Gerade bei den Ergebnissen von Meinungsumfragen wird man sich vor vorschnellen Festlegungen hüten müssen, weil sie stark von der Art der Fragestellung und momentanen Stimmungen geprägt sind.
Die allgemeine Bevölkerungsumfrage der Sozialwissenschaften (ALLBUS) versuchte 1980 (Arbeitslosenquote: 3,5 %) und 1984 (Ar-

Abbildung 7 Einstellung zu „Gastarbeitern" 1980 und 1984

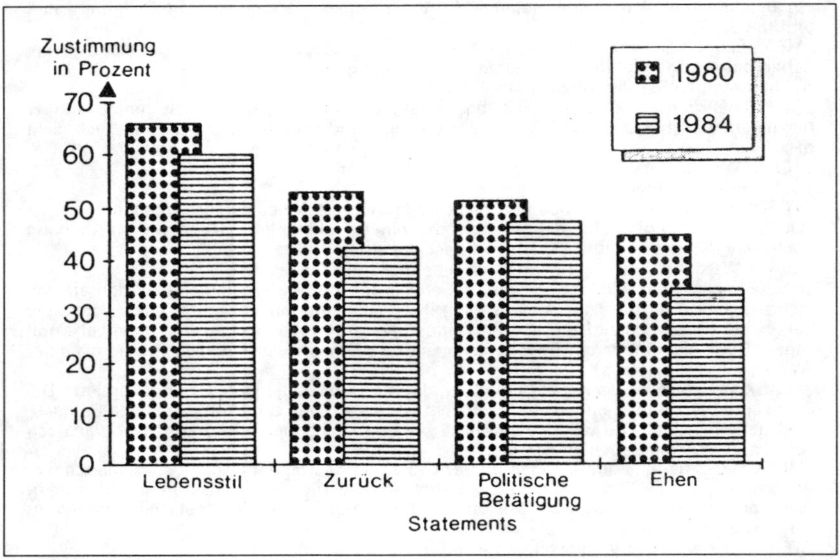

Aus: Statistisches Bundesamt (Hrsg.) in Zusammenarbeit mit dem Sonderforschungsbereich 3 der Universitäten Frankfurt und Mannheim: Datenreport 1987. Zahlen und Fakten über die Bundesrepublik Deutschland. Schriftenreihe: Arbeitshilfen für die politische Bildung der Bundeszentrale für politische Bildung, Band 257. Bonn 1987, S. 498

beitslosenquote: 9,1 %) die Einstellung zu ausländischen Arbeitskräften mit jeweils vier Meinungsvorgaben zu erfassen, denen man mehr oder weniger zustimmen konnte.

Sie lauteten:

A Gastarbeiter sollen ihren Lebensstil ein bißchen besser an den der Deutschen anpassen.

B Wenn Arbeitsplätze knapp werden, sollte man die Gastarbeiter wieder in ihre Heimat zurückschicken.

C Man sollte Gastarbeitern jede politische Betätigung in Deutschland untersagen.

D Gastarbeiter sollten sich ihre Ehepartner unter ihren eigenen Landsleuten auswählen.

Das Ergebnis dieser Umfrage ist Abbildung 7 zu entnehmen. Deutlich ist bei allen Aussagen die Abnahme der negativen Einstellung, bei einem allerdings auch 1984 noch sehr hohen Niveau der Ablehnung. Dabei ist das Maß der Ablehnung höher bei Befragten mit niedriger Schulbildung und höherem Lebensalter als bei solchen, die eine höhere Schulbildung und ein jüngeres Lebensalter haben. Direkte Kontakte zu Ausländern fördern dabei die Abnahme negativer Einstellungen.

Schwer zu beantworten ist, ob der in der ALLBUS-Umfrage erkennbare Trend angehalten hat.
Widersprüchlich sind die Ergebnisse weiterer Befragungen:

- Eine vom Bundesinnenminister in Auftrag gegebene und vom Allensbacher Institut für Demoskopie 1985 durchgeführte Befragung kommt laut „Frankfurter Allgemeine Zeitung" vom 7. Dezember 1985 zu der Erkenntnis: „Die Daten widersprechen dem Schlagwort von einer wachsenden Ausländerfeindlichkeit in der Bundesrepublik. Das Meinungsklima sei eher ausländerfreundlich, wenngleich das Bild auch Widersprüchlichkeiten aufweist."
- Die „Frankfurter Rundschau" berichtet am 23. Januar 1987 über Ergebnisse einer von der EG-Kommission in Auftrag gegebenen vergleichenden Umfrage in allen EG-Ländern, bei der die Zustimmungsquote der Befragten aus der Bundesrepublik zum unbegrenzten Aufenthaltsrecht und zum kommunalen Wahlrecht von Ausländern die niedrigste aller EG-Staaten war.

Grundpositionen der öffentlichen Diskussion
In der öffentlichen Diskussion lassen sich beim Versuch der Definition des Phänomens „Ausländerfeindlichkeit" zwei gegensätzliche Grundpositionen ausmachen:

- Eine Grundposition grenzt „Ausländerfeindlichkeit" auf eine feindselige Haltung ein, die durch verallgemeinerte, vorurteilsbehaftete Vorstellungen (z.B.: „Die Ausländer nehmen uns die Arbeitsplätze weg." oder: „Die Ausländer gefährden unsere rassische Reinheit") bestimmt wird und sich in einem generalisierten aggressiven Handeln gegen Ausländer oder „Ausländerfreunde" richtet (siehe die Hamburger Skinheads), das dem Wunsch entstammt, „die vermuteten Urheber der angsteinflößenden Zustände zu beseitigen".
  (G. Tsiliakos, zit. nach Lutz Hoffmann/Herbert Even: Soziologie der Ausländerfeindlichkeit. Beltz Verlag Weinheim 1984, S. 17)
- Die andere Grundposition, vertreten vor allem von den Bielefelder Sozialwissenschaftlern Hoffmann und Even, begreift Ausländerfeindlichkeit als „jede Weigerung, dem Ausländer dieselben Rechte einzuräumen, die die Inländer innehaben, so lange die Ausländer nicht die bisher geltende Inländeridentität angenommen haben". Dabei sehen die Wissenschaftler die kritische Grenze, hinter der Ausländerfeindlichkeit beginnt, nicht schon in jeder Verweigerung der Inländerrechte gegenüber Ausländern, die sich im Staatsgebiet aufhalten, „sondern erst die Verweigerung einer Karriere der hier lebenden Ausländer,

die in die vollen Inländerrechte mündet, so lange sie nicht Deutsche werden". (Hoffmann/Even a.a.O., S. 179 f.).
So verstanden wären nicht nur die genannten aggressiven Handlungen und Überfremdungsideologien, sondern auch die fehlende Bereitschaft demokratischer Politiker und Parteien, die Rechte der Ausländer unterhalb der Einbürgerungsebene substantiell zu erweitern, als „ausländerfeindlich" einzustufen. Wir hätten es dann in unserer Gesellschaft mit einer sehr weit verbreiteten „latenten" (d.h. nicht unmittelbar sichtbaren) Ausländerfeindlichkeit zu tun, die allerdings in sehr viel geringerem Maße auch „manifest" (d.h. deutlich erkennbar) wird.
Gleichgültig, ob man bei der Definition dessen, was „Ausländerfeindlichkeit" denn nun eigentlich ist, mehr der ersten oder mehr der zweiten Grundposition zuneigt oder eine mittlere Position zwischen beiden vertritt, läßt sich eine gegenwärtig vorhandene gesellschaftliche Grundstimmung, die kritisch gegenüber der Ausländerzahl, der Erweiterung ihrer Rechte und der Anerkennung der Dauerhaftigkeit ihrer Anwesenheit ist, kaum ignorieren. Sie äußern sich am heftigsten bei extrem rechten und neo-nazistischen Grüppchen und dort sogar gewalttätig. Widerstände gegen die Realisierung einer Integrationspolitik, die aus Angeboten der gesellschaftlichen Gleichberechtigung der lange hier lebenden Ausländer besteht, reichen aber auch weit in das demokratische Spektrum der Gesellschaft hinein und erfahren durch die schwer einschätzbaren wirtschaftlichen Folgen des deutschen Vereinigungsprozesses noch Verstärkung. Dabei weisen diejenigen, die die Ausländerzahl erheblich vermindern und deren minderen Rechtsstatus beibehalten möchten, den Vorwurf der „Ausländerfeindlichkeit" weit von sich.
Vor allem die drohende hohe Arbeitslosigkeit in der DDR hat trotz der relativ kleinen Zahl von unter 200.000 Ausländern unter den über 16 Millionen DDR-Bürgern schon kurz nach der „Wende" vom 9. November 1989 bis dahin von der offiziellen Politik geleugnete rechtsradikale Tendenzen in der DDR zum Vorschein treten lassen, die häufig ihren Niederschlag in ausländerfeindlichen Aktionen fanden. Dies veranlaßte bereits Ende November 1989 die Teilnehmer des „Runden Tisches" zu einer Erkärung , in der es heißt: „Die Teilnehmer am Runden Tisch beobachten mit ernster Sorge, daß Auftritte neofaschistischer Kräfte im Lande zunehmen und deren Formierung beginnt. Während es 1988 noch 44 polizeiliche Ermittlungsverfahren wegen neofaschistischer Gewalthandlungen und Aktivitäten gab, sind es in diesem Jahr bis Ende November bereits 144." Dabei gab es bei diesen Gewalttätigkeiten schnell gemein-

same Aktionen offen ausländerfeindlicher Gruppen aus der DDR und der Bundesrepublik.

Stellungnahmen zur Ausländerfeindlichkeit
Bundesinnenminister Dr. Zimmermann: „Es darf nicht länger sehenden Auges hingenommen werden, daß die bisherige Ausländerpolitik zu Erscheinungen geführt hat, die berechtigte Kritik gefunden haben. Berechtigte Kritik ist nicht mit Ausländerfeindlichkeit zu verwechseln. Ich wende mich entschieden gegen den Vorwurf, daß es eine Stimmung im deutschen Volke gegen die oder gegen eine bestimmte Gruppe von Ausländern gebe. Das Gegenteil ist richtig: Kritikwürdige Zustände, um deren Beseitigung sich niemand kümmert, können zur Staatverdrossenheit und auch zur Ausländerfeindlichkeit führen. Ich werde daher nicht hinnehmen, daß versucht wird, jedes notwendige oder kritische Wort mit dem bequemen Hinweis der Ausländerfeindlichkeit abzuwürgen."
(Rede vor dem CSU-Parteitag am 15.07.1983)
Kardinal Joseph Höffner: „Inzwischen hat sich die wirtschaftliche Lage in Deutschland verändert. Es hängt wohl damit zusammen, daß in weiten Kreisen der deutschen Bevölkerung ein gewisser Stimmungswandel gegenüber den ausländischen Arbeitnehmern und ihren Familien erkennbar ist, der sich in Fremdenangst und sogar in Fremdenhaß äußert. In Politik und Verwaltung haben die wirtschaftlichen Schwierigkeiten sich in Einschränkungen und abwehrenden Maßnahmen den Ausländern gegenüber niedergeschlagen. Verständliche Sorgen um die wirtschaftliche Zukunft und tiefsitzende Ängste um die eigene und nationale Identität werden – wie in der Geschichte so oft – auf die ‚Fremden' übertragen. Sie geraten in die Rolle des Sündenbocks ...
Die Kirche wird sich von ihrem Auftrag her vor allem der Fremden und Bedrängten annehmen. Sie macht sich die Leiden und Anliegen der Randgruppen und Unterdrückten zu eigen und tritt als Anwalt und Verteidiger ihrer Rechte auf. Dabei umfaßt die Diakonie der Kirche alle Fremden und Bedrängten ohne Ausnahme und Unterschied von Herkunft und Religion, auch die türkische Bevölkerung ..."
(Aus der Erklärung des Vorsitzenden der Deutschen Bischofskonferenz vom 23.06.1982)

Ob die Reaktion des damaligen Bundesinnenministers Zimmermann auf die Verabschiedung des kommunalen Ausländerwahlrechts durch die Hamburger Bürgerschaft als „ausländerfeindlich" einzuschätzen ist oder nicht, mögen die Leser selbst entscheiden. Gegenüber der Tageszeitung „Die Welt" äußerte er am 1. Februar 1989: Würde das Wahlrecht für Ausländer Geltung erhalten, hätte in Hamburger Bezirken mit hohem Ausländeranteil „die deutsche Bevölkerung nichts mehr zu sagen".

5.2.3. Rückkehr oder Leben in Deutschland?

Konfliktfeld
Eine der zentralen Lebensfragen vieler ausländischer Familien ist: Bleiben oder Heimkehr? Nur relativ wenige haben hier, wie Umfragen über die Jahre zeigen, eine klare endgültige Entscheidung getroffen. In der Regel wird die Rückkehr als Ziel angegeben, aber an eine Reihe von Voraussetzungen geknüpft, die man erst für sich persönlich als erfüllt sehen will. Diese Voraussetzungen wechseln jedoch, d.h. es kann keineswegs als gesichert davon ausgegangen werden, daß nach Eintritt der zunächst gesetzten Erwartungen tatsächlich die ursprünglich vorgesehene Entscheidung – welche dies auch immer gewesen sein mag – umgesetzt wird. Die mögliche

Rückkehr bleibt als „Option" erhalten, ist „Traum", den man als Hoffnung braucht, wenn die Umwelt als zu feindselig oder fremd empfunden wird.
Verstärkt wird diese Haltung noch durch die offizielle Ausländerpolitik, die „Rückkehrbereitschaft" fordert und zum Erhalt der „Rückkehrfähigkeit" aufruft. Die Alternative, der Entschluß zum endgültigen Bleiben, wird durch das Verlangen nach Aufgabe der eigenen ursprünglichen Staatsangehörigkeit und den keineswegs vollständig gesicherten Aufenthaltsstatus erschwert. Man will die Brücke zur „alten Heimat" nicht abbrechen, wenn man sich in der „neuen Heimat" noch nicht willkommen und geborgen fühlt. So bewegen sich die betroffenen Ausländer in einem Spannungsfeld von persönlichen Wünschen und Hoffnungen einerseits und öffentlichen Forderungen an sie andererseits, die sich widersprechen und Konflikte schaffen.

Rückkehr zunächst selbstverständlich
In den ersten Jahren der Anwerbung galt die Rückkehr der ausländischen Arbeitnehmer nach einigen Jahren der Arbeit in der Bundesrepublik als für alle Beteiligten selbstverständlich. Die angeworbenen Arbeitskräfte verstanden sich selbst nicht als dauerhafte „Auswanderer", und die deutschen Politiker brauchten gar nicht sonderlich zu betonen, daß die Bundesrepublik kein Einwanderungsland sei. Alle hielten Anwerbung, Aufenthalt und Rückkehr für einen zusammenhängenden Prozeß. Allerdings war dieser sog. Rotationsprozeß auch schon in den ersten Jahren niemals ein vollständiger (siehe oben 3.1.). Die Forderung nach Rückkehr blieb jedoch als Leitmotiv deutscher Ausländerpolitik bis heute bestehen.

Gründe der Aufenthaltsverlängerung
Es läßt sich ein ganzes Bündel von Motiven für die Verlängerung des Aufenthalts über den ursprünglich beabsichtigten Zeitraum hinaus feststellen:
- Viele Arbeitsmigranten wurden in den 60er Jahren bei Ablauf ihrer zunächst zeitlich befristeten Arbeitsverträge von ihrer Firma zum Bleiben aufgefordert, weil es für diese bequemer und billiger war, mit den eingearbeiteten Kräften weiter zu arbeiten als neue anzuwerben.
- Schließlich fiel mit dem Anwerbestopp 1973 die bis dahin bestehende Möglichkeit der Rückkehr in die Bundesrepublik bei einem Scheitern der Re-Integration in die Heimat fort, die es in der Konjunkturkrise 1966/67 noch gegeben hatte und – neben ande-

ren Faktoren – vom Herbst 1966 bis Herbst 1967 etwa eine halbe Million ausländischer Arbeitnehmer zur Rückkehr in ihre Heimatländer veranlaßt hatte. Eine zwangsweise Verpflichtung zur Rückkehr konnte nicht ausgesprochen und durchgesetzt werden (siehe oben 3.2.).

- Die 1973 den Anwerbestopp auslösende „Ölkrise" und die ihr folgende langanhaltende Krise der Weltwirtschaft traf die Entsendeländer als ökonomisch ohnehin schwächere Staaten viel härter als die Bundesrepublik. So wuchs nach dem Wegfall der Rückkehrmöglichkeit die Zurückhaltung, die Heimkehr zu wagen, weil dies ein Abenteuer mit noch ungewisserem Ausgang als der Verbleib in der Bundesrepublik war.
- Viele Ausländer haben sich ehrgeizige Sparziele gesetzt, um den Traum von einer selbständigen und sicheren Existenz etwa als Laden- oder Restaurantbesitzer, Taxiunternehmer oder Inhaber einer Pension verwirklichen zu können. Wenn das gesetzte Sparziel am Ende des zunächst geplanten Aufenthalts nicht erreicht ist, wird eine neue Frist gesetzt.
- Oftmals hängt von den Geldüberweisungen der in Deutschland arbeitenden Familienangehörigen die wirtschaftliche Existenz von in der Heimat verbliebenen Verwandten ab, so daß die Rückkehr nicht nur für den Arbeitsmigranten selbst und seinen engsten Familienkreis einschneidende Folgen hätte, wenn eine neue Existenzgründung in der Heimat nicht gelingt. Wirtschaftliches Risiko und hohe Arbeitslosigkeit in den Entsendeländern sind somit weitere wesentliche Faktoren.
- Zahlreiche Ausländer haben ihre Familien nach Deutschland geholt und wollen mit ihren Kindern nicht vor Abschluß von deren Schul- oder Berufsausbildung wieder heimkehren. In den Familien selbst ist diese Frage kontrovers, da die hier geborenen oder aufgewachsenen Jugendlichen oft nur widerwillig sich einem Heimkehrwunsch der Eltern zu fügen bereit sind.
- Allmählich spielt sicherlich auch die Gewöhnung an die größeren Konsummöglichkeiten und die mittlerweile erlangte und geschätzte soziale Absicherung eine Rolle, die bei Abwägung die sonst empfundenen Nachteile aufwiegen können.
- Nicht unterschätzt werden darf der Faktor, daß sich viele Ausländer auch in ihrer ursprünglichen Heimat mittlerweile „fremd" fühlen, sie soziale und menschliche Kontakte verloren haben und auf Distanz bei ihren Landsleuten stoßen.

Dieser Situation entspricht auf der Seite der Arbeitsmigranten der Widerspruch zwischen grundsätzlich bekundeter Rückkehrabsicht einerseits und der Tatsache, daß diese immer wieder verschoben wird oder vielleicht nie erfolgt, andererseits.

Nach einer 1980 im Auftrag des Bundesarbeitsministeriums durchgeführten Repräsentativ-

Tabelle 11 Bedingungen der Rückkehr und Gründe für weiteren Aufenthalt

Nationalität / Rückkehrbedingungen	Türken	Jugoslawen	Italiener	Griechen	Spanier	Portugiesen	Gesamt
Wenn ein Arbeitsplatz zu finden ist	7,5	13,8	27,3	15,5	26,2	13,2	14,2
Bei gleichem Lohn wie in Deutschland	6,7	6,4	14,2	13,0	8,7	10,9	8,8
Wenn die Ausbildung der Kinder beendet ist	6,0	7,8	6,1	9,4	6,1	7,6	6,8
Wenn ich genug gespart habe	21,8	17,5	9,8	15,6	8,7	14,9	17,3
Wenn ich mich selbständig machen kann	15,7	2,5	8,6	13,6	12,6	7,6	11,1
Wenn ich Rentner bin	9,2	17,1	9,8	7,8	11,0	10,3	11,0
Wenn die Kinder erwachsen sind	3,8	4,6	2,5	3,6	3,7	5,3	3,8
Wenn die Familie mit zurückkehrt	13,3	12,7	6,6	9,9	9,7	12,9	11,5
Überhaupt kein Interesse an Rückkehr	3,2	4,7	3,5	1,4	3,7	1,3	3,4
Sonstiges	12,8	13,0	11,6	10,2	9,7	15,9	12,3
Gesamt	100,0	100,0	100,0	100,0	100,0	100,0	100,0

Einreisejahr / Gründe	In Deutschland geboren	Bis 1964	1965–1969	1970–1973	1974–1977	1978–1981	1982–1985	Gesamt
Weniger gespart	0,5	5,5	11,9	12,2	9,3	8,5	7,0	10,2
Arbeit gefällt mir	10,4	11,6	10,5	9,9	8,7	6,7	6,6	9,5
Es gibt im Herkunftsland keine Arbeit	9,8	16,8	17,5	17,4	18,3	20,4	21,4	17,8
Weil ich meine Familie nachgeholt habe	0,5	8,2	7,7	8,0	3,7	4,1	3,7	6,5
Kinder gehen in Deutschland zur Schule/ machen Berufsausbildung	1,6	17,6	13,1	12,9	8,7	4,0	1,2	11,0
Kann nicht erneut einreisen	1,6	3,3	6,6	8,6	11,3	12,9	11,1	8,5
Politische Gründe	0,5	0,3	1,5	1,4	1,9	3,7	6,6	1,8
Kinder wollen bleiben	0,0	5,2	3,7	3,0	1,9	1,6	0,0	2,8
Fühle mich hier wohl	44,0	20,9	19,0	17,9	22,7	22,2	24,3	20,6
Sonstige	31,1	10,5	8,4	8,7	13,5	15,8	18,1	11,3
Gesamt	100,0	100,0	100,0	100,0	100,0	100,0	100,0	100,0

Aus: Forschungsinstitut der Friedrich-Ebert-Stiftung: Situation der ausländischen Arbeitnehmer und ihrer Familienangehörigen in der Bundesrepublik Deutschland. – Repräsentativuntersuchung ,85 – Hrsg. Der Bundesminister für Arbeit und Sozialordnung. Bonn 1986, S. 471, 473

untersuchung der Friedrich-Ebert-Stiftung beabsichtigen 75,1 % aller Ausländer eine Heimkehr in ihr Herkunftsland. Bei den Türken betrug der Anteil 59,9%. Jedoch nur noch 34% der Befragten wollten zurückkehren, wenn Familienangehörige in der Bundesrepublik bleiben. Von den Ausländern, die angaben zurückkehren zu wollen, konnten oder wollten aber 78,7% keinen konkreten Rückkehrzeitpunkt angeben.
Eine im November 1985 vom Bielefelder Emnid Institut im Auftrag der Berliner Ausländerbeauftragten durchgeführte Befragung von 1000 türkischen Jugendlichen in Berlin deckt ebenfalls den festgestellten Widerspruch zwischen Heimkehrabsicht und tatsächlichem Verhalten – hier bei der 2. und 3. Ausländergeneration – auf:

- Nur 9% der Befragten erklärten, sie wollten auf Dauer in Deutschland bleiben,
- unentschlossen äußerten sich 26%,
- auf jeden Fall langfristig zurück möchten 34%,
- 30% äußerten feste Zeitvorstellungen für ihren Aufenthalt, dabei gaben aber zwei Drittel von diesen sieben und mehr Jahre an,
- die Jugendlichen vermuten allerdings, daß ein Drittel ihrer türkischen Altersgenossen für immer in Deutschland bleiben möchte.

Obwohl beide Untersuchungen aus statistisch-methodischen Gründen nur schwer miteinander vergleichbar sind, lassen sie doch jede für sich die Annahme zu, daß die Rückkehrabsicht ein Faktor ist, der das Bewußtsein der Arbeitsmigranten nicht nur in der ersten, sondern auch in der zweiten und dritten Generation noch in starkem Maße prägt, obwohl die Rückkehrabsicht sich in der Realität zunehmend als Rückkehrillusion erweist.
Die Umfragen geben auch nur Aufschluß über die jeweils gegenwärtigen persönlichen Absichten und Vorstellungen, beantworten aber nicht die Frage nach der konkret zu erwartenden Entwicklung. Alle bisherigen Prognosen haben sich als weitgehend unrichtig erwiesen, da die Entscheidung zur Rückkehr auch von Faktoren abhängt, die einerseits nicht vom Ausländer und andererseits nicht von der Bundesrepublik beeinflußbar und steuerbar sind.

Rückkehrförderung

In allen offiziellen Stellungnahmen zur Ausländerpolitik finden sich die Forderungen,

- ausländischen Arbeitnehmern die berufliche und wirtschaftliche Wiedereingliederung in die Heimat mit dem Ziel der Existenzsicherung zu erleichtern,
- den Familien die soziale und kulturelle Reintegration durch vorbereitende Maßnahmen zu ermöglichen.

Wenn von den Forderungen nach weiteren Maßnahmen zur Rückkehrförderung gesprochen wird, darf nicht übersehen werden, daß es bis heute schon eine ständige nicht unerhebliche Fluktuation gegeben hat und noch immer gibt. Es ist also keineswegs so, daß alle Ausländer mit einer festen Bleibeabsicht in der Bundesrepublik leben. Kritiker einer Rückkehrpolitik sollten diesen Faktor nicht übersehen. Nicht alle werden und wollen bleiben. Jährlich haben seit 1970 durchschnittlich 12% (ca. 300 bis 400 Tsd.) der jeweils hier lebenden Ausländer die Bundesrepublik wieder verlassen. Al-

lerdings ist in den meisten Jahren dieser Wanderungsverlust durch Zuzüge kompensiert oder überschritten worden.
Die erneute Zunahme der Zahlen ab 1985 beruht auf einer Verringerung der Abwanderung nach dem Auslaufen des Rückkehrförderungsgesetzes bei gleichzeitig leichtem Anstieg der Zuwanderung. Zu beachten ist, daß bei den angegebenen Zahlen etwa auch die von Studenten und der Asylbewerber enthalten sind, bei denen ab 1985 wieder eine erhöhte Einreisezahl zu verzeichnen ist. Zu berücksichtigen ist weiter der Grundsatz der Freizügigkeit innerhalb der EG.

Rahmenbedingungen

Die Erfolgsaussichten einer Rückkehrpolitik durch die Bundesregierung können zunächst nur vor dem Hintergrund der Erwartungen beurteilt werden, die zur Zuwanderung der Arbeitnehmer geführt haben:

- Die Bundesrepublik öffnete ihre Grenzen, um zusätzliche und dringend benötigte Arbeitskräfte zu gewinnen (siehe 2.1. und 2.3.).
- Die Entsendeländer verfolgten die Ziele der Verringerung der Arbeitslosenzahlen in ihren Staaten, Schaffung zusätzlicher Devisenquellen und des Erwerbs von Fachausbildungen für die ausreisenden Arbeitskräfte in den westlichen Industriestaaten.

Tabelle 12 Wanderungen in das und aus dem Bundesgebiet in Tausend

	1975	1976	1977	1978	1979	1980	1981	1982	1983	1984	1985	1986	1987	1988
Griechenland														
Zuzüge	18,1	16,0	15,2	15,3	14,7	15,8	18,5	12,8	9,9	9,3	9,4	11,8	16,6	33,1
Fortzüge	65,7	58,2	48,0	36,2	29,2	22,3	15,7	18,1	18,9	16,7	16,3	15,0	14,0	12,8
Saldo[1)]	– 47,6	– 42,2	– 32,8	– 20,9	– 14,5	– 6,5	+ 2,8	– 5,3	– 9,0	– 7,4	– 6,9	– 3,2	+ 2,6	+ 20,3
Jugoslawien														
Zuzüge	45,5	40,7	41,9	38,5	40,5	41,8	33,9	22,2	17,2	19,3	22,4	26,1	34,6	56,1
Fortzüge	100,0	74,3	58,4	50,9	44,4	41,0	40,0	41,2	36,3	33,7	30,6	26,4	24,8	26,4
Saldo[1)]	– 54,5	– 33,6	– 16,5	– 12,4	– 3,9	+ 0,8	– 6,1	– 19,0	– 19,1	– 14,4	– 8,2	– 0,3	+ 9,8	+ 29,7
Portugal														
Zuzüge	8,1	5,8	4,7	4,4	4,4	3,9	3,0	1,8	1,4	1,4	1,6	3,1	3,7	3,8
Fortzüge	14,9	12,2	9,0	6,5	5,7	7,9	7,7	9,1	9,3	20,6	3,3	2,1	2,5	2,1
Saldo[1)]	– 6,8	– 6,4	– 4,3	– 2,1	– 1,3	– 4,0	– 4,7	– 7,3	– 7,9	– 19,2	– 1,7	– 1,0	+ 1,2	+ 1,7
Spanien														
Zuzüge	7,6	6,2	5,6	5,2	5,0	5,4	5,6	3,7	2,8	3,0	3,2	4,1	6,7	3,7
Fortzüge	40,0	32,7	24,5	17,4	12,1	10,0	8,8	10,3	10,0	9,1	7,7	6,5	10,1	5,7
Saldo[1)]	– 32,4	– 26,5	– 18,9	– 12,2	– 7,1	– 4,6	– 3,2	– 6,6	– 7,2	– 6,1	– 4,5	– 2,4	– 3,4	– 2,0
Türkei														
Zuzüge	98,5	105,7	114,5	131,0	171,8	212,2	84,0	42,7	27,8	34,1	47,4	62,2	67,1	79,1
Fortzüge	148,4	130,3	113,5	88,0	66,2	70,5	70,9	86,8	100,3	213,4	60,6	51,9	46,7	40,5
Saldo[1)]	– 49,9	– 24,6	+ 1,0	+ 43,0	+105,6	+141,7	– 13,1	– 44,1	– 72,5	–179,3	– 13,2	+ 10,3	+ 20,4	+ 38,6

Aus: Daten und Fakten zur Ausländersituation. Mitteilungen der Beauftragten der Bundesregierung für die Integration der ausländischen Arbeitnehmer und ihrer Familien. 10. Auflage, Bonn Mai 1989, S. 28 sowie ergänzende Angaben

– Den ausländischen Arbeitnehmern ging es um Arbeitsplätze und um Sicherung von Existenz und Einkommen für sich und ihre Familien sowie den Erwerb von Kapital und beruflicher Qualifikation mit dem Ziel eines gesicherten Auskommens bei der geplanten Rückkehr (siehe 2.2.).

Lebensperspektiven

„Es gehört zu den Lebensentwürfen vieler hier arbeitender Türken, sich bereits mit 45 Jahren aus dem ersten Arbeitsleben zu verabschieden, um daran eine zweite selbständige Existenz in der Türkei anzuschließen. Dieser neue soziale Status sollte allerdings so beschaffen sein, daß man keiner abhängigen Arbeit mehr nachgehen muß, sondern sein Geld auf eine Weise, die mehr Selbstbestimmung zuläßt, verdienen kann, z.B. durch ein Taxi-Unternehmen, durch Beteiligung an einem Gewerbe, durch Vermietung von Wohnraum oder als Kleinunternehmer. Dieser Aufstieg wäre auch der glaubwürdigste Beweis für den Rückkehrer, daß sich der vorübergehende Auslandsaufenthalt gelohnt hat. Er verspricht soziale Anerkennung; etwas, was man nach den entbehrungsreichen Jahren in der Fremde dringend nötig hat."

Aus: Barbara John, Rückkehrhilfen in Berlin, in: Zeitschrift für Ausländerrecht und Ausländerpolitik, 1984, S. 10

In der Zeit der Hochkonjunktur bestand also durchaus ein Gleichklang der Interessen dieser drei Seiten. Die Frage einer gezielten Rückkehrförderung stellte sich damit zunächst nicht. Man ging von einem sich weitgehend selbst regulierenden Vorgang aus. Erst als in der Bundesrepublik durch wirtschaftliche Rezession und zunehmende Automatisierung Arbeitsplätze knapp wurden, und eine hohe Dauerarbeitslosigkeit eintrat, stellte sich die Frage einer konkreten Rückkehrpolitik. Damit wandelte sich zugleich die ursprüngliche Identität der Interessen in einen partiellen Gegensatz:

– Die Bundesrepublik strebt zur Entlastung ihres Arbeitsmarktes und aus bevölkerungspolitischen Gründen möglichst hohe Rückkehrerzahlen an.
– Die Entsendeländer jedoch leiden noch mehr als die Bundesrepublik unter hoher Arbeitslosigkeit (z.B. Spanien 1988 ca. 18%). Ihr Devisenbedarf ist eher noch gestiegen. Die Rückkehr einer großen Zahl von Arbeitnehmern läßt sie eine Verschärfung der wirtschaftlichen Situation verbunden mit einer politischen Destabilisierung befürchten. Weiter besteht die Besorgnis, daß die an höhere Löhne und Sozialleistungen gewöhnten Rückkehrer, die ihnen in ihrer Heimat nicht geboten werden können, den sozialen Frieden stören könnten.
– Viele Arbeitsmigranten sehen für sich und ihre Familien keine wirtschaftlich sinnvolle Perspektive bei einer Rückkehr. Die Türkei kennt z.B. keine Arbeitslosenunterstützung. Griechenland zahlt arbeitslosen Rückkehrern einen längstens auf 5 Monate befristeten Betrag. Spanische Rückkehrer können bis zu 18 Monate Bezüge erhalten. Hinzu kommt, daß – zunächst von niemandem vorhergesehen und gewollt – durch die lange Dauer des Aufent-

halts in der Bundesrepublik gerade bei den Familien eine zunehmende soziale und kulturelle Eingliederung stattgefunden hat. Integration hat die Kehrseite der Entfremdung von der Heimat.

Maßnahmen der Rückkehrförderung

Maßnahmen zur Rückkehrförderung lassen sich in folgende Gruppen einteilen:

- Schaffung von Arbeitsplätzen in den Heimatländern,
- persönliche finanzielle Anreize für rückkehrwillige Ausländer durch die Bundesrepublik,
- Maßnahmen zur gesellschaftlichen Reintegration in der Heimat.

Durch Bündelung derartiger Vorhaben soll erreicht werden, daß für ausländische Arbeitnehmer und ihre Familien die Rückkehr persönlich und wirtschaftlich attraktiv und zur annehmbaren Alternative zum weiteren Verbleib in der Bundesrepublik wird.

Da ein Grund für die fehlende Rückkehrbereitschaft u.a. die unsichere und schlechte wirtschaftliche Lage in den Heimatländern ist, könnte sich als logische Konsequenz für die Bundesrepublik die Notwendigkeit ergeben, hier durch wirtschaftsfördernde und arbeitsplatzschaffende Maßnahmen tätig zu werden. Die Arbeitsmigration in Europa hat ja nicht zuletzt ihre Ursache in dem ökonomischen Gefälle der beteiligten Länder.

Bereits Ende der 60er Jahre nahm die Bundesregierung zunächst mit der Türkei Gespräche über die Möglichkeit der Reintegration von „Gastarbeitern" auf. Der Grundgedanke war, daß die Rückkehr industrieerfahrener Arbeiter für den wirtschaftlichen Ausbau der Heimatländer genutzt werden sollte. Das Ergebnis war im Jahre 1972 ein Abkommen, das u.a. folgende Maßnahmen vorsah:

- technische und betriebswirtschaftliche Fortbildung von Rückkehrern,
- Kredite und Investitionshilfen,
- Vergünstigungen bei Importen,
- Einrichtung von Beratungsstellen.

Türkische Arbeitnehmergesellschaften

Die Verwirklichung dieser Pläne erwies sich jedoch als überaus schwierig. Die Türkei war bei eigener hoher Arbeitslosigkeit nicht in der Lage, eine ausreichende Zahl von geeigneten Arbeitsplätzen zur Verfügung zu stellen. Die deutsche Seite konzentrierte sich daher auf die Förderung sogenannter Arbeitnehmergesellschaften. In der Türkei wurden Betriebe in Form von Aktiengesellschaften gegründet, die durch Zahlungen von hier arbeitenden Türken finanziert werden sollten. Im Falle der Rückkehr sollte dann auch ein

Arbeitsplatz im jeweiligen Unternehmen zur Verfügung gestellt werden. Im Jahre 1980 wurde das „Centrum für Internationale Migration und Entwicklung" (CIM) gegründet, das diese Maßnahmen der Bundesregierung koordinieren und beratend tätig sein sollte.
Nach einem Bericht der zuständigen türkischen Bank Desiyar existierten 1983 332 derartige Arbeitnehmergesellschaften. Diese hatten 345.000 Aktionäre, von denen 155.000 im Ausland lebten. Es wird geschätzt, daß hierdurch etwa 22.000 Arbeitsplätze geschaffen wurden, von denen jedoch nur 4.000 tatsächlich mit Rückkehrern besetzt waren.
Ähnliche Abkommen sollten mit Griechenland und Jugoslawien geschlossen werden, doch sind bisher nennenswerte Ergebnisse nicht zu verzeichnen. Jugoslawien versucht aufgrund eigener Initiativen seinen Rückkehrern finanzielle und wirtschaftliche Anreize zu bieten. Hierzu gehören Zollerleichterungen bei Einfuhren, Zulassung und Förderung privatwirtschaftlicher Betriebe im Agrar- und Dienstleistungsbereich sowie die Gründung von sogenannten „Devisenfabriken". Bei Neugründung von Betrieben gewährt der Staat günstige Kredite in Höhe der jeweils eingebrachten Ersparnisse.
Probleme ergeben sich bei den Arbeitnehmergesellschaften und ähnlichen Einrichtungen insbesondere in den Bereichen von Management und Betriebsführung. Sie haben sich daher als wirtschaftlich sehr anfällig erwiesen. Rückkehrer und noch im Ausland lebende Investoren verfügen zwar über einiges Kapital, doch fehlen ihnen kaufmännische Kenntnisse und Erfahrungen, da sie in der Bundesrepublik meist nur mit einfachen Arbeiten beschäftigt waren.
Um den Defiziten im Bereich der Investitionsplanung und Betriebsführung abzuhelfen, wurde 1985 in Berlin die Berliner Gesellschaft für Deutsch-Türkische wirtschaftliche Zusammenarbeit mbH gegründet, welche die Förderung wirtschaftlicher Selbsthilfeeinrichtungen durch Beratung, Planung und Betreuung zum Ziel hat. Vergleichbare Beratungsziele verfolgte das Rückkehrförderungsgesetz (siehe 3.3.). Heimkehrende Ausländer sollten auf Wunsch über die Möglichkeiten der beruflichen Eingliederung einschließlich der Gründung einer selbständigen Existenz in ihrer Heimat unterrichtet werden.
Gemeinsames Problem all dieser Beratungseinrichtungen ist, daß es bei der gegenwärtigen Wirtschaftslage in den Entsendeländern äußerst schwierig ist, Projekte und „Marktlücken" zu benennen, bei denen eine begründete Aussicht auf ein langfristiges Florieren angenommen werden kann.

Die ökonomischen Rahmenbedingungen haben die Idee der Arbeitnehmergesellschaften in der Praxis bisher als wenig geeignet erscheinen lassen, einen Anreiz zur Rückkehr darzustellen. Wirtschaftliches Risiko und der Traum vom eigenen Geschäft, in dem man selbst uneingeschränkt „Chef" ist, halten viele von der Bereitschaft zur Investition ab.

Arbeitsplätze durch Investitionen

Neben der Gründung von Betrieben durch rückkehrende Ausländer könnten auch durch Investitionen von deutscher Seite neue Arbeitsplätze in den Entsendeländern geschaffen werden. In Betracht kämen sowohl direkte Unternehmensgründungen durch deutsche Firmen wie auch Maßnahmen staatlicher Entwicklungshilfe.

Für Betriebsgründungen im Ausland spielen für die Wirtschaft folgende Faktoren eine wesentliche Rolle:

- Gewinnung neuer Märkte durch Produktion „vor Ort",
- Sicherung und Ausbau eines bereits vorhandenen Absatzmarktes,
- günstige Produktionsbedingungen (z.B. Lohn- und Rohstoffkosten),
- Vorhandensein einer ausreichenden Infrastruktur (z.B. Transportwege, Energieversorgung),
- politische Stabilität und wenig bürokratische Hemmnisse im Gastland.

Privatwirtschaftliche Investoren haben also vor allem ihre Absatzmöglichkeiten im Auge. Sie verfolgen selten entwicklungs- oder beschäftigungspolitische Aspekte. Diejenigen Wirtschaftszweige, die in der Bundesrepublik eine besonders hohe Ausländerbeschäftigung aufweisen – z.B. Hotel- und Gaststättengewerbe, Bergbau, Bau, Gießerei – spielen bei den Auslandsinvestitionen ohnehin keine besondere Rolle. Die Errichtung neuer Produktionsstätten im Ausland durch deutsche Firmen führt also nicht zur „Mitnahme" ausländischer Arbeitskräfte in die dortigen Betriebe. Es besteht im Gegenteil die Gefahr, daß dem deutschen Arbeitsmarkt durch Verlagerungen und entfallende Neugründungen im Inland noch weitere Arbeitsplätze entzogen werden. Ein positiver Aspekt kann jedoch dann eintreten, wenn die Auslandsinvestitionen Teil eines allgemeinen Aufschwungs sind und so zu einer allgemeinen Verbesserung der Wirtschaftslage im Entsendeland beitragen.

Deutsche Auslandsinvestitionen

Im Jahre 1987 wurden ca. 15,7 Milliarden DM von deutschen Firmen im Ausland direkt investiert (vgl. Statistisches Jahrbuch 1989, S. 581). Hiervon entfielen z.B. auf:

	in Mio DM				
	1983	1984	1985	1986	1987
Portugal	392	457	463	535	608
Spanien	4066	4827	4960	6372	7074
Türkei	273	382	302	321	374
Griechenland	548	539	535	605	595
Italien	3617	5706	5536	6321	7098

Die niedrigen Zahlen für die Türkei sind nicht zuletzt auf eine Politik zurückzuführen, die ausländische Investitionen bewußt beschränkte, um inländische Unternehmen zu schützen und nicht zum Objekt der Ausbeutung internationaler Konzerne zu machen. So ist die Türkei bis heute das europäische Land mit den geringsten deutschen Auslandsinvestitionen. Mittlerweile wird jedoch eine Änderung der Wirtschaftspolitik angestrebt.

Entwicklungshilfe

Beschäftigungspolitisch gezielter kann eine staatliche Entwicklungshilfe eingesetzt werden. Durch diese könnten etwa Vorhaben des Ausbaus der Energieversorgung, des Transportsystems und der Gewinnung von Rohstoffen gefördert und örtliche Klein- und Mittelbetriebe durch Kooperationsprojekte unterstützt werden. Auf diesem Wege wäre es möglich, in den Empfängerländern Arbeitsplätze zu schaffen, die mittelbar auch Ausländer aus der Bundesrepublik zur Rückkehr veranlassen.

Die Türkei erhielt z.B. von 1950 bis 1982 insgesamt 4,5 Milliarden DM Entwicklungshilfe und stand hinter Indien (8,1 Milliarden) auf Platz zwei der Empfängerländer.

Die Bundesregierung hat beschlossen, ihre entwicklungshilfepolitischen Maßnahmen in Zukunft gezielter einzusetzen. Wirtschafts- und Entwicklungshilfe sollen an arbeitsschaffende Maßnahmen in den Heimatländern gebunden werden. Bei diesem Ansatz darf jedoch als Kritikpunkt nicht übersehen werden, daß es nicht primäre Aufgabe von Entwicklungshilfe sein sollte, den deutschen Arbeitsmarkt von ausländischen Arbeitnehmern zu entlasten.

Persönliche finanzielle Anreize

Die Schaffung auch persönlicher finanzieller Anreize für den einzelnen Ausländer wurde seit den 70er Jahren diskutiert, aber erst 1983 mit dem Rückkehrförderungsgesetz (siehe oben 3.3.) ernsthaft in Angriff genommen. Bis zu diesem Zeitpunkt gab es

lediglich punktuelle Maßnahmen einzelner Bundesländer – z.B. 1975 in Baden-Württemberg – oder Abfindungsregelungen von Unternehmen.
Allgemein war es zunächst nur möglich, nach einer Wartefrist von zwei Jahren nach der Rückkehr einen Teil der Rentenversicherungsbeiträge erstattet zu erhalten. Mit der Auszahlung entfallen dann jedoch alle weiteren Ansprüche. Die Auszahlung von Rentenbeiträgen kann insbesondere für Türken von Interesse sein, da sich diese freiwillig in die türkische Rentenversicherung „einkaufen" können. Diese Leistungen werden dann bei dem Erreichen der Altersgrenze – u.U. schon ab dem 45. Lebensjahr, ab 1988 dem 55. Lebensjahr – berücksichtigt. Bis zu diesem Zeitpunkt müßte aber die Existenz durch Einnahmen aus einer neuen Erwerbsquelle – Arbeit oder Selbständigkeit – oder Ersparnissen bestritten werden.
Die Entscheidung eines Ausländers, von der Kapitalisierung seiner Rente und der damit verbundenen Aufgabe der versicherungsrechtlichen Ansprüche in Deutschland – hierzu würden im Ergebnis auch Arbeitslosen-, Kranken- und Unfallversicherung zählen – Gebrauch zu machen, ist mit erheblichen Risiken behaftet. Scheitert der Versuch eines Neuanfangs in der Heimat, so hat er seine Ersparnisse verloren und steht wieder als der „arme Teufel" da, als der er vor 15 oder 20 Jahren begonnen hat. Die türkische Regierung hat daher ihre Landsleute gewarnt, von der Auszahlungsmöglichkeit Gebrauch zu machen.
Der eigentliche Grund für die Heimreise ist jedoch im Regelfall nicht die Zahlung von Geld – dies ist bestenfalls auslösender Faktor –, sondern die Erkenntnis, daß die jetzige Wirtschaftslage bei bestehender Arbeitslosigkeit keine Perspektive mehr biete und nur zu einem Aufzehren der Ersparnisse führe. Bei Auszahlung aller Ansprüche erscheint vor diesem Hintergrund eine Rückkehr in die Heimat attraktiver. Dies belegen insbesondere auch Erfahrungen der speziellen Berliner Richtlinien zur Rückkehrförderung.

Voraussetzungen einer Rückkehrfähigkeit

Jede Politik, die sich zum Ziel setzt, ausländische Arbeitnehmer zur Rückkehr in ihre Heimat zu bewegen, darf nicht nur daran orientiert sein,
- dies den Betreffenden wirtschaftlich sinnvoll erscheinen zu lassen, sondern muß auch
- den Rückkehrwilligen und seine Familie in die Lage versetzen, dies sozial und kulturell zu können, d.h. seine persönliche Rückkehrfähigkeit muß erhalten sein oder geschaffen werden.

Die berufliche und soziale Reintegration stößt nicht selten auf große Schwierigkeiten. Es müssen
- Perioden der Arbeitslosigkeit in Kauf genommen werden,
- persönliche Beziehungen und Bindungen neu aufgebaut werden, die gerade in den südlichen Ländern auch über den privaten Bereich hinaus eine erhebliche Rolle spielen,
- die Schwierigkeiten, in den Augen der Zurückgebliebenen „ein Fremder" geworden zu sein, überwunden werden,
- die Kinder sich an eine Sprache, die ihnen weitgehend fremd ist, gewöhnen und sich in ein anderes Schulsystem und Freizeitverhalten einfinden.

Hier müßten Maßnahmen der Bundesrepublik und der jeweiligen Heimatländer vorbereitend eingreifen. Da jedoch die Heimatländer aufgrund ihrer eigenen Probleme an einer Rückkehr wenig interessiert sind, finden sich hierzu kaum Ansätze. Lediglich Italien, Jugoslawien und Spanien bieten in bescheidenem Rahmen Hilfen an. Auch die Bundesrepublik leistet auf diesem Sektor bislang nur wenig Hilfe und kann wohl auch kaum mehr tun, da eine Reintegration nicht künstlich hier, sondern effektiv nur vor Ort geleistet werden kann. Maßnahmen könnten sein:
- Anerkennung der Heimatsprache als Fremdsprache an deutschen Schulen, z.B. statt Englisch oder Französisch,
- Förderung der jeweiligen heimatlichen Kultur in Begegnungszentren,
- Beratung über Möglichkeiten der beruflichen Eingliederung und der Existenzgründung. (Derartige Beratungsstellen sind zwar gesetzlich vorgesehen, doch fehlt es noch weitgehend an Organisation und Aufbau.)
- Gewährung von Krediten.

Die Erwartung der Migranten, daß sie im Falle der Rückkehr eine berufliche und soziale Verbesserung erfahren, ist – zumindest zur Zeit – fast durchweg nicht erfüllbar. Die Ersparnisse reichen in der Regel nur zu einer bescheidenen Verbesserung des Lebensstandards (z.B. Haus, kleines Ladengeschäft). Die ursprüngliche Hoffnung der Entsendeländer, daß die Rückkehrer durch mitgebrachtes Kapital und erworbene berufliche Qualifikationen zu einem wirtschaftlichen Aufschwung beitragen könnten, haben sich ebenfalls bislang nicht erfüllt.

Die meisten Arbeitsmigranten und ihre Familien bleiben so einem Leben zwischen Widersprüchen ausgeliefert. Die Bundesrepublik erwartet Rückkehr oder schnelle Integration. Die Heimatländer fördern die Rückkehr nicht, erwarten aber Bewahrung nationaler und kultureller Identität. Jede Entscheidung – wie auch immer sie getroffen wird – bedeutet Verzicht und erweckt Widerspruch oder sogar Vorwurf.

Rückkehrtraum und Integration unvereinbar?
Zwischen dem Ziel einer Integration und immer noch nicht aufgegebenem Rückkehrtraum muß jedoch kein unauflösbarer Widerspruch bestehen, wenn die politischen Entscheidungen behutsam erfolgen und die ausländischen Familien nicht in einen Handlungszwang bringen, für die ihr Bewußtseinswandel noch nicht weit genug vollzogen ist. Gerade weil zwischen den ursprünglichen Absichten der ersten Generation und dem tatsächlichen Verlauf des Migrationsprozesses erhebliche Abweichungen bestehen, die nach den Erfahrungen von Auswanderern und Flüchtlingen in aller Welt nur ganz allmählich verarbeitet werden können, muß der Integrationsprozeß kontinuierlich und ohne so gegensätzliche Forderungen wie „Einbürgerung oder Rückkehr" selbst für die 2. und 3. Generation erfolgen.

Dazu schreibt die Berliner Ausländerbeauftragte Barbara John:
„Wichtiger als Bekenntnisse sind die tatsächlichen Integrationsleistungen; sie werden – berücksichtigt man die schwierige Situation der türkischen Jugendlichen zwischen zwei Kulturen – entschlossen und mutig vollzogen, ohne dabei die familiären Traditionen zu verleugnen. Das müssen wir registrieren und mit Einfühlung und Geduld vorantreiben. Die türkischen Jugendlichen müssen das Gefühl haben können, daß sie nichts überstürzen müssen, sondern daß wir ihnen die notwendige Zeit lassen und daß wir Ihnen helfen. Sie werden sich umso wohler bei uns fühlen, je mehr Verständnis und Annahme sie bei uns finden."
Aus: Pressemitteilung der Ausländerbeauftragten des Berliner Senats vom 3. Januar 1986

5.3. Soziale und kulturelle Distanz als Integrationshemmnis?

Integrationsvoraussetzungen
Die ausländischen Arbeitskräfte und ihre Familien gehören in ihrer überwiegenden Zahl der sozialen Unterschicht an. Worin unterscheiden sie sich von den Deutschen derselben Sozialschicht? Stellen diese Unterschiede dauerhafte Hemmnisse für den Prozeß der Integration dar?
Grob gesehen lassen sich drei Bereiche nennen, bei denen bei Deutschen und Arbeitsmigranten die Ausgangspunkte für den Integrationsprozeß weit auseinanderliegen:
- die Herkunft aus überwiegend noch agrarisch geprägten Staaten oder Regionen,
- die mitgebrachten kulturellen Prägungen, sprachlichen Fähigkeiten und religiösen Überzeugungen,

– die durch die beiden ersten Bereiche geprägten Familienstrukturen.

Die Tatsache, daß man mit modernen Verkehrsflugzeugen zu erschwinglichen Preisen in zwei bis vier Flugstunden die Heimatregionen der meisten bei uns lebenden Arbeitsmigranten erreichen kann, verschleiert leicht die gewaltige soziale und kulturelle Distanz zwischen den Bedingungen, unter denen sie vor der Auswanderung lebten – und in die sie bei Heimatbesuchen immer wieder kurzfristig zurückkehren –, und den Anforderungen, denen sie sich in unserer hochtechnisierten Gesellschaft ausgesetzt sehen.

Prof. Hermann Bausinger, Direktor des Ludwig-Uhland-Instituts für empirische Kulturwissenschaft der Universität Tübingen, hat diesen riesigen Sprung von einer Zivilisationsform in die andere wie folgt charakterisiert:

„Im Blick auf die Zuwanderer aus der äußersten südlichen und vor allem südöstlichen Peripherie Europas ist gesagt worden, sie hätten 2000 km und ein Jahrhundert zu überbrücken. Denkt man an die Strecke bis ins Innere Anatoliens (das entgegen weitverbreiteten Vorstellungen den gesamten nichteuropäischen Teil der Türkei umfaßt, d. Verf.) und an die dort herrschenden vorindustriellen Verhältnisse, dann sind beide Angaben noch untertrieben. Jedenfalls handelt es sich um gewaltige kulturelle Entfernungen, zumal die Immigranten ja nicht nur aus Ländern der Peripherie, sondern auch innerhalb der Entsendeländer oft aus den rückständigsten Regionen kommen. Die Migration droht traditionelle Sozialfiguren (beispielsweise das Leben im ‚Clan', in der Großfamilie) und Kulturformen zu zerschlagen ..."
(Hermann Bausinger: Assimilation oder Segregation? Integrationschancen ausländischer Arbeitsimmigranten in der Bundesrepublik, in: Die Türkei und die Türken in Deutschland. Redaktion Hans-Georg Wehling. Verlag W. Kohlhammer Stuttgart u.a. 1982, S. 114.

Wertvorstellungen und Kultur

Die folgenden Beispiele „kultureller Entfernungen" gelten, obwohl überwiegend auf die Türkei und die Türken Bezug genommen wird, in abgewandelter Form, von der Religion abgesehen, mehr oder weniger auch für die anderen Entsendeländer im Süden und Südosten Europas.

- Bäuerliche Sozialstrukturen und religiöse Bindungen schufen den „Familienclan" oder die „Großfamilie", die für das einzelne Familienmitglied Abhängigkeit bedeutet, aber auch Stütze ist. Unter den Bedingungen der Bundesrepublik kann diese nicht weiterbestehen, aber der Arbeitsmigrant fühlt sich den Familienangehörigen in der Heimat nach wie vor verbunden, und sei es, daß er sie mit seinem Lohn materiell unterstützt.
- Die sozialen Beziehungen in der ländlichen Gesellschaft werden durch traditionelle Wertvorstellungen geregelt, die unter den hiesigen Bedingungen nur sehr langsam an Einfluß verlieren, obwohl sie hier überholt erscheinen.

Hans-Günter Kleff stellt in seinem Buch, „Vom Bauern zum Industriearbeiter. Zur kollektiven Lebensgeschichte der Arbeitmigranten aus der Türkei". (Manthano Verlag Ingelheim 1984) die drei wichtigsten Werte dar, die in den Dörfern Anatoliens gelten:

„Saygi" übersetzt mit „Achtung" oder „Respekt" steht in enger Verbindung mit Gehorsam. „Saygi" muß allen höhergestellten Personen entgegengebracht werden;
„Namus", die „Ehre" oder „Ehrenhaftigkeit". „Der Verlust der Ehre bedeutet den Verlust des sozialen Status. ‚Ehre' kann man haben oder nicht haben; es gibt da kaum Abstufungen." Männer und Frauen sollen sie gleichermaßen besitzen, bei Frauen wird die „Ehrenhaftigkeit" aber daran gemessen, ob sie „treu" und „keusch" sind, bei den Männern eher, ob sie nicht lügen oder stehlen oder ob sie ihren Haushalt schützen;
„Seref", das „Ansehen", das man nach außen hat und das auch etwas mit „Reichtum", „Macht" und „Einfluß" zu tun hat und daher bei den einzelnen in unterschiedlichem Maße vorhanden ist.

Aus diesen traditionellen Werten leitet sich auch die Zuteilung der Geschlechterrollen ab, die Frauen und Mädchen eine untergeordnete Stellung gegenüber dem Ehemann bzw. den Brüdern zuweisen.

Diese traditionellen familiären Rollenzuweisungen wurden aus wirtschaftlichen Gründen in Frage gestellt, wenn verheiratete Frauen sich zunächst ohne ihren Mann in die Bundesrepublik anwerben ließen oder wenn heute ein Mann arbeitslos wird, die Frau ihren Arbeitsplatz aber behält und die Familie von ihrem Einkommen abhängig wird. Beides führte und führt häufig zu schweren innerfamiliären Konflikten, die vor allem daraus entstehen, daß die Männer den Verlust ihrer Rolle als Beschützer der Familie psychisch nicht verkraften.

Heirat und Ehe werden als soziales und ökonomisches Zweckbündnis betrachtet, um den Bestand des Gemeinwesens zu sichern. Es wird von den Familien der Brautleute ohne Rücksicht auf deren Gefühle füreinander geschlossen.

Viele in Deutschland lebende junge Männer und Mädchen werden auch heute noch von ihren Eltern mit Partnern verheiratet, die sie praktisch erst bei der Hochzeit kennenlernen.

Der traditionelle Ehrbegriff verlangt auch, daß die Braut jungfräulich in die Ehe geht und sie gar nicht erst der Gefahr ausgesetzt wird, daß ein Schatten auf ihre Ehre fallen könnte.

In den deutschen Jugendfreizeitheimen sind relativ viele junge Männer, aber so gut wie keine ausländischen Mädchen anzutreffen, weil sie dort der familiären Kontrolle entzogen sind; türkische Mädchen werden bei Erreichen des Pubertätsalters häufig zu Verwandten in die Türkei geschickt, weil ihre Eltern fürchten, ihre Ehre hier nicht hinreichend schützen zu können; auf Klassenreisen fehlen türkische Mädchen auch bei intensiven Bemühungen der Lehrer, bei den Eltern die Erlaubnis zum Mitkommen zu erwirken, fast immer.

Sprachkenntnisse

Kulturelle Distanz drückt sich vor allem bei der ersten Generation, aber auch bei den später nachgezogenen jungen Ausländern in unzureichenden Kenntnissen der deutschen Sprache aus. Sprachkenntnisse aber sind erforderlich, um am gesellschaftlichen Leben teilnehmen zu können. Ohne Kenntnisse der deutschen Sprache, die über ein auf dem niedrigsten Verständigungsniveau liegendes „Gastarbeiterdeutsch" hinausgehen, ist weder beruflicher Aufstieg noch die Orientierung außerhalb der schützenden „Kolonie" der Landsleute möglich. Besonders groß ist die sprachliche Distanz bei nicht berufstätigen Ausländern der 1. Generation, und das sind überwiegend Frauen.

Aus Tabelle 13 läßt sich ablesen, daß 1985 im Vergleich zu 1980 eine deutliche Zunahme derer gegeben ist, die angeben, deutsche Sprachkenntnisse zu haben:

43,4% der Ausländer, die angaben, deutsche Sprachkenntnisse zu besitzen, schätzten diese 1985 als sehr gut oder gut, 42,6% als mittel und nur 16,5% als schlecht oder sehr schlecht ein.
Dabei liegen auch hier wie bei anderen Befragungen
– die Werte der Männer höher als die der Frauen,
– die der jüngeren über denen der älteren Ausländer.
Die Befragten schätzten ihre Sprachkenntnisse selbst ein. Sprachstandsmessungen anhand objektivierter Kriterien (z.B. der Fähigkeiten zum Hörverstehen, Sprechen, Leseverstehen und Schreiben) dürfte das in der Befragung zutage getretene positive Bild etwas trüben. Trotz eines 1974 gegründeten „Sprachverbands Deutsch für ausländische Arbeitnehmer e.V.“, der aus Mitteln des Bundesarbeitsministeriums finanziert wird, ist vor allem in der Sprachvermittlung viel versäumt worden, als im Gegensatz etwa zu Schweden darauf verzichtet wurde, den Arbeitgebern die Finanzierung von Sprachkursen während der Arbeitszeit aufzuerlegen und auch Rundfunk und Fernsehen nicht erkannten, welche bildungspolitische und integrationsfördernde Aufgabe die Medien mit der Entwicklung eines Sprachprogrammes für Ausländer hätten übernehmen können (siehe 6.6.). Schließlich waren die Schulen überfordert durch die große Zahl der „Seiteneinsteiger“, die mit gar keinen oder geringen Deutschkenntnissen nach 1973 zu ihren Eltern in die Bundesrepublik kamen.

Dennoch ist mit einer weiteren Verbesserung der Situation in dem Maße zu rechnen, wie immer mehr junge Ausländer qualifizierte Schulabschlüsse aufweisen (siehe 6.1.3.).

Religion
Mehr als 40% (etwa 2 Millionen) der hier lebenden Ausländer sind Katholiken, etwa 6 bis 7% Protestanten, etwa 11% Angehörige der griechisch-orthodoxen bzw. altorientalischer Kirchen. Über 1,5 Millionen, etwa 30% – weit überwiegend Türken – sind Muslime (Zahlen von 1982).
Die bei Deutschen weitverbreitete Vorstellung, daß die nationalen Gruppen der Italiener, Spanier, Portugiesen, Jugoslawen und Griechen weitgehend in die Gesellschaft der Bundesrepublik integriert seien, die Türken jedoch nicht, ist sicherlich auch auf ihre Unwissenheit über den Islam zurückzuführen. Bei vielen Deutschen ist offensichtlich aus dieser Unwissenheit auch Angst vor den missionarischen Absichten dieser Weltreligion geworden. Äußere Ereignisse, wie das Aufkommen radikaler Strömungen im Islam in den letzten Jahren (vor allem im Iran), haben zu dieser Angst vermut-

Tabelle 13 Einschätzung der eigenen Sprachkenntnisse 1980/1985

Nationalität	Gesamt (N_{85} = 6.039)													
	Türken		Jugoslawen		Italiener		Griechen		Spanier		Portugiesen		Gesamt	
Sprach-kenntnisse	'85	'80	'85	'80	'85	'80	'85	'80	'85	'80	'85	'80	'85	'80
Kenntnisse vorhanden	82,6	70,5	90,0	87,8	86,1	82,6	89,5	85,9	88,1	82,3	90,2	75,4	85,9	79,1
Keine Kenntnisse vorhanden	17,4	29,5	10,0	12,2	13,9	17,4	10,5	14,1	11,9	17,7	9,8	24,6	14,1	20,9
Gesamt	100,0	100,0	100,0	100,0	100,0	100,0	100,0	100,0	100,0	100,0	100,0	100,0	100,0	100,0

Aus: Forschungsinstitut der Friedrich-Ebert-Stiftung: Situation der ausländischen Arbeitnehmer und ihrer Familienangehörigen in der Bundesrepublik Deutschland Repräsentativuntersuchung ,85 – Hrsg.: Der Bundesminister für Arbeit und Sozialordnung. Bonn 1986, S. 364 lich ebenso beigetragen wie die hiesigen Aktivitäten zahlreicher islamischer Sekten vor allem unter den Türken, denen auch von Türken selbst vielfach vorgeworfen wird, unter dem Deckmantel der Religion nationalistische, antidemokratische und gegen die gesellschaftliche Integration ihrer Landsleute gerichtete politische Zielsetzungen zu verfolgen.

Derartige Probleme ergaben sich nicht bei den den christlichen Kirchen angehörenden Arbeitsmigranten. Diese konnten Anschluß an die deutschen Kirchengemeinden suchen, denen sie auf Grund ihres Wohnsitzes automatisch angehören, oder fanden wie die griechisch-orthodoxen Christen seit 1963 eine von einem Metropoliten in Deutschland geleitete eigene Kirchenorganisation vor.

Im Gegensatz zu den christlichen Arbeitsmigranten, für die auch von ihren Kirchen ein Netz von muttersprachlichen Ausländerseelsorgern geschaffen wurde und deren Kinder auch ohne größere Schwierigkeiten am schulischen Religionsunterricht teilnehmen konnten, mußten die Muslime ihre religiösen Bräuche und Glaubensüberzeugungen in einer uninformierten und mißtrauischen Umwelt praktizieren, deren Kenntnis des Islam sich weitgehend darauf beschränkt zu wissen, daß er den Genuß von Schweinefleisch verbietet. Da es im Islam keine dem katholischen Papsttum oder den Bistümern der evangelischen Landeskirchen vergleichbare Organisationsform gibt, mußten die Gläubigen die notwendigen organisatorischen Vorkehrungen selbst schaffen, um ihren Glauben praktizieren zu können.

Zwar gibt es eine türkische staatliche Oberste Religionsbehörde, die auch Beauftragte bei den türkischen Generalkonsulaten in der Bundesrepublik sitzen hat, aber die eigentlichen religiösen Aktivitäten (wie z.B. die Einrichtung von Moscheen, für die häufig ehemalige Fabrikräume genutzt werden) entwickelten an diesen vorbei zum großen Teil fundamentalistische islamische Sekten, welche die in der Türkei seit Atatürk praktizierte Trennung von Kirche und Staat nicht akzeptieren und auch das weltliche Leben den Geboten des Korans unterwerfen wollen. Initiator, Vorbild und Koordinationsstelle für fast alle dieser sogenannten „Islamischen Kulturzentren" ist das „Islamische Kulturzentrum e.V." mit Sitz in Köln. Es ist auch Organisator der meisten „Korankurse", in die sehr viele türkische Eltern ihre Kinder auch wegen des Mangels an religiöser Unterweisung in den Schulen schicken.

Die Einrichtung eines islamischen Religionsunterrichts an den Schulen ist bisher weniger an finanziellen Problemen als daran gescheitert, daß die Frage nicht gelöst werden konnte, in wessen Verantwortung dieser stattfinden soll und wer die Religionslehrer auswählt.

Für die Überwindung kultureller Distanzen, die religiöse Ursachen haben, und damit für das Gelingen des Integrationsprozesses wird es in Zukunft darauf ankommen,

- daß Deutsche und Muslime mehr voneinander wissen, um wechselseitige Ängste abzubauen,
- daß Muslime in ihrer Religionsausübung toleriert werden,
- daß islamische Gruppen, die sich für Toleranz zwischen den Religionen aussprechen und die Trennung von Staat und Religion

akzeptieren, von staatlicher Seite unterstützt werden (z.B. beim Bau von Moscheen), um den religiösen Eiferern, die die Gräben vertiefen, entgegenzuwirken und

- daß in den deutschen Schulen allen Widerständen zum Trotz ein islamischer Religionsunterricht eingeführt wird.

Der islamische Religionsunterricht in der Schule würde für manche Eltern vielleicht den Anreiz beseitigen, ihre Kinder in die Korankurse zu schicken. Diese beeinträchtigen nicht nur wegen des dort praktizierten sturen Auswendiglernens von Koransuren in arabischer Sprache die schulische Lernfähigkeit der Kinder, sondern werden häufig zur gezielten politischen Beeinflussung der Kinder gegen „weltliche" und damit auch integrative Entwicklungen benutzt.

Toleranz Voraussetzung für Integration

Die genannten sozialen und kulturellen Unterschiede zwischen Deutschen und Ausländern bringen Probleme für den Integrationsprozeß mit sich. Unüberwindbar erscheinen sie nicht, wenn auf deutscher Seite Geduld und Toleranz aufgebracht wird und bei den Ausländern extreme religiöse oder politische Gruppen eine Minderheit bleiben. Ob dies der Fall sein wird, hängt wahrscheinlich auch davon ab, ob die Ausländer das Gefühl haben können, trotz bestehender Reibungsflächen mit ihren Eigenarten und Bedürfnissen von den Deutschen akzeptiert zu werden oder ob sie einen ihre Identität bedrohenden Druck zur Assimilation empfinden, auf den sie mit krampfhaftem Festhalten an überlieferten Werten und der Zuwendung zu Organisationen reagieren, die diese zu erhalten versprechen.

6. Integrationsprozesse und Integrationsfelder im Zusammenleben von Deutschen und Ausländern

6.1. Bildungssystem

6.1.1. Der Familiennachzug – Eine Herausforderung für das deutsche Bildungssystem

Bevölkerungswachstum

Da die Anwerbung ausländischer Arbeitskräfte von der deutschen Wirtschaft wie von den Arbeitsmigranten selbst zunächst nur unter arbeitsmarktpolitischen Gesichtspunkten geschah, ergaben sich bis 1973 für den Bildungsbereich kaum Probleme durch die Zuwanderung. Der überwiegende Teil der Ausländer bestand aus alleinlebenden Erwerbstätigen.

Mit zunehmender Aufenthaltsdauer und vor allem nach dem Anwerbestopp vom Herbst 1973 änderte sich die Situation drastisch:

- Inzwischen in Deutschland geborene Kinder kamen ins schulpflichtige Alter.
- Vor allem aber nahmen mehr und mehr Ausländer die Gelegenheit wahr und holten Ehepartner und zunächst in der Heimat verbliebene Kinder in die Bundesrepublik Deutschland nach (siehe 3.2.).

Aus Tabelle 14 läßt sich ablesen, welche gewaltige Aufgabe auf das deutsche Bildungs- und Ausbildungssystem mit dem raschen

Tabelle 14 Zunahme der Zahl junger Ausländer zwischen 1973 und 1980

Alter in Jahren	Ausländer aus europäischen Anwerbeländern insgesamt		darunter Türken	
	1973	1980	1973	1980
	– in Tausend –		– in Tausend –	
unter 6	251,2	366,5	86,6	201,5
6 bis unter 10	118,3	266,9	37,5	142,6
10 bis unter 15	106,3	274,0	34,4	146,1
15 bis unter 21	253,9	312,0	76,8	172,5
Zusammen	729,7	1.219,4	235,3	662,7

Aus: Luitgart Trommer/Helmut Köhler: Ausländer in der Bundesrepublik Deutschland. Dokumentation und Analyse amtlicher Statistiken. DJI-Materialien. München 1981, S. 86

Wachstum der jungen Ausländerbevölkerung durch Geburten, vor allem aber durch den Nachzug junger Türken zukam.

Keine Ausbildung ohne Schulabschluß

Neben dem Elternhaus ist das Bildungs- und Ausbildungssystem der Bereich, in dem die Weichen für die sozialen Chancen im Leben eines Menschen gestellt werden. Wenn es nicht gelingt, die ausländischen Kinder und Jugendlichen in das deutsche Bildungssystem zu integrieren, so sind ihre Chancen im Ausbildungsbereich praktisch gleich Null. Der Zugang zur Berufsausbildung hängt von einem erfolgreichen Schulabschluß ab. Chancen auf dem Arbeitsmarkt hat beim rationalisierungsbedingten Wegfall von Arbeitsplätzen im Bereich von Hilfsarbeiter- und angelernten Tätigkeiten wiederum nur, wer eine qualifizierte Ausbildung hat (siehe 6.2.).
Integration ausländischer Kinder und Jugendlicher bedeutet daher im Bereich von Vorschule und Schule
- organisatorische Maßnahmen zur Integration der großen Zahl ausländischer Kinder und Jugendlicher in das Bildungssystem,
- Entwicklung pädagogischer Konzeptionen für die Eingliederung von Kindern und Jugendlichen aus einer Vielzahl von Nationen in ein bis dahin ausschließlich deutsch geprägtes System,
- Qualifizierung von Kindergarten- und Vorschulerziehern sowie Lehrern aller Schularten für die neuen Aufgaben.

Probleme

Dabei standen die politisch verantwortlichen Bildungspolitiker und die Bildungseinrichtungen selbst vor folgenden Problemen:
- Der Zuzug der ausländischen Kinder und Jugendlichen vollzog sich nicht gleichmäßig und in einer Weise, die der Bildungspolitik Vorlaufzeit für entsprechende Planung gelassen hätte, sondern spontan und sprunghaft.
- Dabei mußte das Bildungssystem zur selben Zeit noch das Anwachsen der Zahl aller Schüler als Folge der geburtenstarken Jahrgänge deutscher Kinder bewältigen. Über die Mittel, die für das Bildungssystem bereitgestellt werden, entscheiden auch nicht die Bildungspolitiker, sondern die Finanzpolitiker. Daher konnten trotz eines in den 70er Jahren reformfreundlichen Klimas Engpässe in der Raum- und Personalausstattung vor allem in den strukturschwachen Wohngebieten, auf die sich die Ausländer konzentrierten, nicht ausbleiben.

Die ausländischen Kinder brachten völlig unterschiedliche Zugangsvoraussetzungen für das deutsche Schulsystem mit sich, wie
- das Nachzugsalter,

- Dauer des Schulbesuchs im Heimatland,
- vorhandene oder nicht vorhandene Schulabschlüsse in der Heimat,
- vorhandene oder fehlende Kenntnisse der deutschen Sprache.

Manche Jugendliche, die in der Bundesrepublik wieder schulpflichtig wurden, hatten in der Heimat bereits gearbeitet. Dies galt vor allem für junge Türken, da es in der Türkei möglich ist, nach nur fünf Grundschuljahren die Schule zu verlassen.

6.1.2. Kindergarten- und Vorschulerziehung

Funktionen

Die vorschulische Erziehung hat für die ausländischen Eltern eine doppelte Funktion:

- Krippen, Kindergärten und Vorschulklassen sind Aufbewahrungsorte für die Kinder, bei denen häufiger als bei Deutschen beide Elternteile berufstätig sind. Sind keine Plätze in Einrichtungen dieser Art vorhanden, werden ältere Geschwister, vor allem Mädchen, für die Betreuung kleinerer Geschwister eingesetzt, was dann oft bei diesen Kindern zum Schwänzen der Schule führt.
- Sie stellen bildungspolitisch die erste Stufe des deutschen Bildungssystems dar, und es kommt ihnen gerade bei Elternhäusern aus der sozialen Unterschicht eine wichtige kompensatorische Funktion in Hinblick auf die Entwicklung des intellektuellen und sozialen Lernens zu. Hier können ausländische Kinder im Spiel auch die für ihre weitere Lerngeschichte neben der im Elternhaus gesprochenen Muttersprache so wichtige deutsche Sprache lernen und sich damit den Zugang zur Schule erleichtern.

Entwicklungen

Exakte offizielle Zahlen über den Kindergartenbesuch ausländischer Kinder von drei bis unter sechs Jahren liegen für die gesamte Bundesrepublik wegen des Nebeneinanders von staatlichen, kirchlichen, frei gemeinnützigen und privaten Trägern nicht vor. Es lassen sich aber dennoch folgende Aussagen machen:

- Der Kindergartenbesuch ausländischer Kinder ist seit Ende der 70er Jahre stark gestiegen.

  1980 zählte die Bund-Länder-Kommission für Bildungsplanung 132.900 Kinder in Kindergärten. Das entsprach 50,5 % der Altersgruppe. Nach den Ergebnissen des Mikrozensus besuchten im März 1967 171.000 ausländische Kinder den Kindergarten. Das entsprach 59,6 % der Altersgruppe. Bei der Repräsentativuntersuchung 1980 der Friedrich-Ebert-

Stiftung gaben 92% aller verheirateten Ausländer mit Kindern unter sechs Jahren an, sie würden den Besuch ihres Kindes im Kindergarten begrüßen.

- Die Besuchsquote schwankt zwischen den einzelnen Bundesländern und sogar innerhalb der Bundesländer. In den Stadtteilen, auf die sich die Ausländerbevölkerung konzentriert, gab es zumindest Anfang der 80er Jahre oftmals lange Wartelisten, weil das Angebot an Kindergartenplätzen mit der gestiegenen Nachfrage in den meist strukturschwachen Altstadtgebieten nicht Schritt halten konnte.

Der Repräsentativuntersuchung ,85 der Friedrich-Ebert-Stiftung zufolge suchten 30,3% der ausländischen Eltern mit Kindern von 1 bis 5 Jahren einen Kindergartenplatz.

Die meisten Kindergärten sind heute multinationale Einrichtungen, wobei allerdings türkische Kinder infolge ihres hohen Anteils an der ausländischen Gesamtbevölkerung auch in den vorschulischen Einrichtungen besonders stark vertreten sind. Von seiten der Kindergartenträger wird ein Ausländeranteil von 20 bis 50% für wünschenswert gehalten. Damit soll der integrative Ansatz der Elementarerziehung sichergestellt und die Isolierung in reinen Ausländer- oder gar türkischen Kindergärten vermieden werden. Dieser Rahmen wird aber vor allem in den Hauptwohngebieten der Ausländer häufig weit überschritten.

Von staatlicher Seite wurde, manchmal von Stiftungen unterstützt, versucht durch

- Bau zusätzlicher Kindertagesstättenplätze,
- Verbesserung der Erzieheraus- und -fortbildung,
- Entwicklung von Materialien zur Kindertagesstättenarbeit und zur Ausländer-Elternarbeit,

eine günstigere Situation zu schaffen.

In den letzten Jahren sind eine Reihe von Fortschritten gemacht worden. Allerdings scheint auch 1990 der Bedarf noch nicht voll gedeckt zu sein und ist die Personalausstattung noch nicht so, daß die Kindertagesstätten die Vielzahl der mit ihnen verbundenen Erwartungen für den Integrationsprozeß voll erfüllen könnten.

6.1.3. Schule

Föderalistische Vielfalt

Im deutschen Bildungssystem ist das föderalistische Prinzip noch am stärksten ausgeprägt. Daher wurden auch die Antworten auf die schulorganisatorischen und pädagogischen Herausforderungen des Schulsystems, die sich aus dem massenhaften Zuzug junger Ausländer ergaben, von Bundesland zu Bundesland unter-

Abbildung 8 Ausländische Schüler in der Bundesrepublik 1970–1988 in Tausend (Ausgewählte Jahre)

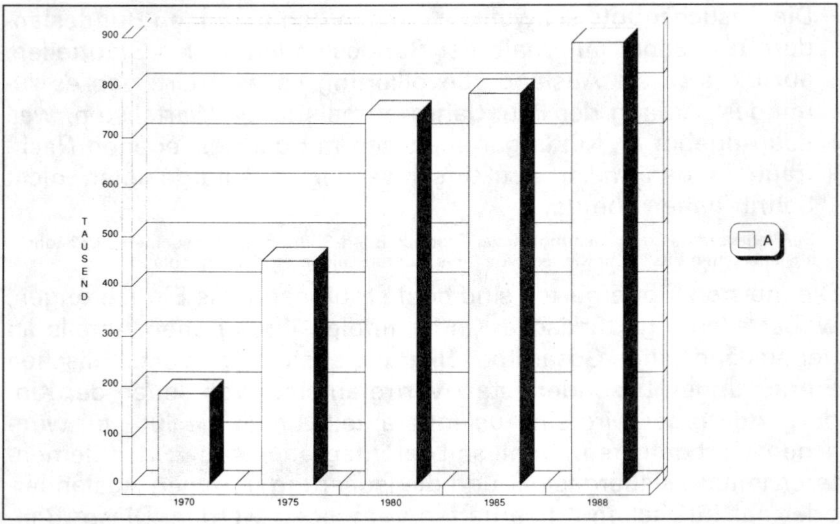

Zahlen aus: Der Bundesminister für Bildung und Wissenschaft (Hrsg.): Grund- und Strukturdaten 1988/89. Bonn 1988, S. 58ff.

schiedlich gegeben. Es würde den Rahmen dieses Buches sprengen, die Besonderheiten der Entwicklungen in allen Bundesländern darzustellen. Daher sollen zwangsläufig sehr allgemein die überall aufgetretenen Probleme und einige charakteristische Unterschiede zwischen den Ländern dargestellt werden.

Zunahme der Schülerzahlen

Den sprunghaften Anstieg der ausländischen Schülerzahlen Mitte der 70er Jahre läßt Abbildung 8 erkennen.

Diese Vervielfachung der Zahlen von 1970 erfolgte entsprechend der Konzentration der Arbeitsmigranten auf städtisch-industrielle Ballungsgebiete und daher nicht gleichmäßig über die gesamte Bundesrepublik, sondern regional sehr unterschiedlich. Daher stellten sich die daraus erwachsenden Probleme z.B. in Niederbayern, einem landwirtschaftlich geprägten Gebiet mit geringem Ausländeranteil, ganz anders dar als etwa im Rhein-Main-Gebiet, in München, Stuttgart, an der Ruhr oder in Berlin.

Verteilung

Selbst innerhalb der Ballungsgebiete gibt es erhebliche Verteilungsunterschiede der Schüler zwischen den Stadtbezirken, wie

angesichts der räumlichen Konzentration der ausländischen Wohnbevölkerung auf bestimmte Stadtviertel nicht anders zu erwarten war. Tabelle 15 belegt am Beispiel West-Berlins die Verteilung ausländischer Schüler auf strukturschwache Innenstadtbezirke und wohlhabende Außenbezirke.
Eine Feinanalyse der Schülerverteilung in anderen Ballungsgebieten der Bundesrepublik dürfte zu ähnlichen Ergebnissen kommen.

Weitere Probleme
Die Schwierigkeiten bei der Integration ausländischer Kinder in das deutsche Schulsystem ergaben sich nicht nur aus ihrer großen Zahl und ihrer ungleichmäßigen räumlichen Verteilung.
Als weitere Faktoren waren zu berücksichtigen
- ihre Herkunft aus unterschiedlichen Ländern (bei einem allerdings sehr hohen Anteil von Türken von bis zu zwei Dritteln in einzelnen Bundesländern),
- eine erhebliche Fluktuation unter den Schülern durch Zu- und Abwanderung (vor allem Mädchen wurden bei Erreichen der Pubertät oft in die Heimat zurückgeschickt),
- die Heterogenität der Lernvoraussetzungen (vorherige Schulerfahrung, Einreisealter),
- die Reaktion deutscher Eltern auf das Anwachsen der Zahl ausländischer Kinder in der Schule ihrer Kinder: Deutsche Eltern meldeten häufig ihre Kinder in Schulen anderer Wohnviertel mit niedrigerem Ausländeranteil um, so daß in manchen Schulen die ausländischen Kinder fast unter sich waren.

Tabelle 15 Anteile ausländischer Schüler in ausgewählten Berliner Bezirken

Innenstadtbezirke	Grundsch.	Hauptsch.	Realsch.	Gymnasium	Gesamtsch.
Tiergarten	40,8	49,0	20,9	9,8	37,5
Wedding	48,3	57,1	27,4	14,4	30,7
Kreuzberg	59,9	59,7	34,1	20,9	38,7
Außenbezirke					
Reinickendorf	11,2	11,9	4,8	2,4	5,8
Steglitz	9,4	17,3	4,9	2,4	8,1
Zehlendorf	6,4	20,2	4,3	2,4	32,6[1)]

Stand: 1.10.1983
Quelle: Senator für Schulwesen Berlin

1) Untypische Zahl, verursacht durch die in diesem Bezirk gelegene deutsch-amerikanische John-F.-Kennedy-Schule mit einem hohen Anteil amerikanischer Kinder.
Quelle: Senator für Schulwesen Berlin

Regelklassen

Erklärtes Ziel aller schulorganisatorischen Maßnahmen ist mit Ausnahme Bayerns die Integration der ausländischen Schüler in gemischte deutsch-ausländische Regelklassen. Dabei wird eine Begrenzung des Ausländeranteils in den einzelnen Klassen für wünschenswert gehalten, um den Integrationsgedanken nicht zu vernachlässigen.

In Berlin dürfen z.B. zu Beginn der 1. Klasse in der Grundschule und der 7. Klasse höchstens 30%, wenn mehr als die Hälfte der ausländischen Kinder dem Unterricht ohne Schwierigkeiten zu folgen vermag, höchstens 50% ausländische Kinder sein.
Eine Ausnahme vom Ziel des Regelschulbesuchs macht der Freistaat Bayern. Schüler, die dem Unterricht in der deutschen Sprache nicht folgen können oder deren Eltern mehr muttersprachlichen Unterricht wünschen, werden in muttersprachliche Klassen eingewiesen. In diesen überwiegt zunächst der muttersprachliche Unterricht, nimmt aber allmählich ab. Die Kinder bleiben bei dieser Organisationsform innerhalb ihrer jeweiligen Nationalitätengruppe. Die Integration in das deutsche Schulsystem findet in diesen „Nationalklassen" nur äußerlich statt. Faktisch sind die Kinder, die im muttersprachlichen Unterricht mit Lehrbüchern aus den Heimatländern unterrichtet werden, vom deutschen Schulsystem ausgeschlossen. Ausländerpolitisch ist diese Organisationsform nach wie vor am Rotationsprinzip orientiert.

„Ausländer-Regelklassen"

Manche Grundschulen in den Wohngebieten mit hohem Ausländeranteil weisen bis zu 70% ausländische Schüler auf. In diesen Schulen können keine national gemischten Regelklassen mit einem Ausländeranteil von 30 bis höchstens 50% eingerichtet werden. Als Ausweg aus diesem Dilemma wurden „Ausländer-Regelklassen" geschaffen. Der Unterricht soll nach deutschen Rahmenplänen in deutscher Sprache und von deutschen Lehrern erteilt werden.

Diese Organisationsform kann und darf unserer Ansicht nach nur ein aus der Not geborener Behelf sein, weil sie eine segregierende (aussondernde) Wirkung hat. Der fehlende Kontakt zu deutschen Schülern muß sich negativ auf die deutsche Sprachentwicklung auswirken. Da die Sprachbeherrschung aber ein Schlüssel für den Schulerfolg des Schülers ist, sind durch die Organisationsform des Unterrichts schulische Mißerfolge bereits vorprogrammiert. Möglichkeiten, die „Ausländer-Regelklassen" zu vermeiden, wären bei einer gleichmäßigeren Verteilung der ausländischen Schüler auf die Schulen einer Stadt gegeben. Die Folge wären allerdings längere Schulwege. Auch wäre mit Widerstand von Eltern an den Schulen zu rechnen, deren Ausländeranteil zur Entlastung der wohngebietnahen Schulen gesteigert würde.

Muttersprachlicher Unterricht

Die Unsicherheit über die Dauer des Aufenthalts, aber auch der Wunsch der ausländischen Eltern, die Bindungen der Kinder an die alte Heimat zu erhalten und zu pflegen, haben in allen Bundesländern zur Einführung eines muttersprachlichen Ergänzungsunterrichts geführt. Die Teilnahme erfolgt auf freiwilliger Basis; nur in Hessen ist sie obligatorisch, eine Befreiung ist aber möglich. In einigen Bundesländern findet der Unterricht in der Verantwortung der Konsulate statt, ist also der deutschen Schulaufsicht entzogen.

Nach den Ergebnissen der „Repräsentativuntersuchung '80" des Forschungsinstituts der Friedrich-Ebert-Stiftung hatten
- insgesamt 51 % der 15–24jährigen Ausländer am muttersprachlichen Ergänzungsunterricht teilgenommen,

darunter
- 78,4 % Spanier,
- 68,6 % Italiener,

aber nur
- 34,4 % Türken,
- 32,8 % Jugoslawen.

Die Probleme der bisherigen Organisation des muttersprachlichen Unterrichts liegen
- in der zusätzlichen zeitlichen Belastung (Nachmittagsunterricht) der ohnehin durch die Schule stark beanspruchten Kinder, die meist noch unter ungünstigen Umständen ihre Hausarbeiten machen müssen (schlechte Wohnverhältnisse),
- in der mangelhaften Koordination mit dem schulischen Unterricht,
- in den unterschiedlichen Erziehungsstilen zwischen deutschen Schulen und den muttersprachlichen Lehrern,
- in der fehlenden deutschen Schulaufsicht, was z.B. nicht ausschließt, daß in diesem Unterricht auch antidemokratische Lerninhalte vermittelt werden.

Lange Zeit gab es zu wenige für die schwierige Aufgabe der multinationalen Erziehung hinreichend qualifizierte Lehrer. Erst seit dem Ende der 70er Jahre ist eine Intensivierung der Lehreraus- und -fortbildung erkennbar. So wurden die lehrerbildenden Erststudiengänge durch Einführung eines Fachs „Ausländerpädagogik" an mehreren Hochschulen und durch Einrichtung entsprechender Professuren stärker auf die Bedingungen multikultureller schulischer Erziehung hin orientiert. Für praktizierende Lehrer werden an einigen Hochschulen ausländerpädagogische Ergänzungs- oder Aufbaustudien angeboten.

Lehrmaterial

Das Lehr- und Lernmaterial wurde vor allem für Grund- und Hauptschulen erheblich stärker auf den Unterricht mit ausländischen Kindern hin konzipiert.

Seiteneinsteiger

Nicht alle Kinder können dem Unterricht in der Regelklasse folgen, obwohl durch zusätzlichen Förderunterricht, Teilungsstunden und teilweise auch niedrigere Klassenfrequenzen versucht wird, pädagogisch günstige Rahmenbedingungen zu schaffen. Vor allem Kinder und Jugendliche, die erst in höherem Lebensalter ihren Eltern in die Bundesrepublik folgten, die sogenannten „Seiteneinsteiger", haben unzureichende Kenntnisse der deutschen Sprache. Zur Lösung dieses Problems wurden folgende Wege beschritten:

- Wenn die Kinder noch jünger und schulpflichtig waren, wurden für sie „Vorbereitungsklassen" eingerichtet. Sie dienten in erster Linie der konzentrierten Vermittlung deutscher Sprachkenntnisse durch deutsche Lehrer. In ihnen sollte auch von den hier beschäftigten ausländischen Lehrern nach deutschen Lehrplänen unterrichtet werden. Nach 2jährigem Aufenthalt des Schülers sollte der Übergang in die Regelklassen erfolgen.
- Eine besonders schwierige Lage ergab sich für die Jugendlichen, die erst im Alter zwischen 14 und 16 Jahren von ihren Eltern nachgeholt wurden und zwar oft einen Schulabschluß in der alten Heimat vorweisen konnten, aber so gut wie keine deutschen Sprachkenntnisse besaßen.

Sofern sie noch schulpflichtig waren, aber innerhalb von zwei Jahren einen deutschen Hauptschulabschluß nicht mehr erreichen würden, sollten sie in kleinen Gruppen in „Eingliederungslehrgängen" schulische Betreuung erhalten.
Wichtiger war der Aufbau eines Angebots von „Maßnahmen zur Berufsvorbereitung und sozialer Eingliederung junger Ausländer (MBSE)". Aufgabe dieser von der Bundesanstalt für Arbeit unter Beteiligung von Bund und Ländern finanzierten Maßnahme war die Förderung der beruflichen und sozialen Eingliederung junger, nicht mehr vollzeitschulpflichtiger Ausländer. Ziel war zugleich die Erleichterung der Aufnahme eines Ausbildungsverhältnisses und die Verbesserung der gesellschaftlichen Handlungsfähigkeit. In einem einjährigen Vollzeitlehrgang, der bei freien Trägern oder Volkshochschulen durchgeführt wurde, sollten die sprachlichen Kenntnisse und die Allgemeinbildung verbessert werden und fachtheoretische und fachpraktische Grundlagen in einem Berufsfeld erworben werden, um anschließend in ein Ausbildungsverhältnis übergehen zu können. Im Kursjahr 1981/82 nahmen bundesweit 13.138 Jugendliche an einer MBSE-Maßnahme teil. Die Zahl der Plätze, welche Anfang der 80er Jahre auf 20.000 ausgebaut werden sollte, ist seitdem rückläufig. Als Begründung nennt die Arbeitsverwaltung einen Rückgang der Zahl der für die Maßnahmen infrage kommenden Jugendlichen. Kritisiert wurde am MBSE-Programm, es verschiebe als Überbrückungsangebot die Probleme der Berufsausbildung und vermittele keine berufliche Perspektive.
Diese Kritik übersieht jedoch, daß die Zielgruppe ohne MBSE angesichts der von ihr mitgebrachten Voraussetzungen gegenüber gleichaltrigen Deutschen, aber auch ausländischen Jugendlichen mit deutschem Schulabschluß, auf dem Ausbildungsmarkt völlig chancenlos gewesen wäre, während eine Reihe von MBSE-Absolventen nach Angaben der Maßnahmeträger in Ausbildungsverhältnisse übergegangen sind oder Arbeitsplätze gefunden haben.

Chancengleichheit erreicht?

Haben alle diese hier nicht vollständig genannten Maßnahmen zu einer nachweisbaren Verbesserung der schulischen Chancen der ausländischen Kinder geführt?
Mögliche Maßstäbe für eine Beurteilung dieser Frage wären

- die Zunahme des Anteils ausländischer Jugendlicher mit einem Hauptschulabschluß,

- eine Vergrößerung des Anteils derer, die eine weiterführende Schule besuchen und diese erfolgreich abschließen.

Da auch ein erfolgreicher Schulabschluß noch keinen Ausbildungs- oder Arbeitsplatz garantiert, wäre

- die Zunahme der Ausbildungsverträge und Arbeitsverhältnisse junger Ausländer ein weiteres Erfolgskriterium (siehe hierzu 6.2.)

Das Schulsystem der Bundesrepublik hat mit der hochschnellenden Zahl ausländischer Schüler eine Aufgabe bewältigen müssen, auf die es bildungspolitisch und bildungsplanerisch nur unzureichend vorbereitet war. Trotz einer Fülle schulorganisatorischer Maßnahmen und einer Verbesserung der pädagogischen Bedingungen und eines großen persönlichen Engagements sehr vieler Lehrer, kann man noch nicht davon sprechen, daß die ausländischen Kinder bereits Chancengleichheit im Bildungssystem erreicht hätten.

Es gibt positive Entwicklungen wie

- eine Steigerung des Anteils ausländischer Jugendlicher mit einem Hauptschulabschluß z.B. in Berlin von 26% der Hauptschulabgänger im Schuljahr 1973/74 auf 57% im Schuljahr 1984/85 (jedoch 1988 nur 52%); ähnlich in Hessen, wo die Abschlußquote von 37,2% im Schuljahr 1974/75 auf 62,0% im Schuljahr 1982/83 stieg (1988: 62%); in Nordrhein-Westfalen betrug nach Angaben des Bundesministeriums für Bildung und Wissenschaft 1988 die Hauptschulabschlußquote 67%, in Hamburg 69%, in Baden-Württemberg 76% und im Saarland 77%,
- eine Zunahme des Anteils derer, die eine Realschule, das Gymnasium und vor allem eine Gesamtschule besuchen, wie dies Abbildung 9 am Beispiel Berlin erkennen läßt.

Jedoch:

- Noch immer liegt die Zahl der ausländischen Jugendlichen ohne jeglichen Schulabschluß erheblich über der der deutschen (z.B. 1988: Berlin 48% zu 33%; Nordrhein-Westfalen 33% zu 17% der Hauptschulabgänger),
- sind sie bei den Abschlüssen der weiterführenden Schulen erheblich unterrepräsentiert, wie aus Tabelle 16 hervorgeht,
- sind die Kinder hier lebender Arbeitsmigranten unter den 86.800 ausländischen Studenten deutscher Hochschulen des Jahres 1988 noch so gut wie nicht vertreten (von den 12.400 ausländischen Erstsemestern des Jahres 1988 hatten nur 33,8% die Hochschulzugangsberechtigung im Bundesgebiet erworben – unter diesen dürften die Migrantenkinder überwiegend zu suchen sein),
- ist der Ausländeranteil in den Sonderschulen überdurchschnitt-

Abbildung 9 Ausländeranteil an öffentlichen Schulen in Berlin (West) – ausgewählte Schuljahre; in Prozent des Schulzweigs

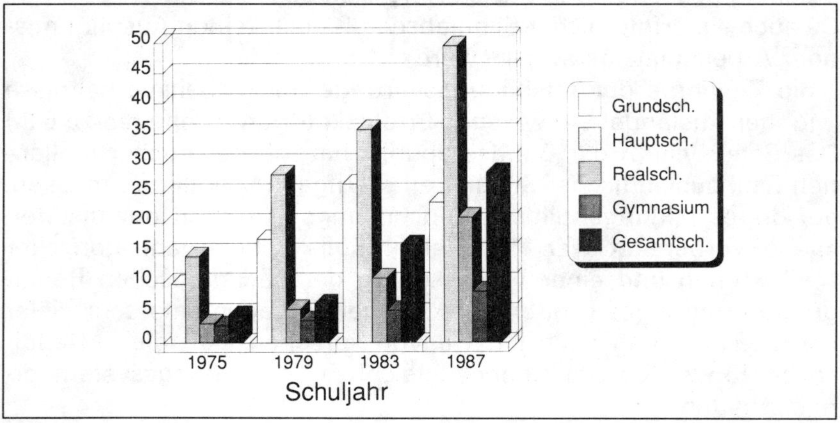

Quelle: Der Bundesminister für Bildung und Wissenschaft: Grund- und Strukturdaten 1989/90. Bonn 1989 sowie eigene Berechnungen

lich hoch (1980 = 4,4 %, 1984= 5,9 %, 1988 = 5,7 % im Verhältnis zu 3,8 % Sonderschulanteil aller Schüler im Jahr 1988),

– entzieht sich ein nur schwer schätzbarer Teil junger Ausländer, die den schulischen Anschluß nicht gefunden haben, der Schulpflicht durch Schwänzen. In Hessen wurde von offizieller Seite geschätzt, daß ein Viertel bis ein Fünftel aller ausländischen Kinder ihrer Schulpflicht nicht nachkommen.

Von einer vollzogenen Integration der 2. und 3. Generation kann erst gesprochen werden, wenn ihnen das Bildungssystem zumindest die gleichen Chancen vermittelt wie den jungen Deutschen derselben sozialen Schicht. Fortschritte dorthin sind unverkennbar, erreicht ist das Ziel noch nicht. Die rückläufigen Gesamtschülerzahlen und das Ende der Phase des starken Familiennachzugs eröffnen hier zusätzliche Möglichkeiten, die Situation zu verbessern.

Tabelle 16 Schulabgänger an den allgemeinbildenden Schulen der Bundesrepublik Deutschland 1988 nach Abschlußart

	Ausländer	insgesamt	Ausländeranteil in v.H.
Hochschulreife	6 056	291 463	2,0
Realschule	17 276	340 487	5,0
Hauptschule	29 617	286 930	10,3
ohne Abschluß	14 093	55 812	25,2

Quelle: Der Bundesminister für Bildung und Wissenschaft: Grund- und Strukturdaten 1989/90. Bonn 1989 sowie eigene Berechnungen

6.2. Arbeitsmarkt und Betrieb

Abnahme der Beschäftigtenzahlen

Die deutsche Wirtschaft rief die ausländischen Arbeitskräfte, um einer das wirtschaftliche Wachstum gefährdenden Arbeitskräfteverknappung zu begegnen (siehe 2.1.). Die Arbeitsmigranten wurden ein fester Bestandteil des deutschen Arbeitsmarktes, obwohl sich die Rahmenbedingungen für die Ausländerbeschäftigung inzwischen veränderten.

Als ab 1974 die Arbeitslosigkeit zunahm, verminderte sich die Zahl der erwerbstätigen Ausländer von ihrem Höchststand von 2,56 Millionen Anfang 1973 auf 1,87 Millionen 1977. Am 30.9.1987 waren nur noch 1,656 Millionen Ausländer sozialversicherungspflichtig beschäftigt.

Wenn man bedenkt, daß 1973 die Gesamtzahl der hier lebenden Ausländer bei knapp 4 Millionen und 1988 bei 4,49 Millionen lag, läßt sich abschätzen, in welchem Ausmaße die ausländischen Arbeitskräfte eine „Pufferfunktion" auf dem Arbeitsmarkt übernommen haben. Durch überproportionalen Abbau der von Ausländern besetzten Arbeitsplätze wurden zunächst die deutschen Beschäftigten vor dem Verlust ihres Arbeitsplatzes geschützt.

Ausländische Arbeitskräfte für Wirtschaft unverzichtbar

Auch bei über 2 Millionen Arbeitslosen sind ausländische Arbeitskräfte für die deutsche Wirschaft unverzichtbar. Sie konzentrieren sich regional auf industrielle Ballungsgebiete wie das Ruhrgebiet, das Rhein-Main-Gebiet, die Räume Stuttgart, München und Berlin, aber auch auf bestimmte Branchen der Wirtschaft (siehe Abbildung 10).

Tätigkeit in Branchen mit hoher Arbeitsbelastung

Die Branchen mit überdurchschnittlich vielen ausländischen Arbeitskräften sind vor allem durch zwei Merkmale gekennzeichnet:

- schlechte Arbeitsbedingungen (Lärm, Schmutz, Hitze, körperliche Schwerstarbeit, Unfallgefährdung oder auch monotone Band-, Akkord- oder Schichtarbeit, wie sie vor allem in der Eisen- und Stahlerzeugung, im Bergbau, im Straßenfahrzeugbau und der Elektrotechnik gegeben sind),
- und/oder ein niedriges Lohnniveau (wie in der Textil- und Kunststoffverarbeitung und im Gaststättengewerbe – hier ist der Beschäftigungsgrad ausländischer Frauen besonders hoch).

Ausländer sind, das läßt sich auch heute noch sagen, vor allem dort beschäftigt,

Abbildung 10 Sozialversicherungspflichtig beschäftigte Deutsche und Ausländer nach Wirtschaftszweigen (in v.H. der Gruppe)

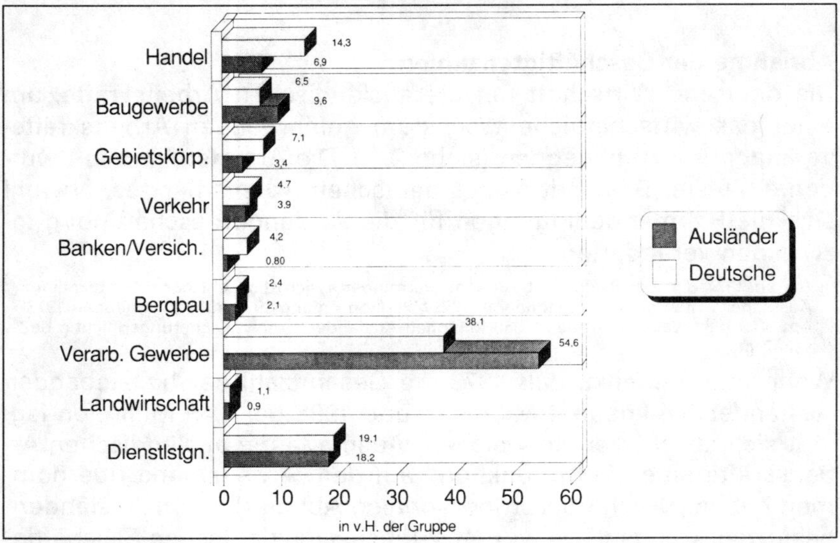

Stand: 31.3.1985
Aus: ANBA Nr. 12/1985; eigene Berechnungen

- wo deutsche Arbeitskräfte lieber nicht mehr arbeiten,
- wo sie durch deutsche Arbeitslose auch kaum austauschbar wären.

Gefährdung von Arbeitsplätzen

Allerdings sind auch in diesen Branchen die Arbeitsplätze von Ausländern und Deutschen in den kommenden Jahren weiter gefährdet, und zwar

- durch strukturelle Veränderungen (z.B. Schrumpfen der Bauindustrie – hier ist allerdings als Folge des deutschen Einigungsprozeß eine Trendumkehr denkbar –, Krise der Stahlindustrie) und
- technische Entwicklungen (zunehmende Automatisierung durch Nutzung der Mikroelektronik). Dies gilt allerdings auch für die Büroberufe, in denen die Ausländer bisher so gut wie gar nicht vertreten sind.

Ausländer als Lückenbüßer
„Heute sind 26% der Bergarbeiter unter Tage Türken. In Frankfurt sind 60% der Toilettenreiniger, 52% der Mülltonnen-Schlepper und 93% der Straßenkehrer beim Reinigungsamt Ausländer. Welche deutschen Arbeitnehmer sollen sie ersetzen?" (Norbert Blüm 1982)
Aus: Hugo Reister: Ausländerbeschäftigung und Ausländerpolitik in der Bundesrepublik Deutschland. Berlin 1983, S. 29

In der Diskussion ist oftmals zu hören: Obwohl die gesellschaftliche

Integration der Ausländer noch nicht sehr weit fortgeschritten sei, sei sie doch in der Arbeitswelt gelungen. Dort seien sie ein gleichberechtigter Bestandteil geworden:

- In der Arbeits- und Sozialgesetzgebung sind sie den Deutschen gleichgestellt (siehe 4.9. und 4.11.).
- Sie können Mitglieder deutscher Gewerkschaften und sogar betriebliche Vertrauensleute oder Betriebsräte werden.
- Bei Aufnahme einer gewerblichen Tätigkeit können sie Förderungsmittel von Bund und Ländern erhalten.

Diesen positiven Aspekten der beruflichen Integration stehen allerdings einige Fakten gegenüber, die eine allzu optimistische Einschätzung der Situation verbieten:

- Die arbeitsrechtliche Gleichstellung bedeutet nicht automatisch auch die soziale Gleichstellung in der betrieblichen Wirklichkeit. In der betrieblichen Hierarchie sind sie wie zu Beginn der Ausländerbeschäftigung nach wie vor überwiegend unten angesiedelt.

Allerdings läßt sich bei einem vom Forschungsinstitut der Friedrich-Ebert-Stiftung vorgenommenen Vergleich zwischen 1972, 1980 und 1985 eine Verbesserung der beruflichen Aufstiegsmöglichkeiten feststellen. Immerhin gaben 1980 43,1 % und 1985 42,5 % der ausländischen Beschäftigten an, beruflich aufgestiegen zu sein. Aber dieser Aufstieg bewegte sich im unteren Bereich, vornehmlich vom ungelernten zum gelernten Arbeiter. Insgesamt waren nach der beruflichen Stellung (nach eigenen Angaben der Befragten)

	1972	1980 in v.H.	1985
Arbeiter	88,0	92,3	86,2
Angestellte	11,0	6,1	10,4
Auszubildende	1,0	1,6	3,4

- Im Schnitt werden sie wegen der überwiegenden Einstufung in den unteren Lohngruppen und dem geringen Anteil an Selbständigen und Freiberuflern schlechter bezahlt als Deutsche. Das individuelle monatliche Nettoeinkommen liegt im Durchschnitt mehr als 200 DM unter dem der Deutschen, obwohl bei ihnen der Anteil an Vollerwerbstätigen, Schichtarbeitern und Überstunden höher liegt.
- Die Zahl ausländischer Gewerbetreibender hat sich nach der Überwindung rechtlicher Hürden (siehe 4.10.) in den letzten Jahren vermehrt. Aber auch hier bleiben sie im unteren Bereich der Hierarchie beim Kleingewerbe (Gaststätten, Einzelhandelsläden, Reisebüros).

Studie über türkische Betriebe
Die Angebotspalette türkischer Kleinunternehmer in der Bundesrepublik richtet sich zunehmend auch nach Bedürfnissen der deutschen Bevölkerung aus. Nach einer Befragung von 315 türkischen Betriebsinhabern in neun deutschen Großstädten durch das Zentrum für Türkeistudien in Bonn betätigen sich rund zwei Fünftel von ihnen als Händler, ein Fünftel als Gastwirte sowie 30 Prozent im Foto-, Wach- und Schließ-, Detektei- oder Videokassettengewerbe. Im Schnitt beschäftigten die Unternehmer 3,5 Arbeitnehmer. Nach Angaben von 50 Betrieben betrug der durchschnittliche Jahresumsatz 781.440 Mark, wobei ein Teil der Betriebsinhaber angab, rund 175.000 Mark investiert zu haben.
Aus: Vorwärts Nr. 32 vom 9. August 1986

- Nicht vergessen werden darf, daß die Arbeitslosigkeit sie in den letzten Jahren härter getroffen hat als die Deutschen (siehe 5.2.1.). Arbeitslosigkeit aber bedeutet nicht nur „soziale Desintegration", sondern kann sogar die unfreiwillige Beendigung des Aufenthalts zur Folge haben (siehe 4.3.).

Die zukünftigen Chancen auf dem Arbeitsmarkt werden im wesentlichen durch
- die Qualität der Schulbildung,
- die berufliche Qualifikation,
- die berufliche Fortbildung bestimmt.

Die Qualität der Schulbildung läßt immer noch zu wünschen übrig (siehe 6.1.3.). Die Möglichkeiten eines Erwachsenen, sich beruflich fortzubilden, hängen nicht nur von objektiven Gegebenheiten (z.B. Interesse des Betriebs, Finanzierungsmöglichkeiten) ab, sondern auch von den individuellen Lernerfahrungen. Anders ausgedrückt: Wer in der Schule und der Berufsausbildung das Lernen nicht

Tabelle 17 Berufliche Stellung im Betrieb nach Geschlecht in v. H.

Geschlecht / Berufliche Stellung	Männer N_{85} = 1 916				Frauen N_{85} = 1 304				Gesamt N_{85} = 3 220			
	'85	'80	'72	'68	'85	'80	'72	'68	'85	'80	'72	'68
Ungelernte Arbeiter	23,9	25,7	28	34	36,5	35,4	38	53	29,0	28,5	31	–
Angelernte Arbeiter	36,2	39,9	41	36	36,7	41,0	41	30	36,4	40,2	41	–
Facharbeiter	23,7	25,6	20	20	9,2	10,5	3	3	17,8	21,3	15	–
Vorarbeiter/ Meister	4,4	3,0	1		0,8	0,7			3,0	2,3	1	–
Arbeiter zusammen	88,2	94,2	90	90	83,2	87,6	82	86	86,2	92,3	88	–
Angestellte	8,4	4,6	8	8	13,5	9,8	17	12	10,4	6,1	11	–
Auszubildende	3,5	1,2	2	2	3,3	2,6	1	2	3,4	1,6	1	–
Gesamt	100,0	100,0	100	100	100,0	100,0	100	100	100,0	100,0	100	–

Aus: Forschungsinstitut der Friedrich-Ebert-Stiftung: Situation der ausländischen Arbeitnehmer und ihrer Familienangehörigen in der Bundesrepublik Deutschland.- Repräsentativuntersuchung ,85 – Hrsg.: Der Bundesminister für Arbeit und Sozialordnung. Bonn 1986, S. 84

Abbildung 11 Ausbildungsverhältnisse ausländischer Jugendlicher in Berlin (West) 1979–1987 (ausgewählte Jahre)

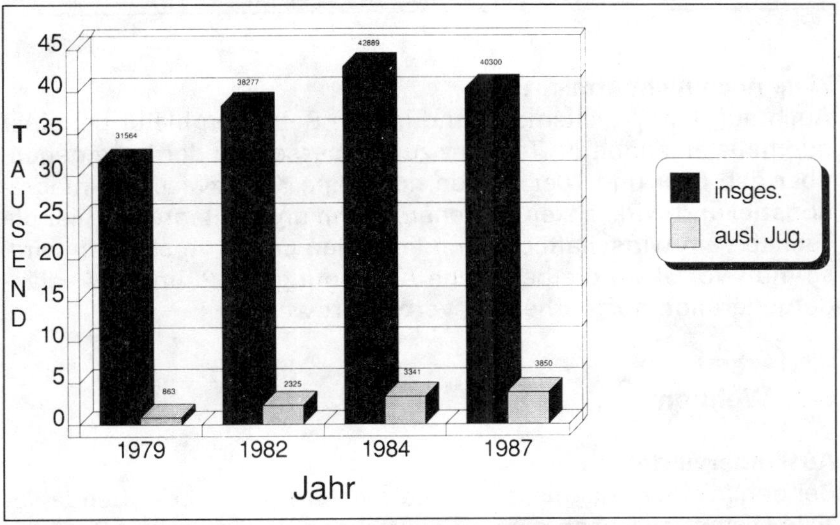

Wie stark trotz der „exponierten Spitzenstellung" Berlins bei der Versorgung mit Ausbildungsplätzen noch der Rückstand ist, verdeutlicht der Blick auf den Altersgruppenanteil: 9,55 % aller Ausbildungsverhältnisse in Berlin wurden 1987 von ausländischen Jugendlichen gehalten. Der Anteil der Ausländer an der Altersgruppe der 15–20jährigen betrug zur selben Zeit ca. 15 %. In den anderen Bundesländern sieht das Verhältnis noch ungünstiger aus.

gelernt hat, tut sich auch schwer mit dem „lebenslangen Lernen", das die ständige Veränderung der Arbeitswelt demjenigen abverlangt, der seinen Arbeitsplatz auch in Zukunft behalten will.
In welchem Maße aus der arbeitsrechtlichen Gleichstellung der ausländischen Arbeitnehmer in Zukunft auch tatsächliche Chancengleichheit wird, wird neben einer besseren Schulbildung davon abhängen, ob die jungen Ausländer eine bessere berufliche Erstqualifikation erhalten. Der Anteil der Jugendlichen, die nach dem Schulabschluß ein Ausbildungsverhältnis eingehen, liegt wie Tabelle 18 erkennen läßt, noch erheblich unter dem der deutschen Jugendlichen.

Berliner Sonderentwicklung
In Berlin gab es in den letzten Jahren eine deutliche Steigerung der von ausländischen Jugendlichen eingegangenen Ausbildungsverhältnisse. Sie erhöhten sich von 1981 bis 1987 von 1.562 auf 3.850, dem entsprach eine Steigerung des Anteils an allen Ausbildungsverhältnissen von 4,4 auf 9,55% (siehe Abbildung 11). Diese Werte markieren nach Auffassung der Berliner Ausländerbeauftragten, Barbara John, im bundesweiten Vergleich eine „exponierte Spitzenstellung, die zu erreichen nicht zuletzt möglich war, aufgrund des Einsatzes beträchtlicher öffentlicher Mittel". Die Versorgung mit Ausbildungsplätzen bei den ausländischen Mädchen verbesserte sich nicht in gleichem Um-

fange, so daß diese nicht nur innerhalb der Gruppe der ausländischen Jugendlichen unterrepräsentiert waren, sondern auch gegenüber Deutschen stärker benachteiligt als die männlichen ausländischen Jugendlichen (vgl. hierzu Tabelle 18).

Ziele noch nicht erreicht

Auch auf dem Arbeitsmarkt und in den Betrieben bleibt bei einer durchaus erkennbaren Tendenz zur Verbesserung der Lage gegenüber den 60er und 70er Jahren noch eine Kluft zwischen Integrationsziel und Wirklichkeit bestehen. Wenn unter Integration hier die Teilhabe am wirtschaftlichen und sozialen Leben verstanden wird, so muß vor allem die berufliche Ausbildung der 2. und 3. Ausländergeneration noch erheblich verbessert werden.

6.3. Wohnen

Ausländerviertel

Bei den Wohnverhältnissen wird die nach wie vor bestehende soziale Distanz zwischen einem Großteil der ausländischen Bevölkerung und der Gesellschaft der Bundesrepublik besonders augenfällig.

Die überwiegend in den städtischen Ballungsräumen der Bundesrepublik lebenden Arbeitsmigranten konzentrieren sich dort auf bestimmte Stadtteile mit schlechter Bausubstanz.

35 % aller z.B. in Berlin lebenden Ausländer und rund 50 % der Türken lebten 1982 in den drei Innenstadtbezirken Kreuzberg, Wedding und Tiergarten, die nur einen Anteil von 18 % an der Gesamtbevölkerung haben. Auch innerhalb dieser Stadtbezirke ist die Verteilung nicht gleichmäßig. In ihren Neubauvierteln liegt der Ausländeranteil erheblich unter, in den Altbauvierteln entsprechend über dem Durchschnittswert.
In Frankfurt am Main betrug der Ausländeranteil 1980 in Ortsteilen wie Bahnhofsviertel 80 %, Gutleutviertel 73 %, Innenstadt 51 %, Gallusviertel 36 % und Höchst 33 %. Ob es dabei

Tabelle 18 Anteil der ausländischen Auszubildenden an der Gesamtzahl der Auszubildenden 1987 in v.H.

Bund insgesamt	3,66
Baden-Württemberg	4,84
Bayern	3,44
Hessen	4,95
Niedersachsen	1,35
Nordrhein-Westfalen	3,93
Rheinland-Pfalz	2,61
Saarland	3,28
Schleswig-Holstein	1,14
Berlin	9,55
Bremen	3,04
Hmaburg	3,72

Zahlen aus: Der Bundesminister für Bildung und Wissenschaft (Hrsg.): Grund- und Strukturdaten 1988/89. Bonn 1988, S. 94, 105; eigene Berechnungen zu national homogenen Ausländervierteln (z.B. Türkenviertel SO 36 in Berlin-Kreuzberg) oder gemischten Ausländervierteln (wie in Frankfurt a.M. oder München) kommt, hängt von der nationalen Streuung der Ausländergruppen ab. So betrug 1983 der Anteil der größten Gruppe in Frankfurt, der Türken, nur 19,3%, der der Jugoslawen als zweitstärkste Gruppe 19%, während z.B. in Berlin und in anderen Städten der Anteil der Türken bei knapp 50% und mehr lag.

Mängel

Diese Stadtviertel weisen eine überalterte und ungepflegte Bausubstanz auf. Die Ausländer wohnen überwiegend in alten, meist im 19. Jahrhundert erbauten, sanierungsreifen mehrgeschossigen und mehrflügeligen (Hinterhäuser) Gebäuden. Das Wohnumfeld ist durch Mängel in der Infrastruktur gekennzeichnet (z.B. Nähe zu umweltbelastenden Industriebetrieben, Verkehrslärm, Mangel an Grünanlagen, an Kindergärten, Schulen, Sportplätzen, aber auch schlechte ärztliche Versorgung). Grundsätzlich teilen die Arbeitsmigranten diese soziale Mangellage mit der deutschen Bevölkerung derselben Sozialschicht. Aber die mobilere deutsche Wohnbevölkerung hat zum erheblichen Teil diese Viertel verlassen und ist in die Neubaugebiete des sozialen Wohnungsbaus gezogen. Die Zurückgebliebenen gehören zumeist zu den sozial nicht sehr durchsetzungsfähigen Gruppen der Alten, Sozialhilfeempfänger und Kinderreichen, die sich durch die von den Ausländern verursachte Veränderung ihres Wohnumfeldes oft noch sozial bedroht fühlen, so daß es relativ wenige soziale Kontakte zwischen ihnen und den ausländischen Familien gibt.

Die Wohnungsgröße ist unzureichend.

Die Berliner Ausländerbeauftragte stellte in ihrem Bericht „Miteinander leben" von 1982 fest, daß nach neuesten Untersuchungsergebnissen fast die Hälfte der Ausländer insgesamt und sogar 60% der Türken in überbelegten Wohnungen wohnten. Viele Haushalte mit fünf oder sechs Personen lebten in Ein- bis Zweizimmerwohnungen.

Diese Tatsache hat auch einen unmittelbaren Einfluß auf die rechtliche Verfestigung des Aufenthaltsstatus: Für die Beantragung der Aufenthaltsberechtigung muß neben anderen Kriterien auch die Versorgung mit „angemessenem Wohnraum" nachgewiesen werden. Hier liegt sicherlich ein entscheidender Grund dafür, daß erheblich weniger Ausländer die Aufenthaltsberechtigung beantragt haben, als es nach der Aufenthaltsdauer möglich wäre (siehe 4.3.).

Die Frankfurter Rundschau berichtete am 2.5.1983: Der Antrag eines seit 1964 in Salzgitter lebenden türkischen Arbeiters auf Erteilung einer Aufenthaltsberechtigung sei mit der Begründung abgelehnt worden, seine Wohnung sei für seine Fünf-Personen-Familie um 2,39 m^2 zu klein. Ein Einzelfall?

Die Wohnungsausstattung ist schlecht.

Die Wohnungen haben meist noch Ofenheizung, keine Badezimmer, oft nur Außentoilette. Nach den Angaben der Berliner Ausländerbeauftragten lebten 1982 54% der Ausländer insgesamt und 67% der Türken in Wohnungen ohne Bad und Sammelheizung.

Die Mieten sind zwar relativ und auch absolut niedrig, dennoch zahlen sie nach übereinstimmenden Ergebnisssen verschiedener Untersuchungen für vergleichbare Wohnungen 30–40% mehr Miete als Deutsche. Besonders bei kinderreichen Haushalten steigt die Mietbelastung überdurchschnittlich an.

Ursachen der räumlichen Konzentration

Welches sind die Ursachen der Konzentration eines großen Teils der Arbeitsmigranten in den häufig sanierungsreifen Stadtvierteln? Nachdem die ausländischen Arbeitskräfte zunächst überwiegend als Alleinstehende hierhergekommen und in von Arbeitgebern bereitgestellten Wohnheimen untergebracht waren, gingen sie mit zunehmender Aufenthaltsdauer und vor allem, wenn Teile der Familie oder die ganze Familie nachzogen, auf Wohnungssuche.
1985 lebten laut Repräsentativuntersuchung ‚85 des Forschungsinstituts der Friedrich-Ebert-Stiftung
- 89,4% der Ausländer in Mietwohnungen,
- 6,6% in Gemeinschaftunterkünften,
- 4,0% im eigenen Haus oder in Eigentumswohnungen.

Dabei bevorzugten sie die sanierungsreifen oder -verdächtigen Stadtviertel
- wegen der vergleichsweise niedrigen Mieten, die es erlaubten, weiterhin Ersparnisse für die Zeit nach der Rückkehr oder für Geldüberweisungen an in der Heimat verbliebene Angehörige zu bilden,
- wegen der Nähe zu Landsleuten, die in der Fremde ein Stück Heimatgefühl vermittelten,
- aber auch, weil der Wohnungsstandard in den Heimatländern, in denen sich unter anderen klimatischen Bedingungen ein großer Teil des Lebens im Freien abspielt, vergleichbar niedrig ist und z.B. in den türkischen Gecekondus oder in ländlichen Gebieten noch erheblich unter dem der deutschen Sanierungsgebiete lag.

Türkische Gecekondus

„Wie überall in den Ländern der Dritten Welt, so finden auch in der Türkei die in die Städte geströmten landflüchtigen Bauernmassen keinen Wohnraum vor. Deshalb bauen sie sich rund um die Städte, auf unbebautem städtischen oder staatlichem Land eigene Hütten und Häuser. Auf diese Weise entstehen in den jeweiligen Ländern ‚squatter settlements', ‚favelas', ‚bidonvilles'oder ‚Gecekondus', wie sie in der Türkei genannt werden. ‚Gecekondus' auf Deutsch ‚über Nacht gebaut', heißen diese Siedlungen, weil nach türkischem Recht eine über Nacht gebaute und überdachte Hütte von den Behörden nicht ohne weiteres wieder abgerissen werden kann."
(aus: Hans-Günter Kleff: Vom Bauern zum Industriearbeiter. Zur kollektiven Lebensgeschichte der Arbeitsmigranten aus der Türkei. Manthano-Verlag Ingelheim 1984, S. 66)
Nach Cihan Arin waren 1975 drei Viertel aller Einwohner der türkischen Hauptstadt Ankara, jeweils die Hälfte der größten Stadt der Türkei, Istanbul, und der viertgrößten Stadt Adana sowie über 60% der drittgrößten Stadt İzmir Gecekondubewohner.

Ausländer wollen nicht unter sich bleiben

Falsch ist die weitverbreitete Annahme, die meisten Arbeitsmigranten wollten auch auf Dauer nicht in anderen Wohnvierteln wohnen, weil sie nur in der Nähe möglichst vieler Landsleute leben möchten. Befragungen zeigen auf, daß nur ein Bruchteil der Ausländer das Zusammenleben mit anderen Ausländern in ihrer Wohnumwelt bevorzugt. Die Mehrzahl möchte lieber in gemischten Wohnvierteln mit Deutschen leben (siehe Tabelle 19).

Die Unzufriedenheit mit den unzulänglichen Wohnverhältnissen ist groß.

Nach einer 1979 in Berlin durchgeführten Untersuchung waren z.B. türkische Familien bereit, im Durchschnitt das Doppelte ihrer tatsächlichen Mietbelastung für eine bessere Wohnung auszugeben. Allerdings ist fraglich, ob dies 1989 angesichts der überproportional hohen Arbeitslosigkeit noch gilt.

Unverkennbar ist die Diskriminierung der Ausländer auf dem Wohnungsmarkt. Bei der Vergabe preiswerter, aber qualitativ besserer Wohnungen werden deutsche Interessenten offen oder verdeckt bevorzugt. In den „besseren" Wohnlagen haben Nichtdeutsche kaum eine Chance, eine Wohnung anzumieten.

Hinzu kommt das, was als „strukturelle Diskriminierung" bezeichnet wird und nicht in erster Linie ein Ausfluß individueller Ausländerfeindlichkeit von Vermietern oder Mitmietern ist, die sich gegen einen Zuzug von Ausländern wehren.

„Strukturelle Diskriminierung" heißt: Es sind für den Bedarf an geeigneten und bezahlbaren Wohnungen für die durchschnittlich größeren Ausländerfamilien auf dem Wohnungsmarkt nicht hinreichend viele Wohnungen vorhanden, und die Ausländer haben nicht die politische Durchsetzungsfähigkeit, die staatlichen Stellen und privaten Investoren zu einer Befriedigung des vorhandenen Bedarfs zu bewegen. Als Wähler spielen sie nach wie vor keine Rolle. Durch Maßnahmen der Stadtsanierung, die zum Teil vorhandenen billigen Wohnraum vernichten, meist erheblich höhere Mieten mit sich bringen und durch die Umwandlung von Altbauwohnungen in Eigentumswohnungen verschärft sich die Situation sogar noch.

Tabelle 19 Bevorzugtes Zusammenleben im Wohnviertel 1980 und 1985 in v. H.

Nationalität	Gesamt													
Bevorzugtes Zusammenleben im Wohnviertel	Türken		Jugoslawen		Italiener		Griechen		Spanier		Portugiesen		Gesamt	
	'85	'80	'85	'80	'85	'80	'85	'80	'85	'80	'85	'80	'85	'80
Mit Ausländern	11,1	10,5	7,8	7,3	7,2	6,4	11,6	9,1	3,4	4,1	6,0	7,0	9,2	8,2
Mit Deutschen	26,3	35,0	23,3	28,4	21,3	31,4	14,3	23,9	18,6	34,5	17,9	30,8	23,0	31,6
Gleichgültig	62,6	54,6	68,9	64,3	71,5	62,1	74,1	67,0	78,0	61,4	76,1	62,2	67,8	60,2
Gesamt	100,0	100,0	100,0	100,0	100,0	100,0	100,0	100,0	100,0	100,0	100,0	100,0	100,0	100,0

Aus: Forschungsinstitut der Friedrich-Ebert-Stiftung: Situation der ausländischen Arbeitnehmer und ihrer Familienangehörigen in der Bundesrepublik Deutschland. – Repräsentativuntersuchung ‚85 – Hrsg.: Der Bundesminister für Arbeit und Sozialordnung. Bonn 1986, S. 357

Gettos?

Vielfach wird die Wohnsituation der Arbeitsmigranten mit der Bezeichnung „Ausländer-Getto" beschrieben. Allerdings, wer schon einmal einen Blick auf die Stadtteile amerikanischer oder englischer Städte geworfen hat, in denen ethnische Minderheiten in totaler Absonderung vom Rest der Gesellschaft leben, wird beim Besuch von Berlin-Kreuzberg oder entsprechenden Stadtvierteln von Frankfurt, Köln oder München mit diesem Begriff vielleicht vorsichtiger umgehen, ohne damit die sozialen Probleme dieser Gebiete mit hoher Ausländerkonzentration ignorieren zu wollen.

Unzulängliche Wohnverhältnisse

- können physisch und psychisch krank machen,
- führen zu Störungen der familiären Beziehungen
- und gefährden die Wirksamkeit schulischer Förderungsmaßnahmen für die Kinder.

Die räumliche Absonderung eines großen Teils der ausländischen Bevölkerung von der deutschen Umwelt

- verhindert das wechselseitige Kennenlernen von Deutschen und Ausländern,
- trägt damit zur Isolation vor allem auch der nicht berufstätigen ausländischen Frauen bei,
- behindert die Erweiterung der sprachlichen Kompetenz wegen des Fehlens jeglicher Sozialkontakte mit Deutschen außerhalb von Schule und Arbeitsplatz.

Lösungsversuche

Praktische Lösungsvorschläge können angesichts der Problemlage nur mittel- und langfristig Veränderungen herbeiführen.

In den Berliner Innenstadtbezirken Kreuzberg, Tiergarten und Wedding wurde 1979 eine bis heute bestehende Zuzugssperre für Ausländer verhängt. Die Probleme wurden dadurch allerdings auf andere Stadtteile verlagert. Ähnliche Versuche wurden in anderen Teilen der Bundesrepublik wegen Unwirksamkeit aufgegeben, denn sie beseitigen die strukturelle Diskriminierung nicht. Umgehungen der Zuzugssperre sind in der Praxis kaum zu verhindern.

In Berlin wurde bereits 1979 beschlossen, Ausländer bei der Vergabe neuer Wohnungen bzw. bei der Wiedervermietung von Wohnungen des sozialen Wohnungsbaus mit einer Quote von 10% zu berücksichtigen. 1982 wurde die Quote auf 15% erhöht. Dem Bericht der Ausländerbeauftragten von 1985 zufolge wurde die Quote jedoch nicht erreicht. Da der soziale Wohnungsbau mittlerweile fast völlig zum Erliegen gekommen ist und eine Berücksichtigung der Ausländer nur über die Wiedervermietung zu erreichen ist,

kann auch dieser Weg nur langfristig die räumliche Konzentration der Migranten vermindern.
Vielversprechender könnte der Weg einer behutsamen Erneuerung der Ausländerwohnviertel selbst sein. Er würde allerdings den Verzicht auf Luxusmodernisierungen voraussetzen, die zu krassen Mietsteigerungen und zur Verdrängung der ausländischen Familien führen. Eine rechtliche Besserstellung der Ausländer durch eine Reform des Ausländerrechts könnte auch bisher zurückgehaltene Ersparnisse für den Einsatz zum Beispiel in Selbsthilfeprojekten mobilisieren.

Berlin Kreuzberg – nicht nur Negativbeispiel
Die Entwicklung des in den 70er Jahren häufig schon totgesagten Bezirks Berlin-Kreuzberg in den letzten Jahren zeigt, daß die gezielte Förderung von Stadtteilen durch Finanzmittel und städtebauliche Konzeptionen (Wettbewerb „Strategien für Kreuzberg", Internationale Bauausstellung), die vor allem auch eine Verbesserung des Wohnumfelds durch infrastrukturelle Maßnahmen zum Ziele haben, ein friedliches Nebeneinander von Ausländern und Deutschen auch in Ballungsgebieten mit sehr hohen Ausländeranteilen durchaus möglich sein lassen. Eine Synthese von deutschen und nicht-deutschen Lebensgewohnheiten kann auch einstmals heruntergekommenen Stadtvierteln zu neuer Attraktivität verhelfen, wenn Politik und Verwaltung sie mit ihren Problemen nicht alleine lassen.

6.4. Freizeit und Freizeitgestaltung

Daten zur Freizeitsituation

„Freizeit" als ein Raum der „Muße", außerhalb der Verpflichtungen des Berufs und/oder des Haushalts, stellt sich für die Angehörigen ausländischer Familien sehr unterschiedlich dar.
Ebenso wie bei deutschen Familien
- ist der Zeitraum, der frei von beruflichen und häuslichen Verpflichtungen ist, bei den einzelnen Familienmitgliedern unterschiedlich ausgedehnt;
- wird ein großer Teil der arbeitsfreien Zeit vor dem Fernseher oder Videogerät verbracht.

Der Prozeß der Integration in die deutsche Gesellschaft könnte auch in der Häufigkeit und Intensität der Freizeitkontakte mit Deutschen sichtbar werden. Bei der „Repräsentativuntersuchung '85" des Forschungsinstituts der Friedrich-Ebert-Stifung gaben etwa die Hälfte (52,4 %/1980: 48,9 %) aller Befragten an, sie hätten Freizeitkontakte mit Deutschen. Allerdings ist diese Aussage in mehrfacher Hinsicht zu differenzieren:
- Am höchsten ist der Anteil der positiven Antworten mit 66,3 % der Männer und 60,7 % der Frauen bei den Portugiesen, am niedrigsten bei den Türken (53,8 %/40,1 %).
- Er liegt bei den Männern mit Ausnahme der Jugoslawen (58,6 %/

59,0 %) immer höher als bei den Frauen, bei den Erwerbstätigen höher als bei den Nichterwerbstätigen (49,9 %/43,3 %).
- Je länger die Arbeitsmigranten hier leben, um so häufiger sind Kontakte vorhanden.
- Wohnsituation und Sprachkenntnisse wirken sich auf die Kontaktmöglichkeiten aus; sie sind um so günstiger, je geringer der Ausländeranteil im Wohnumfeld und je besser die Sprachkenntnisse sind.
- Junge Ausländer bis 25 Jahre haben mehr Kontakte als ältere.

Isolation auch in der Freizeit?

Angaben über das Vorhandensein von „Freizeitkontakten" sagen noch nichts über ihre Intensität aus. Diese kann vom Gruß im Treppenhaus bis zur persönlichen Freundschaft reichen.

Eine Umfrage der Berliner Ausländerbeauftragten bei türkischen Jugendlichen vom November 1985 deutet darauf hin, daß die ausländischen Bürger sich nach wie vor in erheblicher Isolation von der deutschen Gesellschaft befinden: 59 % der befragten Jugendlichen antworteten, sie würden gern häufiger mit deutschen Jugendlichen zusammenkommen.

Bei der Frage, wie Ausländer ihre Freizeit gestalten, muß sehr stark zwischen Erwachsenen und Jugendlichen sowie zwischen Männern und Frauen unterschieden werden, sofern es sich nicht um arbeitslose Männer handelt. Bei den Erwachsenen dürfte generell die Freizeit knapp sein. Ihr Tagesablauf ist im wesentlichen geprägt durch harte körperliche Arbeit bei den Männern, bei den Frauen durch monotone Tätigkeiten wie Fließbandarbeiten oder untergeordnete Arbeit wie Putzarbeiten. Für die berufstätigen Frauen kommt nach Arbeitsschluß in der Regel noch die Hausarbeit dazu, aus der sich nach traditionellem Rollenverständnis die Männer weitestgehend heraushalten.

Freizeitkontakte zu Deutschen

So ist es erklärbar, daß die ausländischen Männer mehr Freizeitkontakte zu Deutschen haben als die ausländischen Frauen. Neben den Grenzen, die das traditionelle Ehrgefühl selbständigen Begegnungen ausländischer Frauen mit der deutschen Umwelt setzt (siehe 5.3.), steht ihnen auch weniger freie Zeit für solche Kontakte zur Verfügung. Das gilt auch für die nicht-berufstätigen Frauen, da diese meist unter ungünstigen Wohnbedingungen einen kinderreichen Haushalt zu versorgen haben. Selbst wenn ihnen theoretisch etwa am Vormittag, wenn die Kinder im Kindergarten oder in der Schule sind, auch freie Zeit zur Verfügung steht, sorgen Sprachbarrieren und – vor allem bei den Türken – die traditionelle Beschränkung der Frau auf das Haus für ihre Abkapselung von der Umwelt.

Vereine

Nach der genannten Befragung der Friedrich-Ebert-Stiftung von 1985 waren 28,5 % (1980 24,9 %) der Ausländer Mitglied eines Vereins. Davon gehörten ein Viertel (25,4 %/1980 24,2 %)

– einem Sportverein oder einer Betriebssportgruppe 25,4 % (1980 24,2 %),
– einem Kulturverein 26,6 % (1980 28,9 %) – aber 40,0 % der Spanier,
– einer politischen Vereinigung 5,7 % (1980 8,5 %), davon 7 % der Türken, deren Mitgliedschaft 1980 – vor der Militärdiktatur – noch 17,8 % betragen hatte,
– einer religiösen Vereinigung 8,2 % (1980 7,7 %),
– einer deutsch-ausländischen Organisation 10,3 % (1980 11,3 %) – aber 20,4 % der Jugoslawen –

an.

Aus dieser Übersicht geht hervor, daß auch der Freizeitbereich noch mehr vom Nebeneinander als vom Miteinander der unterschiedlichen Gruppen gekennzeichnet ist. Wenn rund ein Viertel der Ausländer Mitglied eines Vereins sind und von diesem Viertel die Mehrheit offensichtlich Vereinen angehört, deren Mitglieder überwiegend Ausländer sind, bleiben die Sozialkontakte zwischen Deutschen und Ausländern auch im Freizeitbereich begrenzt.

Auch bei den Vereinsmitgliedschaften

– ist ein Übergewicht der Männer festzustellen,
– sind über 25 Jahre alte Ausländerinnen seltener vertreten als jüngere Ausländerinnen.

Probleme der Frauen

Die vielfältigen Probleme ausländischer Frauen sind in den letzten Jahren auch unter dem Einfluß der Frauenbewegung verstärkt ins öffentliche Bewußtsein gerückt worden. In zahlreichen Städten haben sich Initiativgruppen und Kirchengemeinden für die Einrichtung wohnortnaher Begegnungsstätten für ausländische Frauen eingesetzt, in denen meist Beratung in rechtlichen, sozialen, familiären und gesundheitlichen Fragen mit einem Bildungsangebot (z.B. Deutsch- und Alphabetisierungskursen) und Handarbeiten (Nähen, Sticken) verbunden wird. Dabei wurden sie nicht immer von staatlichen Stellen unterstützt.

In welchem Ausmaß das Angebot an Betreuungs- und Freizeitangeboten für ausländische Frauen und Mädchen in den letzten Jahren zugenommen hat, läßt sich am Beispiel von Berlin ablesen: Im Dezember 1982 gab es 5 Beratungs- und Betreuungsstellen für ausländische Frauen, im Sommer 1985 waren es 16.

Jugendliche

Bei den ausländischen Jugendlichen hat sich gezeigt, daß das Angebot der Jugendfreizeitheime die ausländischen Mädchen kaum erreicht, da viele – und nicht nur türkische – Eltern spätestens bei Erreichen der Pubertät jegliche Kontakte zu jungen Männern außerhalb der Schule ohne Aufsicht der Familie zu unterbinden versuchen. Sie fürchten, daß ein Mädchen seine Ehre verlieren könnte, wenn es nach Erreichen der Geschlechtsreife ohne Aufsicht von Eltern oder älteren Brüdern Umgang mit dem anderen Geschlecht hat. Dies schließt natürlich auch den Besuch von Tanzveranstaltungen in Jugendfreizeitheimen oder Diskotheken aus. Da für deutsche Jugendliche die Nähe zum anderen Geschlecht selbstverständlich ist, gelten diese Freizeiteinrichtungen vielen ausländischen Eltern als Aufenthaltsort für ihre Töchter als anrüchig. Einrichtungen, die ausländische Mädchen aus der Enge familiärer Isolation herausholen wollen, müssen daher auf eine strenge Geschlechtertrennung achten.

Daher wurden, zumindest in den Großstädten, in den letzten Jahren verbunden mit den Einrichtungen für deutsche Frauen oder als eigenständige Einrichtungen Treffpunkte für ausländische Mädchen geschaffen. Trotzdem dürfte der Besuch auch dieser Einrichtungen für viele Mädchen bei den Eltern nicht leicht durchzusetzen sein. Denn diese leben in der Furcht vor einer Entfremdung von ihren Kindern, wenn diese sich Kontakte außerhalb der Familie verschaffen. Das war in ihrer Jugend noch undenkbar.

Die jungen Männer haben gegenüber der Familie einen leichteren Stand. Sie sind in den Jugendfreizeitheimen sehr viel häufiger anzutreffen als die Mädchen. Aber sie sehen sich hier wie in den kommerziellen Einrichtungen, wie Diskotheken, zahlreichen Diskriminierungen ausgesetzt. In die „Diskos" werden sie oft unter einem Vorwand nicht hineingelassen. In den Jugendfreizeitheimen kommt es häufig zu Spannungen mit deutschen Jugendlichen, in deren Folge oft die eine oder die andere Gruppe in ein anderes Jugendfreizeitheim ausweicht. Mit dem in jüngster Zeit stärkeren Auftreten von rechtsradikalen Jugendlichen mit ausländerfeindlichen Einstellungen haben sich die Probleme verschärft. Unter diesen Umständen ist es nicht verwunderlich, wenn die Jugendlichen einen großen Teil ihrer wegen der hohen Arbeitslosigkeit oft gezwungenermaßen vielen freien Zeit vor dem Fernseher oder Videorekorder verbringen. Besorgniserregend ist auch die Zunahme kommerzieller Automatenspielhallen in den sozialen Problemgebieten, die auch einen hohen Anteil an ausländischer Wohnbevölkerung haben (siehe 6.3.).

Sport als Brücke

Die besten Chancen, auch bei den deutschen Altersgenossen Anerkennung und Kameradschaft zu finden, ergeben sich vermutlich in einem Sportverein. Wer mit körperlicher Geschicklichkeit, Kraft und Ausdauer einer Mannschaft mit zum Sieg verhilft, kann am ehesten die Brücke in die Welt der Deutschen schlagen.

Allerdings darf er nicht zu erfolgreich sein, wie ein Berliner Beispiel zeigt. In Sportarten wie Ringen und Boxen waren junge Türken so erfolgreich, daß die Verbandsführung zum „Schutz" der deutschen Sportler ihren Wettkampfeinsatz einschränkte.

Pädagogische Möglichkeiten

Ein pädagogisch durchdachtes und von engagierten Betreuern unterhaltenes breites Freizeitangebot staatlicher und gemeinnütziger Träger kann eine wichtige integrative Funktion übernehmen. Vor allem auch, wenn man bedenkt, daß aus der hohen Arbeitslosigkeit der ausländischen Jugendlichen, Konflikten mit den Eltern, ungünstigen Wohnverhältnissen und Perspektivelosigkeit von Jugendlichen ein Gefährdungspotential entsteht, das zu einem Ansteigen der Jugenddelinquenz (siehe 6.5.) führen kann. Gerade in Zeiten hoher Arbeitslosigkeit müßte daher dieser Bereich personell und finanziell besser ausgestattet sein als in Phasen der Hochkonjunktur. Da sich hier aber in der Vergangenheit weder mächtige wirtschaftliche Interessen noch mitgliederstarke Verbände für eine Ausweitung der Arbeit stark gemacht haben, hat die staatliche Förderung der Jugendhilfe in Zeiten leerer staatlicher und kommunaler Kassen trotz zusätzlicher Aufgaben nach Expertenmeinung stagniert.

Auch der Einsatz ausländischer Mitarbeiter in den Freizeiteinrichtungen hält sich noch in engen Grenzen. Erst allmählich wächst hier ein Potential qualifizierter nichtdeutscher Erzieher und Sozialarbeiter heran, das einen wichtigen Beitrag zum Brückenschlag zwischen Deutschen und Ausländern leisten könnte.

6.5. Straffälligkeit und Kriminalität

Über „Ausländerkriminalität" wird seit einiger Zeit viel gesprochen. Rechtsextreme Gruppen malen sie zu einem Schreckgemälde aus, um Stimmung für eine von ihnen vertretene „Ausländer-raus-Politik" zu machen. In Boulevard-Zeitungen ist sie ein bevorzugtes Thema, wenn über Ausländer berichtet wird, und auch Politiker benutzen in diesem Zusammenhang gerne das Bild von der „sozialen Zeitbombe", die da ticke. Sind die hier lebenden ausländischen

Arbeiter und ihre Familienangehörigen „krimineller“ als die Deutschen?

Wie wird „Kriminalität“ gemessen?
Jährlich wird die „Polizeiliche Kriminalstatistik“ veröffentlicht. Diese zählt
- alle bekanntgewordenen (aufgeklärten und nicht aufgeklärten) Verbrechen und Vergehen einschließlich der mit Strafe bedrohten Versuche – also „Fälle“
- sowie alle Personen, die aufgrund des polizeilichen Ermittlungsergebnisses aufgrund zureichender tatsächlicher Anhaltspunkte verdächtig sind, eine Straftat begangen zu haben – also „Tatverdächtige“.

Um Vergleiche der Straftatenhäufigkeit zwischen verschiedenen Gruppen (z.B. männlichen deutschen, türkischen, jugoslawischen und italienischen Jugendlichen von 14 bis unter 18 Jahren) zu ermöglichen, wird in der amtlichen Kriminalstatistik noch die „Kriminalitätsbelastungszahl“ (KBZ) errechnet. Diese ist die Zahl der ermittelten Tatverdächtigen, errechnet auf 100.000 Einwohner des entsprechenden Bevölkerungsanteils, jeweils ohne Kinder unter 8 Jahren.

Entwicklung
Aus den Kriminalstatistiken, die die Ergebnisse der Tätigkeit der Kriminalpolizei widerspiegeln, lassen sich für die letzten Jahre folgende Trends ablesen:
- Die Zahl aller erfaßten Straftaten – also von Deutschen und Ausländern – steigt mit Schwankungen von Jahr zu Jahr.
- Auch die Zahl der Tatverdächtigen steigt. Dabei liegt der Anteil der ausländischen Tatverdächtigen, wie aus der folgenden Tabelle hervorgeht, erheblich über ihrem Anteil an der Wohnbevölkerung.
- Der Anstieg der Tatverdächtigenzahlen bei männlichen ausländischen Jugendlichen (14 bis unter 18 Jahren) und Heranwachsenden (18 bis unter 21 Jahren) hat, wie aus Abbildung 12 ablesbar, zu einem scherenartigen Auseinanderklaffen der Kriminalitätsbelastungszahl im Vergleich zu ihren deutschen Altersgenossen geführt.

Stimmen also Zeitungsüberschriften wie: „Ausländer bedrohen unsere Sicherheit“?

Tabelle 20 Ausländische Tatverdächtige in ausgewählten Jahren

Jahr	Anzahl	in %	Anteil an WB in %[1)]
1977	151.968	12,1	6,4
1979	181.660	13,8	6,5
1981	244.600	16,0	7,4
1984[2)]	207.612	16,6	7,1
1986	225.018	19,3	7,4
1987	258.326	20,0	7,6

1) Ausländeranteil an der Wohnbevölkerung jeweils am 1.1. des Jahres.
2) Ab 1.1.1984 wurde ein neues statistisches Zählverfahren eingeführt, das bestimmte Mehrfachzählungen beseitigte, so daß die Zahlen mit den Jahren vorher nicht mehr direkt verglichen werden können.
Aus: Bundeskriminalamt: Polizeiliche Kriminalstatistik 1977–1987, Wiesbaden 1978–1988

Abbildung 12 Tatverdächtigen- und Bevölkerungsanteile der Altersgruppen in Berlin (West) 1988. Deutsche und Nichtdeutsche in v. H.

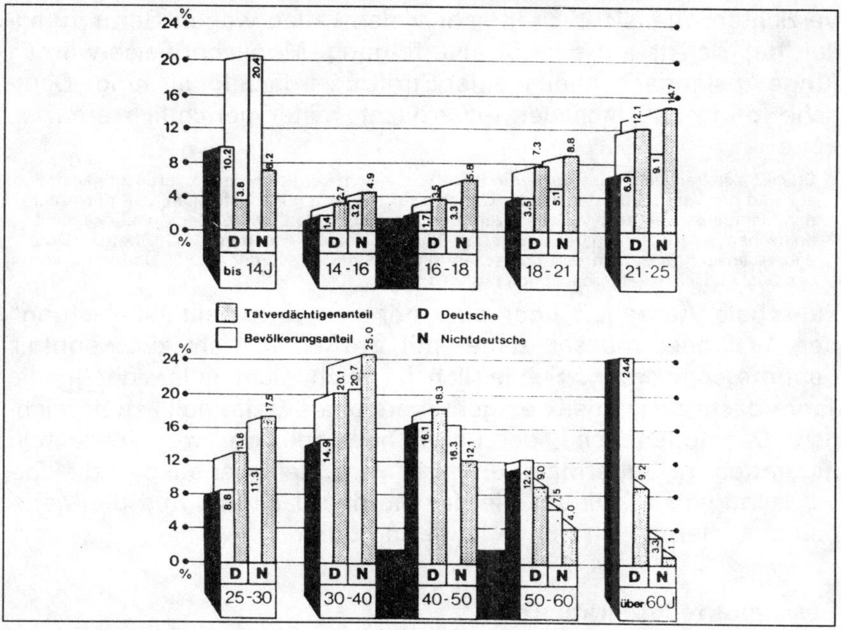

Aus: Der Polizeipräsident von Berlin: Polizeiliche Kriminalstatistik 1988, S. 33

Statistische Verzerrungen

Zunächst werden die genannten und durchaus bedenklichen statistischen Befunde dadurch relativiert, daß die Polizeiliche Kriminalstatistik eine Reihe von statistischen Verzerrungen enthält, die die Häufigkeit der von legal in der Bundesrepublik lebenden Ausländern begangenen Straftaten überhöht.

Am 1. Januar 1987 betrug der Anteil der legal in der Bundesrepublik lebenden Nichtdeutschen an der Wohnbevölkerung 7,6%. Dieser Prozentsatz enthielt aber nicht Touristen bzw. Durchreisende, Stationierungsstreitkräfte oder illegal sich in der Bundesrepublik aufhaltende Personen, auf die 56.072 der 1987 gezählten 258.326 ausländischen Tatverdächtigen entfielen (21,1%).

„Außerdem ist zu beachten, daß die nichtdeutsche Wohnbevölkerung in ihrer strukturellen Zusammensetzung vor allem durch den immer noch größeren Anteil der kriminalitätsbelasteten Alters- und Geschlechtsgruppe der männlichen Erwachsenen unter vierzig Jahren und die andere Sozialstruktur wesentlich von der deutschen Wohnbevölkerung abweicht. Gegen einen beachtlichen Teil der nichtdeutschen Tatverdächtigen wurde schließlich nur wegen ausländerspezifischer Straftaten (gegen § 47 des Ausländergesetzes und das Asylverfahrensgesetz) ermittelt (etwa ein Fünftel der nichtdeutschen Tatverdächtigen)."
(Aus: Bundeskriminalamt: Polizeiliche Kriminalstatistik 1987. Wiesbaden 1988, S. 59)

Wichtiger ist vielleicht noch die Erkenntnis verschiedener wissenschaftlicher Untersuchungen, daß die in der Kriminalstatistik ausgewiesene starke Zunahme ausländischer Tatverdächtiger in der „Strafverfolgungsstatistik" der Gerichte keine Entsprechung fand.

Zwar stieg die Zahl der Verurteilungen. Aber dieser Anstieg verlief parallel zu dem der Deutschen. Staatsanwaltschaften und Gerichte verzichten offensichtlich in sehr vielen Fällen wegen Geringfügigkeit des Delikts auf eine Strafverfolgung. Möglicherweise werden junge Ausländer schneller einer Straftat verdächtigt als junge Deutsche, ohne daß sich der Tatverdacht später gerichtlich erhärten ließe.

So läßt sich beispielsweise für Berlin (West) bei einem Vergleich der Tatverdächtigenstatistik und der Verurteiltenstatistik der Gerichte für das Jahr 1984 feststellen, daß der Anteil der Nichtdeutschen an der Gesamtzahl der Tatverdächtigen 20,3%, der Anteil der nichtdeutschen Verurteilten an der Gesamtzahl der Verurteilten jedoch nur 15,2% betrug. Oder anders ausgedrückt: Von den deutschen Tatverdächtigen wurden 42,6% verurteilt, von den ausländischen Tatverdächtigen nur 29,8%.

Pauschale Aussagen über eine höhere „Kriminalitätsbelastung" der Ausländer müssen daher mit großer Vorsicht zur Kenntnis genommen werden. Schließlich ist auch nicht jeder, der in die Tatverdächtigenstatistik eingeht, bereits als „kriminell" zu bezeichnen. Der Jugendliche, der beim Diebstahl von zwei Schachteln Zigaretten im Supermarkt erwischt wird, geht genauso in die Tatverdächtigenstatistik ein wie der Mordverdächtige, und die Mehrheit der erfaßten Straftaten ist geringfügig.

Gescheiterte Integration?

Trotz dieser Einschränkungen soll das Problem des in den letzten Jahren eingetretenen überproportionalen Anstiegs der Tatverdächtigenzahlen insbesondere der ausländischen Jugendlichen und Heranwachsenden nicht bagatellisiert werden, signalisiert es doch eine schwerwiegende Integrationskrise dieser Gruppen.

Die erste Generation der nach Deutschland gekommenen Arbeiter war durch eine extrem niedrige Straffälligkeit gekennzeichnet. Alle fanden in der Hochkonjunktur sichere Arbeitsplätze und konzentrierten ihre ganze Energie auf das Geldverdienen und eine baldige Heimkehr. Vorbestrafte wurden von den Anwerbestellen nicht akzeptiert. Da sich in den folgenden Jahren ihre Lebensbedingungen denen vergleichbarer deutscher Sozialschichten anglichen, bedeutete die Zunahme der Zahl ausländischer Straftäter zunächst nichts anderes als eine gewisse „Normalisierung" einer bis dahin aufgrund besonderer Bedingungen gegebenen Situation unterdurchschnittlicher Straffälligkeit, die für die ausländischen Jugendlichen schon lange nicht mehr existiert.

Arbeiten und Geldverdienen möchten sie alle. Stattdessen hängen viele von ihnen beschäftigungslos herum und liegen ihren Eltern auf der Tasche. Fast 55% der vor Berliner Jugendgerichten angeklagten jungen Ausländer waren einer Berliner Untersuchung zufolge zum Zeitpunkt der Tat arbeitslos, und von diesen waren 46% auch ohne Berufsausbildung.

Gruppendelikte

Sinnvolle Möglichkeiten, die viele unfreiwillig freie Zeit zu nutzen, gibt es in den Ausländerballungsgebieten, in denen die Mehrzahl von ihnen wohnt, nur selten. Wie deutsche Jugendliche träumen sie vom eigenen Auto, Stereoanlage und Fernseher. Aber die Wirklichkeit wird von der knappen Familienkasse bestimmt. Die finanzielle Abhängigkeit von den Eltern führt zu familiären Spannungen, vor denen die jungen Männer in die Gruppe oder Bande der Gleichaltrigen fliehen.

Berliner Wissenschaftler fanden bei einer Analyse von Gerichtsakten heraus, daß Dreiviertel der jugendlichen Angeklagten in Gruppen von Angehörigen der eigenen Nationalität handelten, als sie ihre Straftat begingen.

Organisierte Bandendelikte sind trotzdem bei uns im Gegensatz etwa zu amerikanischen Großstädten noch relativ selten. Allerdings ist seit Öffnung der Berliner Mauer in der Stadt eine Diskussion über die Bildung von ausländischen Jugendbanden entstanden, die möglicherweise auch eine Reaktion auf die ausländerfeindlichen und gewalttätigen Gruppierungen unter deutschen Jugendlichen in beiden Teilen der Stadt darstellen.

Deutsche Einrichtungen oft überfordert

Die deutschen Einrichtungen der Strafverfolgung und Resozialisierung standen bisher der Zunahme von Straftaten junger Ausländer oft ratlos gegenüber. Diese wurden schneller und länger in Untersuchungshaft genommen als ihre deutschen Altersgenossen. Jugendgerichts- und Bewährungshelfer, die ihnen während und nach dem Gerichtsverfahren beratend zur Seite stehen sollen, sind oft durch die Vielzahl der zu betreuenden Jugendlichen so überlastet, daß sie sich für die besonderen Probleme ihrer ausländischen Klienten nicht genügend Zeit nehmen können. So wurden die vom Jugendgerichtsgesetz bei weniger schweren Straftaten und bei Ersttätern vorgesehenen erzieherischen Maßnahmen bei jungen Ausländern seltener angewandt, dafür erhielten sie öfter Geldbußen und auch schon bei geringfügigen Delikten Arrest auferlegt.

In Berlin wurde als erster und bisher einziger deutscher Stadt mit der „Integrationshilfe Berlin e.V." eine durch das Land Berlin finanziell unterstützte Einrichtung geschaffen, die in Ergänzung der staatlichen Jugendgerichtshilfe und Bewährungshilfe mit türkischen und deutschen Mitarbeitern straffällige junge Ausländer betreut.

Ausweisung – eine Lösung?
Ausländischen Straftätern droht neben der gerichtlichen Verurteilung grundsätzlich gemäß §§ 45ff. AuslG auch eine Ausweisung (siehe 4.6.). Für Erwachsene wird hierbei je nach Aufenthaltsstatus und Maß der Verurteilung differenziert. Anfang der 80er Jahre wurde bei der ebenfalls von der Ausweisung betroffenen Gruppe der Jugendlichen die Praxis dahingehend eingeschränkt, daß dann, wenn diese ihren Lebensmittelpunkt in Deutschland hatten, die Ausweisung nur in schwerwiegenden Fällen erfolgen durfte. Das neue Ausländergesetz hat in § 48 dies zwar jetzt gesetzlich weitgehend festgeschrieben, doch traf der Gesetzgeber zugleich die sehr interpretationsfähige Bestimmung, daß eine Ausweisung u.a. erfolgen könne, wenn der Minderjährige „wegen einer serienmäßigen nicht unerheblichen Straftat" verurteilt wurde (§ 48 Abs. 2 AuslG). Die Möglichkeit der Ausweisung und Abschiebung junger Menschen in die ihnen fremde Heimat ihrer Eltern, die von Kritikern als „soziale Hinrichtung" bezeichnet worden ist, war und ist also keineswegs ausgeschlossen. Aber auch bei Erwachsenen muß sich die Ausweisungspraxis fragen lassen, ob bei denen, die viele Jahre bei uns gelebt haben und Teil unserer Gesellschaft geworden sind, diese nicht mit dem Problem der Straffälligkeit von Ausländern genauso fertig zu werden versuchen müßte wie mit der von Deutschen.

Gesellschaftspolitische Lösungen
Ausländer sind nicht „krimineller" als Deutsche, auch wenn in einigen Altersgruppen zum Nachdenken zwingende Anstiege der Tatverdächtigenzahlen zu beobachten sind. Aber ihr Leben spielt sich in einer gesellschaftlichen Randlage ab, die durch viele soziale Mängel und rechtliche Einschränkungen gekennzeichnet ist. Die Straffälligkeit von Ausländern läßt sich mit schärferen Gesetzen ebensowenig beseitigen wie mit einer Verschärfung der Ausweisungspraxis. Wer ernsthaft etwas gegen das weitere Ansteigen der Zahl von Straftaten junger Ausländer machen will, muß
- ihre Schul- und Berufsausbildung verbessern,
- Arbeitsplätze schaffen und
- darf das staatliche und kommunale Freizeitangebot nicht zum Ort für Haushaltskürzungen machen.

6.6. Massenmedien

Großes Gewicht für Gelingen oder Scheitern von Integrationsprozessen kommt auch den Massenmedien und hier insbesondere Zeitungen und Zeitschriften, Rundfunk und Fernsehen zu.
Den Massenmedien werden in der Demokratie gewöhnlich die drei Funktionen
- Information,
- Mitwirkung an der Meinungsbildung,
- Kontrolle und Kritik

zugeschrieben.
Für die in der Bundesrepublik Deutschland lebenden Ausländer spielen die Massenmedien in doppelter Hinsicht eine Rolle:
- Einmal ist danach zu fragen, welche Massenmedien sich speziell an die hier ansässigen Ausländergruppen richten und wie sie die genannten Funktionen erfüllen.
- Ein anderer, für den Integrationsprozeß erheblicher Aspekt ist aber auch, welches Ausländerbild die Massenmedien den vornehmlich deutschen Konsumenten vermitteln.

Die Arbeitsmigranten sind Adressaten einer Reihe von Zeitungen und Zeitschriften, die sich direkt an sie richten. Dabei haben einige große türkische Tageszeitungen wegen der großen Zahl in der Bundesrepublik lebender Türken in Frankfurt sitzende Deutschland-Redaktionen eingerichtet, die eine spezielle Deutschlandausgabe produzieren.
Es ergibt sich für die verschiedenen Nationalitäten folgendes Zeitungs- und Zeitschriftenangebot:
- für die Türken: die Massenblätter „Hürriyet" (deutsche Auflage: 100.000) und „Günaydin" (15.000), der nationalistisch- konservative „Tercüman" (60.000) und der liberale „Milliyet" (30.000). Zu erwähnen ist trotz einer Auflage von nur 5.000 die in 200 Moscheen erhältliche „Milli Gazete", Organ des größten islamischen Dachverbandes in der Bundesrepublik Deutschland.
- für die Jugoslawen: das Sportblatt „Sportske Novosti" (1982: 20.000) und „Vjesnik" (1982: 15.000),
- für die Italiener: „Corriere d'Italia" (1984: 16.000) und das zweisprachige „Incontri" (1982: 20.000, Monatsmagazin),
- für die Griechen: „Akropolis" (1982: 15.000) und „Makedonia" (1982: 15.000)

(Zahlenangaben nach Meyn, Hermann: Massenmedien in der Bundesrepublik Deutschland. Überarb. Neuauflage. Colloquium Verlag 1985, S. 61 ff. „DIE ZEIT" v. 31.01.1986)

Berichterstattung und Kommentierung der türkischen Presse ist auf deutscher Seite nicht unumstritten. Das Deutschlandbild der türkischen Presse werde wegen ihres vorwiegenden Boulevardcharakters vorwiegend emotional geprägt, so lautet die Kritik. Klischeehaft würde zwischen „Türkenfreunden" und „Türkenfeinden" unterschieden, ausländerfeindliche Äußerungen oder Aktionen hochgespielt, Integration nicht nur als „Eindeutschung", sondern auch als „Versklavung" verstanden. Wissenschaftliche Untersuchungen der Wirkung türkischer Zeitungen auf die Meinungsbildung ihrer Landsleute liegen nicht vor. Da aber z.B. bei einer Berliner Umfrage von 1983 61 % der erwachsenen Türken türkische Zeitungen lasen, sollte deren Einfluß nicht geringgeschätzt werden.
An die ausländischen Familien wenden sich auch von deutschen Institutionen herausgegebene Publikationen wie

- „AD – Arbeitsplatz Deutschland", herausgegeben vom Bundesminister für Arbeit und Sozialordnung. Die Zeitschrift erscheint viermal jährlich in sieben Sprachen mit einer Gesamtauflage von rund 650.000.
- Das monatliche Mitteilungsblatt des Deutschen Gewerkschaftsbundes, das in 6 Sprachen mit einer Auflage von 110.000 erscheint.

Die Arbeitsmigranten sind auch Adressaten verschiedener Rundfunk- und Fernsehprogramme:

- Auf Kurzwelle bieten die nationalen Rundfunkanstalten spezielle Programme für die im Ausland lebenden Arbeitskräfte an, z.B. „Stimme der Türkei" der türkischen Rundfunkanstalt TRT.
- Wichtiger noch scheinen die für die verschiedenen Ausländergruppen produzierten Hörfunk- und Fernsehprogramme der deutschen Rundfunk- und Fernsehanstalten wie die 40-minütige tägliche Hörfunksendung für fünf Nationalititäten im ARD-Gemeinschaftsprogramm, die der Westdeutsche Rundfunk und der Bayerische Rundfunk produzieren. Es gibt auch regionale Sendungen im Hessischen Rundfunk und im Sender Freies Berlin. Das ZDF strahlt wöchentlich die Sendung „Nachbarn in Europa" aus, die jeden Samstag zwischen 12.15 Uhr und 14.30 Uhr läuft. Alle 14 Tage entfallen jeweils eine Dreiviertelstunde auf Italiener, Portugiesen, Türken, Spanier, Jugoslawen und Griechen. Dabei werden etwa ein Drittel vom ZDF, die restlichen zwei Drittel von den Rundfunkanstalten der Heimatländer produziert. Im Fernseh-Regionalprogramm des WDR wird außerdem die Sendung „Ihre Heimat – unsere Heimat" wechselweise in fünf Sprachen gesendet.

Auffallend ist aber auch, was im Medienangebot für Ausländer fehlt:

- Es wurde keine, dem amerikanisch-deutschen Projekt der „Sesamstraße“ vergleichbare Fernsehsendereihe entwickelt, die den nach Deutschland gekommenen ausländischen Kindern Sozialisations- und Sprachhilfen gegeben hätte.
- Für Erwachsene wurde kein „Deutsch für Ausländer“-Programm im Medienverbund z.B. mit Volkshochschulen entwickelt, das den schwierigen deutschen Spracherwerb, vor allem auch der nichtberufstätigen, häufig von ihrer Umwelt isolierten Frauen, hätte unterstützen können.
- Das Bedürfnis nach Verbindungen zur heimatlichen Kultur und Sprache über das von den sogenannten „Gastarbeitersendungen“ gebotene Maß wurde nicht befriedigt.

Das Nachrichtenmagazin DER SPIEGEL berichtete im Sommer 1986, daß der einzig wirklich erfolgreiche Kanal im örtlichen Kabelfernsehen das private türkisch-deutsche Programm „TD 1“ sei, das überwiegend der offiziellen türkischen Sendeanstalt TRT entstamme. Bei täglich dreieinhalb Stunden Sendezeit erreichte es nach Angaben der Betreiber die Hälfte der türkischen Bevölkerung Berlins.

Die ursprünglich als Minderheitenprogramme gedachten 3. Fernsehprogramme haben die Aufgabe der Befriedigung kultureller Kommunikationsbedürfnisse ausländischer Minderheiten nicht oder unzureichend erkannt, obwohl es technisch, gemessen an anderen Leistungen des Fernsehens, kaum allzu aufwendig gewesen wäre, auch Spielfilme aus den Heimatländern der Migranten im Originalton mit deutschen Untertiteln zu senden. Hier hätten auch Deutsche Einblicke in das kulturelle Selbstverständnis der Entsendeländer gewinnen können.
Gerade dieses letzte Versäumnis hat sicherlich auch erheblichen Einfluß auf eine in den letzten Jahren sprunghaft angestiegene Nutzung von Videorekordern, die in erster Linie zum Abspielen von Spielfilmen aus der Heimat benutzt werden. Da dieser Markt von deutscher Seite nur schwer einsehbar und überhaupt nicht gestaltbar ist, trägt diese Entwicklung zu einer kulturellen Begegnung zwischen Deutschen und Ausländern wenig bei. Im Gegenteil, es eröffnen sich auf ihm auch Gefahren einer undemokratischen und antiintegrationistischen Beeinflussung von Ausländern gegenüber der deutschen Gesellschaft.

Gefahren des Videokonsums für die Familien
„Eine Gefahr besteht darin, daß bei zunehmender reiner Konsumtion von Video die gebräuchlichen Verkehrsformen innerhalb der türkischen Familien und der einzelnen Familienverbände untereinander zusehends aufgeweicht würden. Diese Verkehrsformen zeichnen sich nämlich durch starke persönliche Kontakte aus, die durch häufige gegenseitige Besuche garantiert werden, wobei familiäre Geselligkeiten wie gemeinsames Spielen, Musizieren, Kochen und gegenseitiger Informationsaustausch durch gemütliche Plaudereien von besonderer Bedeutung sind. Sollte sich Videosehen jedoch als Allein-Unterhaltungsmedium auf Dauer etablieren, so kann das zu einem Versiegen der persönlichen Kontakte führen und im schlimmsten Falle die Dialogfähigkeit auf das Bildschirmgeschehen reduzieren.“ (Aus: Dietrich Klitzke: Das 4. Programm: Studie zum türkischen Videomarkt. EXpress Edition Berlin 1982, S. 110)

Für das Zusammenleben von Deutschen und Ausländern ist aber nicht nur das Medienangebot für Ausländer, sondern auch ihr Bild in den deutschen Medien und seine Wirkung auf die deutschen Leser, Hörer und Seher von Bedeutung. Es gibt bisher nur wenige und in ihrem Aussagewert meist regional begrenzte Untersuchungen dieser Frage.

Übereinstimmend kamen sie zu der Erkenntnis, daß Ausländer in den untersuchten Presseerzeugnissen bzw. der Fernsehsendung

- nicht entsprechend ihrem Bevölkerungsanteil repräsentiert sind,
- in erheblichem Maße in Zusammenhang mit Problemen (z.B. Kriminalität, Drogenhandel, politische Auseinandersetzungen) gebracht werden.

Nun wird auch von Deutschen immer wieder kritisiert, die Medien beschäftigten sich zu sehr mit Problemen und Konflikten und zu wenig mit der Normalität des Alltags. Aber aufällig bleibt dennoch, daß die Massenmedien in der routinemäßigen Berichterstattung und Kommentierung keine Dolmetscherfunktion zwischen ausländischen und deutschen Bürgern dieses Landes übernehmen.

So wurde z.B. während der Geltung des Rückkehrförderungsgesetzes regelmäßig über die Kosten der Rückkehrförderungsmaßnahmen und ihren „Erfolg“ im Sinne eines Rückgangs der Ausländerzahlen in den Medien berichtet, dem deutschen Leser, Hörer und Seher aber sehr viel seltener vermittelt, welche tiefgreifenden Folgen das Gesetz und seine zeitliche Begrenzung für die ausländischen Familien mit sich brachte.

Die deutschen Massenmedien üben die Funktion der Information, der Mitwirkung an der Meinungsbildung und der Kontrolle und Kritik im Hinblick auf das Vorhandensein großer nichtdeutscher Minderheiten in der Gesellschaft der Bundesrepublik Deutschland bisher nur bruchstückhaft aus. Das Medienangebot der deutschen Gesellschaft ignoriert die Ausländer als Medienkonsumenten (und Gebührenzahler) noch weitgehend und beläßt sie in der ihnen von Anfang an zugewiesenen gesellschaftlichen Außenseiterposition. In der Berichterstattung und Kommentierung der auf den deutschen Medienkonsumenten zugeschnittenen Medien bestätigt sich weitgehend das bei vielen Deutschen vorhandene Bild vom Ausländer als „Problemfall“. Ein gewichtiger Beitrag der Massenmedien als Mittler zwischen Deutschen und Ausländern steht noch aus. Auffällig ist auch, daß z.B. deutsche Tageszeitungen Ausländer noch nicht als Werbeadressaten und potentielle Käufer oder Abonnenten entdeckt haben und z.B. durch mehrsprachige Beilagen diese zu gewinnen versuchen. In Großstädten wie Berlin, Frankfurt, München, Stuttgart und den Städten im Ruhrgebiet stellen die Ausländer eine durchaus beachtliche und für die Werbung wegen ihrer relativen sozialen Homogenität interessante Zielgruppe dar.

7. Integrationspolitische Entwürfe und Institutionen

7.1. Mehr oder weniger Rechte für Ausländer?

7.1.1. Reform des neuen Ausländergesetzes

Das Ausländergesetz des Jahres 1965, das die alte Ausländerpolizeiverordnung (APVO) von 1938 ablöste, war vom Bundestag einstimmig angenommen worden. Es verstand sich ausgehend von einer deutlichen Trennung zwischen Fremden und Deutschen als Regelung, nach der je nach inländischem Interesse – vorwiegend solcher ökonomischer Art – Einreise und Aufenthalt gestattet oder auch beendet werden konnte. Erst in den folgenden Jahren, als mehr und mehr Ausländer in die Bundesrepublik „einwanderten" und sich ein Daueraufenthalt vieler Familien abzeichnete, geriet es zunehmend unter Kritik. Die Forderungen nach Reform mehrten sich und wurden bald grundsätzlicher Konsens aller politischen Parteien, wobei Inhalte und Ziele jedoch heftig umstritten waren (siehe oben 3.2. und 3.3.).

Das neue Ausländerrecht des Jahres 1990 – gültig ab 1.1.1991 – ist dagegen gegen die Stimmen der parlamentarischen Opposition verabschiedet worden. Hier zeigt sich schon, daß im Laufe der Jahrzehnte eine gesellschaftliche Polarisierung im Bereich der Ausländerpolitik eingetreten ist. Ein zwischen allen Parteien konsensfähiger Vorschlag war offensichtlich nicht mehr möglich, selbst wenn die Beratungen unter weniger Zeitdruck geführt worden wären.

Auch in der interessierten Öffentlichkeit wie Kirchen, Gewerkschaften, karitativen Verbänden und Fachleuten, deren Ansicht nicht unbedingt mit der einer repräsentativen Meinung in der Bevölkerung übereinstimmen muß, wird das neue Recht überwiegend kritisch bewertet. Ihm wird vorgeworfen, es sei obrigkeitsstaatlich. Ausländer würden nach wie vor ordnungsrechtlich als „Störer" und „Gefahr" begriffen. Es sei zu kompliziert und unübersichtlich. Vermißt werden demgegenüber Liberalität und das Anerkennen einer sich entwickelnden multikulturellen Gesellschaft, in der Ausländer nicht nur geduldete und als solche willkommene Arbeits-

kräfte, sondern gleichberechtigte Mitbürger sind. Der Vorwurf zielt im Grunde darauf, daß der veränderten Situation seit 1965, als das damalige Recht vielleicht noch angemessen und akzeptabel war, nicht Rechnung getragen wurde, daß nach wie vor die alten Kategorien des übergeordneten staatlichen Interesses an Kontrolle und Aufsicht den Vorrang vor einer auch rechtlich anerkannten Eingliederung der Arbeitsmigranten und ihrer Familien als gleichberechtigte aber auch gleichverpflichtete Bürger gegeben wird.
Das Gesetz, das in erster Linie nur bisherige Lücken ausfüllt (z.B. Familiennachzug, Rückkehroption) und Mißstände korrigiert (z.B. Präzisierung der unbestimmten Rechtsbegriffe und des Ermessens), kodifiziert – d.h. faßt in einem Gesetz zusammen –, was bisher in Verwaltungsvorschriften und Ausländererlassen stand, Gerichts- und Verwaltungspraxis war, ohne ein neues Konzept zu entwickeln. Diese Zusammenfassung folgt im wesentlichen auch nur dem kleinsten gemeinsamen Nenner, d.h. überwiegend wurde die in einem der Bundesländer geltende engste Regelung verwandt, so daß viele Länder nun rigider werden müssen, kaum aber eines offener. Der „politischen Geographie" nach heißt das, daß sich das „Nord-Süd-Gefälle" zugunsten des Südens eingeebnet hat.
Die Regelungen mußten notwendigerweise all die enttäuschen, die einen mutigen Schritt nach vorne erwarteten, eine rechtliche Anerkennung der „unumkehrbaren Entwicklung" mit einer Perspektive des gleichberechtigten Zusammenlebens von Inländern und Ausländern in der Zukunft.
Es ist daher zu vermuten, daß die politischen Auseinandersetzungen der nächsten Jahre – auch in Wahlkämpfen – weiterhin um die Frage einer neuen Reform des Ausländerrechts gehen werden und daß das neue Gesetz auch vor dem Hintergrund des fortschreitenden europäischen Einigungsprozesses wohl nicht den langen Bestand haben wird wie das abgelöste Gesetz des Jahres 1965. Die Frage des Aufenthaltsstatus der Ausländer, die im Bundesgebiet aufgewachsen sind und die nur noch über Verwandtschaften und ihre formale Staatsangehörigkeit mit ihrem Ursprungsstaat verbunden sind, ist noch nicht befriedigend geklärt. Das „Gastrecht" muß zu einem „Heimatrecht" werden.

7.1.2. Einbürgerung

„Königsweg" zur Integration?
Die Einbürgerung ist juristisch der Erwerb der deutschen Staatsangehörigkeit durch einen Ausländer. Dieser wird hierdurch Bürger der Bundesrepublik mit allen Rechten und Pflichten (z.B. Wahlrecht, unwiderrufliches Heimatrecht, Freizügigkeit, Wehrpflicht). Rechtlich ist damit die „Eigenschaft" Ausländer beendet. Zugleich verliert er hierbei in der Regel seine alte, ursprüngliche Staatsangehörigkeit. Es wäre allerdings ein Trugschluß anzunehmen, daß damit auch zugleich alle ethnischen und gesellschaftlichen Probleme gelöst wären. Die kulturelle, sprachliche und soziale Integration hängt nicht allein davon ab, welchen Paß jemand besitzt. In jeder Gesellschaft werden unabhängig vom rechtlichen Status Gruppen etwa wegen ihres Verhaltens, Aussehens oder ihrer Sprache diskriminiert. Die deutsche Staatsangehörigkeit schützt auch Deutsche vor solchen sozialen Ausgrenzungen nicht. Wir kannten und kennen leider solche Probleme etwa bei Aussiedlern, Flüchtlingen aus der DDR und Roma und Sinti mit deutscher Staatsangehörigkeit. Auch das Beispiel der USA zeigt, wie wenig eine Einbürgerung, ja selbst das Hineingeborenwerden in eine Staatsangehörigkeit mit der Lösung von Minderheitenproblemen oder einer vollen Integration zu tun haben kann.
Die Forderung nach Entschärfung des Ausländerproblems allein durch eine großzügigere Handhabung der Einbürgerung wäre daher eine unzulässige Verengung dieser Frage. Sie kann nur eine langfristige Lösung bieten, ist aber kein Ersatz für eine Politik der tatsächlichen sozialen Integration. Gleichwohl stellt die Einbürgerung einen wichtigen Aspekt dar, da sie jede förmliche Diskriminierung rechtswidrig macht und damit die endgültige Integration erleichtert. Sie bietet somit gerade für die Ausländer der 2. und 3. Generation eine sinnvolle – vielleicht sogar notwendige – Möglichkeit der Eingliederung in unsere Gesellschaft.

Einbürgerungsrecht
Das geltende Recht – im Reichs- und Staatsangehörigengesetz (RuStAG) und den Einbürgerungsrichtlinien geregelt – betrachtet nach wie vor die Einbürgerung grundsätzlich als Endpunkt – "krönenden Abschluß" – einer Anpassung an die deutschen Lebensverhältnisse. Die Verleihung der deutschen Staatsangehörigkeit kann daher im Regelfall nur erfolgen, wenn folgende Mindestvoraussetzungen vorliegen:

– Antrag durch den Ausländer,
– Niederlassung im Inland über 10 Jahre,
– Unbescholtenheit (z.B. straffreie Führung, guter Leumund),
– gesicherte Existenzgrundlage,
– eigene Wohnung,
– Beherrschung der deutschen Sprache in Wort und Schrift,
– im Regelfall Entlassung aus der alten Staatsangehörigkeit,
– einheitliche Staatsangehörigkeit in der Familie,
– Zahlung einer Gebühr zwischen DM 100,- und DM 5000,-.

Allgemein wird von den Einbürgerungsrichtlinien verlangt, daß „eine freiwillige und dauernde Hinwendung zu Deutschland" bestehen müsse. Es ist eine Maßnahme, die nur dann erfolgen soll, wenn sie im Interesse der Bundesrepublik ist. Interessen des Ausländers sind demgegenüber nachrangig.

Position des Bundesverwaltungsgerichts
„Die Behörde hat nicht nur zu prüfen, ob der Bewerber um die deutsche Staatsangehörigkeit nach seinen persönlichen Verhältnissen einen wertvollen Bevölkerungszuwachs darstellt, sondern auch, ob seine Einbürgerung nach allgemeinen politischen, wirtschaftlichen und kulturellen Gesichtpunkten erwünscht ist. Dies ergibt sich unabhängig von den Einbürgerungsrichtlinien des Bundesministers des Innern aus dem Zweck des Gesetzes."
(Aus: Entscheidung des Bundesverwaltungsgerichts vom 27.02.1957 in der Amtlichen Entscheidungssammlung Band 4, S. 300)

Zurückhaltung bei Einbürgerung

Bis heute ist von den Ausländern nur in geringem Umfang von der Möglichkeit der Einbürgerung Gebrauch gemacht worden. Obwohl fast 59 % der 4,6 Millionen Ausländer 10 Jahre und länger im Bundesgebiet wohnen (siehe 7.1.3.), liegt die Einbürgerungsquote bei nur 1 % (siehe Tabelle 21). Noch deutlicher wird dies, wenn man sich die Nationalitätengruppen ansieht, die bisher eingebürgert wurden. Nur ein Teil dieser ohnehin schon geringen Zahlen entfällt tatsächlich auf Antragsteller aus sogenannten Anwerbeländern.

In einer Umfrage der Friedrich-Ebert-Stiftung im Jahre 1985 haben sich 78,7 % der befragten ausländischen Arbeitnehmer gegen einen Wechsel der Staatsangehörigkeit ausgesprochen.

Allerdings scheint sich bei den Jugendlichen ein allmählicher Wandel der Einstellung zu vollziehen. Aus einer Umfrage in Berlin im November 1985 ergibt sich, daß ca. 20 % der jüngeren Türken die grundsätzliche Bereitschaft zeigen, die deutsche Staatsangehörigkeit anzunehmen.

Befragung von Jugendlichen
„Die ... Frage: ‚Würden Sie gern die deutsche Staatsbürgerschaft annehmen, wenn das ohne irgendwelche Probleme möglich wäre – oder lehnen Sie die deutsche Staatsbürgerschaft grundsätzlich ab?' wurde von 78 % der türkischen Jugendlichen verneint, von 19 % bejaht, und 3 % enthielten sich einer Antwort. Das Interesse an einer deutschen Staatsbürgerschaft ist besonders hoch bei türkischen Jugendlichen, die

– ein Gymnasium, eine Hochschule oder eine Berufsfachschule besuchen (30 %),
– hier geboren sind oder im Laufe der ersten fünf Lebensjahre nach Deutschland kamen (29 %),
– sich in ihren Einstellungen sehr von ihren Eltern unterscheiden (32 %),
– häufige Freizeitkontakte zu deutschen Jugendlichen haben (32 %),
– eine Aufenthaltsberechtigung haben (29 %),
– sich mit der Türkei heimatlich nicht mehr verbunden fühlen (59 %).

(Aus: Der Senator für Gesundheit und Soziales, Ausländerbeauftragte, Pressemitteilung vom 3. Januar 1986, S. 13.

Die Gründe für die Zurückhaltung liegen wohl auf drei Ebenen:

– Einmal besteht die Befürchtung, durch eine Einbürgerung endgültig die eigene nationale und kulturelle Identität zu verlieren und einen unwiderruflichen Schritt zu tun. Man möchte die „Option der Rückkehr" auch bei längerer Aufenthaltsdauer offenhalten.
– Weiter spielt ein bei vielen Bevölkerungsgruppen – z.B. den Türken – ausgeprägtes Nationalbewußtsein eine erhebliche Rolle. Dies überwiegt nach wie vor den Wunsch nach einem rechtlich absolut gesicherten Aufenthalt und einer anerkannten Position.
– Zum anderen schrecken die rechtlichen Erfordernisse, der damit verbundene Aufwand und die Offenlegung aller persönlichen Daten.

Die Tatsache, daß viele Arbeitsmigranten Vorbehalte gegen eine Einbürgerung haben, entbindet die Bundesrepublik nicht von der Verpflichtung, auf diesem Gebiet tätig zu werden. Nach erhebli-

Tabelle 21 Einbürgerungen 1973–1987

	Einbürgerungen		
		davon	
	insgesamt	Anspruchseinbürgerungen	Ermessenseinbürgerungen
1973	18 858	9 346	9 512
1974	24 744	12 256	12 488
1975	24 925	14 198	10 727
1976	29 481	16 347	13 134
1977	31 632	18 097	13 535
1978	32 710	18 635	14 075
1979	34 952	19 780	15 172
1980	37 003	22 034	14 969
1981	35 878	22 235	13 643
1982	39 280	26 014	13 266
1983	39 485	25 151	14 334
1984	38 046	23 351	14 695
1985	34 913	21 019	13 894
1986	36 646	22 616	14 030
1987	37 810	23 781	14 029

Aus: Daten und Fakten zur Ausländersituation. Mitteilungen der Beauftragten der Bundesregierung für die Integration der ausländischen Arbeitnehmer und ihrer Familien. 10. Auflage, Bonn Mai 1989, S. 29 sowie ergänzende Angaben

chen Widerständen, die auf dem Gedanken beruhten, daß die Bundesrepublik kein Einwanderungsland sei und daher Einbürgerungen die Ausnahme zu bleiben haben, hat sich nunmehr im politischen Bereich die Erkenntnis durchgesetzt, daß einer Erleichterung der Einbürgerung eine wichtige Funktion zukommt.

Mehr Einbürgerungen im Interesse der Bundesrepublik

Die Bundesrepublik kann es sich schon aus wohlverstandendem eigenem nationalem Interesse nicht leisten, zahlreiche Menschen, die ihren Aufenthalt auf Dauer in Deutschland nehmen wollen, außerhalb der staatlichen Gemeinschaft als Bürger minderen Ranges stehenzulassen. Es ist ein gesellschaftlich ungesunder Zustand, wenn einem wesentlichen Teil der Bevölkerung, der wirtschaftlich benötigt wird und wirtschaftlich weitgehend integriert ist, der Zutritt als auch rechtlich vollwertigem Mitglied der Gesellschaft unnötig erschwert wird. Die Verleihung der Staatsbürgerschaft muß die erfolgte wirtschaftliche Integration durch Gewährung der vollen politischen Teilnahmerechte, aber auch durch Begründung von Loyalitätspflichten abrunden. Eine Integrationpolitik, die sich nicht der Frage der Einbürgerung stellt, fördert zwangsläufig das Entstehen von Spannungen durch nationale Minderheiten. Die politische Diskussion beschränkt sich jedoch insoweit auf das „Ob" und „Wie" einer Erleichterung für jugendliche Ausländer der 2. und 3. Generation. Eine allgemeine Erleichterung für alle Ausländer steht auch nach dem neuen Ausländergesetz ernsthaft nicht zur Debatte (siehe 4.7.).

Die sozialliberale Koalition kündigte bereits am Ende der 70er Jahre Erleichterungen an, die aber nicht über das Beratungsstadium hinauskamen. Die Bundesregierung von CDU/CSU und F.D.P. erklärte 1982 ebenfalls diese Frage zu einem wichtigen Punkt ihrer Reformbestrebungen. Es ist also zwischen den Parteien im Grundsatz unstrittig, daß eine Einbürgerung der bleibewilligen Ausländer wünschenswert ist. Strittig sind allerdings die Wege und die nach wie vor zu fordernden Voraussetzungen.

Vorschläge u.a. der nordrhein-westfälischen Landesregierung (Bundesrats-Drucksache 3/82) und weiterer Bundesländer zu einer vorgezogenen Reform des Einbürgerungsrechts insbesondere für jugendliche Ausländer führten nicht zu Erfolgen; sie wurden im Rahmen der Diskussion zur Reform des gesamten Ausländergesetzes immer wieder vertagt. Die Fraktion der SPD und die sozialdemokratisch regierten Bundesländer stellten 1989 im Bundesrat den Antrag, ausländischen Kindern, die in der Bundesrepublik geboren werden – also der sog. dritten Generation –, mit der Geburt die

deutsche Staatsangehörigkeit zu verleihen. Damit würde rechtssystematisch das bisherige Abstammungsprinzip um das insbesondere im angloamerikanischen Bereich verbreitete Prinzip des Geburtsortes ergänzt werden.
Im Rahmen der Diskussion um die zukünftige Regelung der Einbürgerung war insbesondere strittig, ob diese die Möglichkeit eines besonderen Niederlassungsrechtes (siehe 7.1.3.) ersetzen solle – so CDU/CSU und F.D.P. – oder – wie dies Grüne und SPD forderten – dies nur eine ergänzende Maßnahme darstellen könne. Damit stellte sich zugleich die weitere Frage, ob der bisher geltende Grundsatz aufrechterhalten werden kann, daß eine Einbürgerung nur der letzte Schritt einer erfolgreichen Integration sein dürfe, oder ob diese auch als Möglichkeit des Einstiegs auf dem Weg einer vollständigen Integration zu sehen ist.

Doppelte Staatsangehörigkeit
Ein Kernpunkt der Auseinandersetzungen ist die Frage, ob Doppelstaatsangehörigkeit hingenommen werden soll oder nicht. Die bisherigen Regelungen – auch die neuen ab 1991 – schließen dies grundsätzlich aus. Die Vertreter der Meinung, daß dies ermöglicht werden solle, verknüpfen das mit der Hoffnung, daß dadurch mehr Ausländer als bisher dazu bewegt werden könnten, dann einen Antrag auf Einbürgerung zu stellen. So ist durch Umfragen bekannt, daß bei Jugendlichen die Bereitschaft zum Erwerb der deutschen Staatsangehörigkeit deutlich steigt, wenn diese bei Fortbestand der alten Nationalität erworben werden könnte (z.B. 61 % der türkischen und 72 % der jugoslawischen Jugendlichen äußerten sich entsprechend).
Kritisch wird in diesem Zusammenhang darauf hingewiesen, daß durch eine mehrfache Staatsangehörigkeit nicht nur mehr Rechte, sondern auch „doppelte Pflichten“ entstehen, die den Betroffenen in Konfliktsituationen bringen könnten, da jeder Staatsbürger „seinem Staat“ besondere Loyalität (z.B. Wehrdienst, Steuerpflicht, Beachtung nationalen Rechts) schuldet. Zwischenstaatliche Übereinkommen zur Regelung derartiger Probleme seien nicht immer in ausreichendem Maße hilfreich. Es bestehe so u.U. das Risiko, daß im Ergebnis nicht die gewünschte Rechtsgleichheit, sondern eine neue nur anders gelagerte Rechtsungleichheit entsteht.
Dagegen ist jedoch neben dem Gesichtspunkt der vielleicht erhöhten Akzeptanz bei den Ausländern zu berücksichtigen, daß die Aufgabe der alten Staatsangehörigkeit dem Betroffenen auch nicht unerhebliche Nachteile – und zwar nicht nur gesellschaftlicher Art – in der alten Heimat bringen kann. So können sie u.U. nur noch mit

einem Visum einreisen, keine Grundstücke erwerben oder über vorhandenen Besitz verfügen, weil sie dort jetzt „Ausländer" sind. Außerdem können erbrechtliche Probleme entstehen.
In der Diskussion wird auch vorgetragen, daß man das Modell aus dem spanischen und lateinamerikanischen Raum verwenden könne. Dort gibt es im Falle der doppelten Staatsangehörigkeit eine „herrschende", das ist die des Landes, in dem man lebt, und eine „ruhende" des Heimatlandes. Bei Rückkehr in die Heimat tritt dann ein „Wechsel" ein. Eine solche Regelung kann aber nur durch bilaterale Abkommen getroffen werden, an denen angeblich die in erster Linie bei uns betroffenen Entsendeländer kein Interesse haben.

Doppelstaatsangehörigkeit im neuen Einbürgerungsrecht
In der Begründung des Entwurfs zum neuen Ausländergesetz heißt es zu der Frage der Einbürgerung traditionell, daß die Aufgabe der alten Staatsangehörigkeit als „ein entscheidendes Kriterium für eine Zuordnung des Ausländers zur Bundesrepublik Deutschland" anzusehen ist, dies setze weiter „eine freiwillige und dauernde Hinwendung zu unserem Staat voraus". (Bundesrats-Drucksache 11/90, A.IV.8. Abs. 3 und 5). Diese Haltung wird durch die Ausführungen zum Niederlassungsrecht (siehe 7.3.) unterstrichen, wo es heißt: „Demgegenüber hält der Entwurf daran fest, daß Ausländern ein gesicherter Aufenthalt nur gewährt wird, soweit diese die ethisch-moralischen, rechtlichen, kulturellen und sozialen Wertvorstellungen der Bundesrepublik Deutschland respektieren. Ausländer können nicht über Generationen hinweg eine außerhalb der staatlichen Gemeinschaft stehende gleichberechtigte, aber nicht gleichverpflichtete Gruppe bilden (11/90 A.IV. Abs. 7)." Hier wird also nach wie vor die Einbürgerung zwingend mit der Konsequenz der völligen Abkehr vom Herkunftsland verknüpft. Selbstverständlich muß die „Respektierung" der Normen unserer Gesellschaft verlangt werden, das heißt aber unserer Ansicht nach nicht notwendig, daß sie in dem Sinne „verinnerlicht" sein müssen, daß jede eigene kulturelle Herkunft und prägende Identität vergessen oder verleugnet werden muß.
In einer Zeit, da nationalstaatliche Kategorien gerade in Europa zunehmend an Bedeutung verlieren, erscheint dies in einem „modernen Gesetz", das weltoffen und liberal sein will und soll, fast wie ein Anachronismus. Staatsangehörigkeit hat nicht mehr die nationale oder gar völkisch zuordnende Kraft, die sie einmal hatte. Hieraus erklärt sich auch, daß Einbürgerungsanträge aus dem EG-Bereich nur wenig gestellt werden, da bei Freizügigkeit und offenen

Grenzen in den Bereichen Wirtschaft, Arbeit und Freizeit die Staatsangehörigkeit zunehmend zu einem sekundären Faktor wird. (Zu den materiellen Regelungen der Einbürgerung im einzelnen siehe 4.7.).
Zu berücksichtigen ist auch, daß, anders als bei dem herkömmlichen Interesse an hohen Anforderungen gegenüber dem vom Einbürgerungsland „ungebetenen" Einbürgerungswilligen, hier dagegen ein immer wieder artikuliertes und durchaus berechtigtes Interesse gerade auch der deutschen Seite vorliegt. Die ausländerpolitische Forderung nach dem Schritt zur Einbürgerung (siehe oben 3.3.) gerät leicht in Gefahr, zum bloßen Lippenbekenntnis zu werden, wenn nicht ein fair die Bedürfnisse der angesprochenen Ausländer berücksichtigendes Angebot gemacht wird. Die besondere Situation – man muß sie nicht gleich „historisch" nennen – in der sich die Bundesrepublik befindet, sollte auch insoweit besondere Regelungen möglich machen. Im übrigen europäischen Bereich sind durchaus entsprechende Tendenzen zu beobachten.

Forderungen

Die neuen Regelungen des Ausländerrechts sind bereits vor dem Inkrafttreten auf lebhafte Kritik gestoßen, da sie den zuvor in der Diskussion gestellten Forderungen und wohl auch Ankündigungen der Bundesregierung wenig entsprechen. Es wird daher wohl davon auszugehen sein, daß hier in den nächsten Jahren immer wieder Änderungsvorschläge in die öffentliche Debatte eingebracht werden.
Ob eine weitere Erleichterung der Einbürgerung tatsächlich von den Betroffenen gegenwärtig oder in naher Zukunft in größerem Umfang angenommen werden würde, muß aber bezweifelt werden. Denn nicht allein der Abbau rechtlicher Hemmnisse ist hier von Bedeutung, sondern es muß auch Vertrauen geschaffen werden. Die Angesprochenen müssen überzeugt werden, daß sie im Falle der Einbürgerung wirklich als gleichberechtigter Teil der Bevölkerung, und zwar nicht nur formal und rechtlich, sondern auch gesellschaftlich anerkannt werden, und daß die Annahme der deutschen Staatsangehörigkeit nicht mit der Erwartung der völligen Preisgabe der eigenen kulturellen Identität verbunden wird.
Da eine Einbürgerung für den Betroffenen einen persönlich einschneidenden Schritt bedeutet, sollte jeder Druck – auch durch Fristsetzungen – in dieser Richtung vermieden werden. Die Alternative sollte daher nicht Rückkehr oder Einbürgerung heißen. Gleichwohl sind als offenes und faires Angebot die Vorausset-

zungen zu erleichtern, um eine Entscheidung auch im Sinne der deutschen Seite zu ermöglichen.

7.1.3. Niederlassungsrecht – Alternative zur Einbürgerung?

Lange Verweildauer überwiegt

Weit über die Hälfte der 4,6 Millionen Ausländer leben mehr als 10 Jahre in der Bundesrepublik.

- 80,5 % länger als 5 Jahre,
- 58,9 % länger als 10 Jahre,
- 32,8 % länger als 15 Jahre.

Viele von ihnen, selbst wenn sie ursprünglich nur mit der Absicht einer zeitlich befristeten Arbeitsaufnahme kamen, haben sich aber inzwischen auf einen langfristigen oder dauernden Aufenthalt eingerichtet. Die Zahl der langdauernd Bleibewilligen ist sogar noch höher anzusetzen, wenn man berücksichtigt, daß bei der Gruppe der Personen mit bislang kürzerer Aufenthaltsdauer nachgezogene oder hier geborene Kinder enthalten sind.

Wenn man die sogenannte Verweilquote betrachtet, also die Zahl der Ausländer, die tatsächlich seit ihrem Zuzug in Deutschland geblieben sind, so hat sich fast jeder zweite von ihnen offensichtlich zu einem langfristigen Aufenthalt entschlossen. Von den 1970 im Bundesgebiet gemeldeten Ausländern lebten 1989 noch immer ca. 50 % in unserem Land.

Das geltende Ausländerrecht geht – den bislang gültigen Prinzipien der Ausländerpolitik folgend – als Grundsatz von einem zunächst nur befristeten Aufenthalt aus. Unter bestimmten Voraussetzungen kann später auch eine unbefristete Aufenthaltserlaubnis oder Aufenthaltsberechtigung (siehe 4.3.) erworben werden. Man spricht dann von einer „Verfestigung" des Aufenthaltsrechts. Damit wird aber lediglich eine im Vergleich zum vorherigen Status abgesichertere Aufenthaltsposition erworben. Es bleiben, wenn auch eingeschränkt, Ausweisung und Abschiebung, Auflagen und Bedingungen möglich. Ein gültiger Paß des Heimatlandes ist nach wie vor Voraussetzung des Aufenthalts. Der Status des Ausländers bleibt also weiterhin, wenn auch in geringerem Maße, einschränkbar und angreifbar. Weitere zusätzliche Rechte werden mit der Verfestigung nicht erworben.

Niederlassungsrecht – gesicherter Rechtsstatus ohne Einbürgerung

Die Vorschriften des Ausländerrechts berücksichtigen nicht den inzwischen eingetretenen Sachverhalt, daß es Zuwanderer gibt, die sich auf Dauer, wenn auch ohne Einbürgerung, niederlassen wollen. Um diese Lücke im Gesetz zu schließen, wird die Forderung nach einem besonderen, noch zu schaffenden Niederlassungsrecht erhoben. Es soll den Zuwanderern, die sich auf Dauer niedergelassen haben, einen gesicherten Rechtsstatus und auch in einem bestimmten Rahmen staatsbürgerliche Rechte und Pflichten gewähren. Es kann und soll dies weiter auch eine Stufe auf dem Weg zu einer möglichen Einbürgerung darstellen. Von der SPD und den Grünen werden Forderungen in dieser Richtung auf politischer Ebene erhoben.

Die Befürworter der Idee eines Niederlassungsrechts begründen ihre Meinung damit, daß von der Bundesrepublik anerkannt werden müsse, daß

- in Deutschland auf Dauer in erheblicher Zahl Ausländer leben werden,
- diese hier ihren wirtschaftlichen und persönlichen Lebensmittelpunkt haben und dies auch so empfinden,
- diese aber einen Wechsel der Staatszugehörigkeit nicht oder noch nicht wollen.

Aus „Gästen" seien „Mitbürger" geworden. Mitbürger könnten jedoch nicht auf Dauer allein vom Wohlwollen ihrer „Gastgeber" abhängig sein. Ihnen sei daher sowohl die Sicherung ihres Status als auch die aktive Teilnahme am gesellschaftlichen und politischen Leben zu ermöglichen. Ein „Niederlassungsrecht" biete eine solche Alternative an, da es die Rückkehr in die Heimat als deren Staatsbürger offenlasse, zugleich aber am Ort der Niederlassung – dem Lebensmittelpunkt – Rechte und Verantwortung übertrage. Es biete die Möglichkeit zu einer fortschreitenden Integration, ohne die sofortige völlige Aufgabe kultureller Eigenart zu erzwingen oder eine Rückkehr – wenn gewünscht – auszuschließen.

Die Auseinandersetzung um ein besonderes Niederlassungsrecht spielt sich vor dem Hintergrund der Diskussion um die Inhalte einer neu zu definierenden Ausländerpolitik ab. Soll es die Möglichkeit von „zwei Wegen" oder „drei Wegen" geben?

Die Bundesregierung vertritt die Auffassung, daß die Ausländer grundsätzlich zwischen Rückkehr oder Integration mit dem Ziel der Einbürgerung wählen müßten (siehe 3.3.), und lehnt ein Niederlassungsrecht ab.

Dies wird wie folgt begründet:

- Für die Zeit des Aufenthalts vor einer möglichen Entscheidung zur Einbürgerung biete das geltende Recht mit der gegebenen

Verfestigung des Aufenthaltsrechts eine angemessene Grundlage unter Wahrung der deutschen Interessen.

- Mit der Gewährung eines Niederlassungsrechts würde Ausländern ein quasi-staatsbürgerlicher Status zugebilligt, ohne daß diese sich im Gegenzug uneingeschränkt zur Loyalität gegenüber der Bundesrepulik verpflichten müßten.
- Es würde die Existenz abgesonderter nationaler Minderheiten auf Dauer verfestigt werden, was eine Integration eher erschwere als erleichtere.

Die Kritiker dieser Politik halten dem entgegen, daß ein „dritter Weg" – der eines Niederlassungsrechts – eröffnet werden müsse.

- Vorstellungen mit dem Ziel einer einheitlichen nationalen Gesellschaft, d.h. einer Gemeinschaft, in der möglichst alle Mitglieder die gleiche Staatsangehörigkeit haben sollen, entsprächen nicht mehr der Realität. In einer Zeit überregionaler wirtschaftlicher Zusammenschlüsse und einer im Vergleich zu früheren Jahrhunderten erheblich angestiegenen Mobilität der Menschen, die vor nationalen Grenzen nicht Halt mache, sei eine solche Politik anachronistisch.
- Die Bundesrepublik sei bereits zu einer Gesellschaft geworden, in der es nationale Minderheiten gebe. Deren Existenz hänge nicht von Formulierungen des Gesetzes oder von Parteitagsbeschlüssen ab, da sie eine soziale Realität darstellten. Die Erkenntnis dieser Entwicklung, die „nicht mehr umkehrbar" sei, müsse zu Folgerungen führen. Die Politiker müßten die Wirklichkeit erkennen und anerkennen; es dürfe nicht länger unter Leugnung der Realität eine „Vogel-Strauß-Politik" betrieben werden.
- Ein Niederlassungsrecht würde den Interessen der Bundesrepublik auf Integration wie auch der Ausländer auf Sicherheit am ehesten entsprechen. Letztlich würde die Integrationsfähigkeit hierdurch nur gefördert werden.

Die Frage nach einem Niederlassungs- oder auch Einwanderungsstatus unter Achtung ethnischer, kultureller und sozialer Bindungen wird in den kommenden Jahren unausweichlich Antworten fordern. Die Schaffung eines angemessenen rechtlichen Fundaments für die hier auf Dauer lebenden Ausländer bedarf einer Abkehr von den traditionellen Mustern unseres Ausländerrechts. Der Weg in eine „Gemeinsame Zukunft" – so das Leitthema einer Fachtagung der CDU zum Ausländerproblem – muß über Reformen führen, die rechtliche Unterschiede abbauen. Er führt nicht über Maßnahmen, die bestehende Unterschiede festschreiben oder diese sogar noch verschärfen. Dem Niederlassungsrecht – in welcher Form auch immer – kommt hierbei eine zentrale Bedeu-

tung zu. Wir sind – vielleicht ohne unser Wissen und Wollen – zum Einwanderungsland geworden. Der Gesetzgeber ist gefordert, dem Rechnung zu tragen und diesen sozialen Tatbestand nicht einfach zu ignorieren.
Andere Staaten mit vergleichbaren Problemen haben bereits ähnliche Maßnahmen ergriffen. Schweden ist es gelungen, ca. 60% seiner „Einwanderer" durch eine konsequente Gleichstellungspolitik für eine Einbürgerung zu gewinnen, die auch Ausdruck einer tatsächlichen erfolgten Integration ist. Die Niederlande haben sich 1979 für den Weg einer multikulturellen und multi-ethnischen Gesellschaft entschieden. Ausländern wurde das kommunale Wahlrecht eingeräumt, ein Gleichberechtigungsgesetz ist geplant. Der Ausschuß der Kirchen für Fragen ausländischer Arbeitnehmer hat ein allgemeines europäisches Niederlassungsrecht für Wanderarbeiter gefordert.

7.1.4. Kommunales Wahlrecht für Ausländer?

Diskussionstand national und international

Die Gemeinden haben nach Art 28 Abs. 2 des Grundgesetzes das Recht, „alle Angelegenheiten der örtlichen Gemeinschaft im Rahmen der Gesetze in eigener Verantwortung zu regeln". Die in der Gemeinde wohnenden Ausländer werden von den konkreten Sachentscheidungen der gewählten Gemeinderäte (z.B. über den Bau einer Schule oder eines Kinderspielplatzes) genauso betroffen wie die deutschen Gemeindebewohner. Sie haben gegenüber der Gemeinde auch die gleichen Pflichten zu erfüllen, indem sie z.B. Steuern und Gebühren bezahlen. Es liegt deshalb nahe, daß mit zunehmender Aufenthaltsdauer und weiterer Verfestigung des Aufenthaltsstatus eine Reihe von Organisationen seit etwa Mitte der 70er Jahre die Forderung nach der Einführung des kommunalen Wahlrechts für die seit Jahren legal hier lebenden Ausländer erhoben. In politischen Parteien, Gewerkschaften, Wohlfahrtsverbänden, Kirchen und natürlich den Ausländerorganisationen selbst finden seit Jahren ernsthafte Diskussionen über die Bedeutung und die möglichen Folgen einer Einführung des kommunalen Wahlrechts statt.
Ein Blick über unsere Grenzen zeigt, daß sich im Zeitalter der europäischen Einigung diese Diskussion keinesfalls auf die Bundesrepublik beschränkt. Vorreiter für die Einführung des Kommunalwahlrechts für Ausländer war Schweden. Dort steht dieses Recht seit 1975 allen Ausländern – die dort „Einwanderer" genannt werden – nach dreijährigem rechtmäßigen Aufenthalt zu. Es folg-

ten Dänemark, Irland, Finnland, Norwegen und die Niederlande. Dort gab es 1982 sogar eine ⅔-Mehrheit in beiden Kammern des Parlaments für eine notwendige Verfassungsänderung. Auch in einigen Schweizer Kantonen sind Ausländer wahlberechtigt. Die Parlamentarische Versammlung des Europarats und das Europäische Parlament haben die europäischen Regierungen ebenfalls schon zu diesem Schritt aufgefordert.

Die Gestaltung des Kommunalwahlrechts ist in der Bundesrepublik Deutschland zwar Länderangelegenheit, doch darf dieses auch nur im Rahmen des Grundgesetzes erfolgen. CDU und CSU lehnen die Einführung des Kommunalwahlrechts ebenso wie die Zuerkennung des allgemeinen Wahlrechts als „verfassungsrechtlich nicht zulässig" ab, weil das Grundgesetz die Ausübung der Staatsgewalt durch Wahlen und Abstimmungen den deutschen Staatsbürgern vorbehalte, und verweisen auf die Möglichkeit der Einbürgerung, mit der auch die Erlangung aller politischen Beteiligungsrechte verbunden sei. SPD und F.D.P. haben sich in einer Reihe von Parteitagsbeschlüssen und Programmaussagen zur Einführung des Kommunalwahlrechts bekannt. Allerdings kann man hierbei nicht von einer geschlossenen Parteimeinung sprechen, da es in beiden Parteien auch erhebliche Gegenstimmen zu diesem Schritt gibt. In keinem Bundesland der ehemaligen DDR wurde bisher eine Kommunalwahl unter Beteiligung von Ausländern durchgeführt. Am eindeutigsten haben sich die Grünen zum Kommunalwahlrecht für Ausländer bekannt.

Einen neuen Anstoß erhielt die Diskussion im Sommer 1987, als die Hamburger Koalition von SPD und F.D.P. vereinbarte, Ausländer, die mindestens 8 Jahre in der Bundesrepublik leben, im Jahr 1991 an der Wahl der Bezirksversammlungen teilnehmen zu lassen. Am 15. Februar 1989 billigte die Hamburger Bürgerschaft gegen die Stimmen der CDU einen entsprechenden Gesetzentwurf. Weiter beschloß das SPD-regierte Schleswig-Holstein, denjenigen Ausländern das Kommunalwahlrecht zuzugestehen, in deren Heimatländern es auch Deutschen zusteht.

Die Befürworter der Einführung stützen sich vornehmlich auf das Demokratiegebot des Grundgesetzes und argumentieren damit, daß die faktisch zu „Einwanderern" gewordenen früheren „Gastarbeiter" nicht dauerhaft von der Mitbestimmung über ihre ureigensten Interessen ausgeschlossen werden dürften. Dabei sind sie sich darüber im klaren, daß seine Einführung nicht alle Probleme lösen wird. Aber, so sagt einer der engagiertesten Verfechter des Kommunalwahlrechts, der frühere Berliner Richter am Verwaltungsgericht Dr. Fritz Franz: „Ohne Wahlrecht wird es keine Lösung geben. Eingewanderte gehören untrennbar zur demokratischen Gesellschaft, die ... nicht teilbar ist in Demokraten und Heloten." (Fritz Franz: Kommunales Wahlrecht für

Einwanderer, in: Hakki Keskin, Hrsg., Menschen ohne Rechte? Einwanderungspolitik und Kommunalwahlrecht in Europa. EXpress Edition Berlin 1984, S. 31)

Die Befürworter sehen angesichts der zu erwartenden Dauerhaftigkeit des Aufenthalts darin auch ein psychologisch wichtiges Entgegenkommen, das die von deutscher Seite immer wieder geforderte Integrationsbereitschaft der Ausländer verbessern könnte.

Die Gegner äußern hauptsächlich verfassungsrechtliche Bedenken, tragen aber auch eine Reihe von politischen Gegenargumenten vor:

- Aus dem Grundgesetz wird abgeleitet, daß die deutsche Staatsbürgerschaft im Sinne des Artikels 116 GG nicht nur die Voraussetzung für die Ausübung des Bundes- und des Landtagswahlrechts, sondern auch des Kommunalwahlrechts sei, denn in Art. 20 GG und entsprechend in den Landesverfassungen heiße es: „Alle Staatsgewalt geht vom Volke aus“, „Volk“ könnten aber nur die deutschen Staatsangehörigen oder ihnen Gleichgestellte gemäß Art. 116 GG sein.
- Politisch handele es sich um eine Ablenkungsstrategie, mit der die eigentlichen Existenzprobleme der ausländischen Wohnbevölkerung nicht gelöst würden.
- Das Entstehen reiner Ausländerparteien würde begünstigt werden, und dies würde zur Übertragung der heimatlichen politischen Konflikte auf die Bundesrepublik führen.
- Ein Großteil der Ausländer wolle eines Tages in die Heimat zurückkehren und habe daher auch kein Interesse an der deutschen Politik.
- Schließlich sei eine Mehrheit der deutschen Wähler gegen die Einräumung des kommunalen Wahlrechts für Ausländer, damit sei es politisch nicht durchsetzbar.

Die verfassungsrechtlichen Bedenken werden keinesfalls von allen Staatsrechtlern geteilt. In den letzten Jahren mehrten sich die Stimmen von Juristen, die in den Landesverfassungen mit Ausnahme von Bayern und Rheinland-Pfalz keine Hemmnisse sehen. Der wissenschaftliche Dienst des Berliner Abgeordnetenhauses kam in einem Gutachten 1983 zu dem Schluß: „Die gegenwärtige Verfassungslage schließt ein aktives Wahlrecht der Ausländer zu den Bezirksverordnetenversammlungen nicht aus ... Auch das passive Wahlrecht begegnet ... keinen verfassungsrechtlichen Bedenken.“ Auch der ehemalige Präsident des Bundesverfassungsgerichts, Ernst Benda (CDU), hielt in öffentlichen Äußerungen das kommunale Wahlrecht für verfassungsrechtlich nicht völlig ausgeschlossen.

Der Deutsche Juristentag machte in einer mit knapper Mehrheit 1980 angenommenen Entschließung deutlich, daß die Einführung weniger eine Frage des verfassungsrechtlichen Könnens als des politischen Wollens ist, als er feststellte: „Der deutsche Juristentag fordert die Landesgesetzgeber auf, den länger in der Bundesrepublik ansässigen Ausländern das Wahlrecht zu den kommunalen Vertretungsorganen durch Gesetzesänderung, einzuräumen, um den Verfassungsgrundsatz der Demokratie zu verwicklichen, der den Beherrschten eine Mitwirkung an der Herrschaft zu sichert. Der Bundesgesetzgeber ist aufgerufen, durch Verfassungsänderung verfassungsrechtliche Bedenken auszuräumen." (Neue Juristische Wochenschrift, NJW, 1980, S. 2511) Allerdings lehnten die deutschen Staatsrechtslehrer auf ihrer Tagung diese Entschließung ab. Was die politischen Bedenken angeht, so wiegt vermutlich bei SPD und F.D.P. vor dem Hintergrund einer nicht zu übersehenden Ausländerfeindlichkeit (siehe 5.2.2.) die Angst vor dem Verlust an Wählerstimmen an die Unionsparteien bei einer ausländerfreundlichen Politik schwer. Daß diese Furcht nicht unbegründet ist, zeigen die Erfahrungen des Sommers 1986 mit den Versuchen führender Politiker der CDU und CSU wie Dregger und Zimmermann, die Frage einer Änderung des Grundrechts auf Asyl trotz mahnender Stimmen wie die der CDU-Politikerin und damaligen Berliner Bürgermeisterin Laurien und des CDU-Generalsekretärs Geissler zum Wählerstimmen versprechenden Wahlkampfthema gegen SPD und Grüne, aber auch gegen den eigenen Koalitionspartner F.D.P. für die Bundestagswahlen im Januar 1987 zu machen.
Der Erfolg der rechtsextremen Republikaner, die bei den Wahlen zum Berliner Abgeordnetenhaus am 29. Januar 1989 7,5% der Zweitstimmen erreichten, vor allem aber bei den bayerischen Kommunalwahlen und der Europawahl im Juni 1989, gab Politikern in den Unionsparteien CDU und CSU Rückenwind, die einer aus ihrer Sicht zu liberalen Ausländer- und Asylpolitik die Schuld an den Stimmenverlusten der CDU und CSU gaben und daher, wie der damalige Bundesinnenminister Zimmermann, die Einführung des kommunalen Wahlrechts als „Anschlag auf die Verfassung" ansahen. So lag es in der Logik ihrer bisherigen Haltung, daß die CDU gegen die Beschlüsse aus Hamburg und Schleswig-Holstein Verfassungsklagen erhob. Das Bundesverfassungsgericht entschied am 31.10.1990, daß die Regelungen nicht mit dem Grundgesetz vereinbar seien. Der Begriff „Volk" meine auch für die Kommunen nur das „deutsche Volk". Möglich sei aber die Einführung über eine Verfassungsänderung oder durch Erleichterung der Einbürgerung. Diese Entwicklung und die Diskussion lassen zur Zeit die Hoffnung,

es könne in der Bundesrepublik ähnlich wie in Skandinavien oder den Niederlanden in der Frage des kommunalen Wahlrechts von Ausländern zu einer Art von Großer Koalition kommen, als illusorisch erscheinen. Dort setzte sich von den Kommunisten bis zu den Konservativen die Einsicht durch, daß angesichts der Dauerhaftigkeit des Aufenthalts der Arbeitsmigranten die Ignoranz gegenüber deren rechtlichen und politischen Beteiligungswünschen ihre Integration erschwere und damit die Probleme der gesamten Gesellschaft vergrößere. Bei uns haben sich die Unionsparteien, aber auch starke Gruppen innerhalb von SPD und F.D.P. für eine Vertagung der Antwort auf die Frage, wie man es mit der politischen Beteiligung der Ausländer halte, entschieden. Sie verstecken sich hinter den verfassungsrechtlichen Vorbehalten oder dem Verweis auf die Möglichkeit der Einbürgerung, um eine politische Antwort nicht geben zu müssen.

Erfahrungen anderer Länder

Dabei könnten die politischen Vorbehalte bei einem Blick auf Schweden, Dänemark und seit 1986 auch die Niederlande zumindest stark relativiert werden:

- Reine Ausländerparteien sind dort trotz fehlender 5%-Klausel nicht entstanden. Die wahlberechtigten Ausländer haben sich den einheimischen Parteien zugewandt.
- Die Möglichkeit, politisch mitzubestimmen, hat nach Ansicht von Experten eine Umorientierung von den heimatlichen Konflikten auf Problemlösungen in der neuen Heimat eher begünstigt.

Die Wahlbeteiligung zeigte durchaus politisches Interesse der Einwanderer. Sie lag in Dänemark und Schweden zwischen 50 und 60% bei einer Gesamtwahlbeteiligung von etwa 70%, und die der Einwanderer aus den Mittelmeerländern lag im Schnitt nicht niedriger als die der Angehörigen skandinavischer Nachbarstaaten.

So gaben z.B. bei den schwedischen Kommunalwahlen 1982 61% der wahlberechtigten Türken und Griechen, 58% der Italiener, 52% der Jugoslawen, aber nur 49% der Finnen und Dänen im Lande ihre Stimmen ab.

Konsequenzen für die Bundesrepublik

Da alle Parteien des Deutschen Bundestages sich zum Ziel der Integration der hier seit vielen Jahren lebenden Ausländer bekennen, wäre es unserer Ansicht nach ihre Aufgabe, sich nicht hinter verfassungsrechtlichen Positionen oder dem Verweis auf drohende Stimmenverluste zu verstecken, sondern der Öffentlichkeit deutlich zu sagen, ob sie das Wahlrecht politisch wollen oder nicht. Beispiele dafür, daß die offizielle Politik durch klare Aussagen sowie

durch Information und sachliche Argumentation durchaus in der Lage ist, auch massive Vorbehalte der Bevölkerung abzubauen, gibt es in der Nachkriegsgeschichte von der Westintegration über die deutsch-französische Aussöhnung bis zur neuen Ostpolitik genug. Auch das Grundgesetz und die Landesverfassungen wurden immer wieder veränderten politischen Rahmenbedingungen angepaßt, so daß es zwar populär sein mag, aber trotzdem unglaubwürdig ist, wenn Politiker auf der einen Seite wegen gestiegener Asylbewerberzahlen den Artikel 16 des Grundgesetzes ändern wollen, die für die Einführung des kommunalen Ausländerwahlrechts erforderliche Änderung der Verfassung ablehnen, als sei diese nicht bei entsprechendem politischen Willen und vorhandenen Mehrheiten zu korrigieren.
Auch im Zuge des deutschen Vereinigungsprozesses würde es gewiß den Deutschen gut anstehen, wenn sie sich in dieser Frage nicht von in europäischen Nachbarländern und in der bisherigen DDR praktizierten und von maßgeblichen Gremien wie Europarat und Europäischem Parlament europaweit geforderten Entwicklungen abkoppeln würden.

In der DDR wurde das im Frühjahr 1989 noch vom alten Regime eingeführte kommunale Ausländerwahlrecht bei den ersten demokratischen Kommunalwahlen im Mai 1990 beibehalten.

7.2. Institutionen zur Verbesserung des Zusammenlebens von Deutschen und Ausländern

7.2.1. Ausländerbeiräte und Ausländerparlamente in Städten und Gemeinden

Politische Beteiligung stark eingeschränkt

Ausländer können zwar Mitglied einer Partei, einer Gewerkschaft oder anderer Verbände sein, aber über die Zusammensetzung des Bundestags, der Landes- und Kommunalparlamente können sie nicht mitentscheiden. Über die Möglichkeit, ihnen das Kommunalwahlrecht einzuräumen, wird zwar seit Jahren diskutiert (siehe 7.1.4.), aber nirgendwo wurde es bisher praktiziert. Wenn wir davon ausgehen, daß das demokratische Prinzip, das Grundlage unseres Staatswesens ist, unteilbar ist, müssen sich die Politiker und die Bürger der Bundesrepublik Gedanken darüber machen, ob es mit dem demokratischen Selbstverständnis dieser Gesellschaft vereinbar ist, eine große Minderheit, wie sie die lange hier lebenden Ausländer darstellen, auch für die Zukunft von jeglicher wirksamer politischer Mitbestimmung auszuschließen. Manche Gegner einer Erweiterung der politischen Beteiligungsrechte von Auslän-

dern verweisen darauf, daß wer politisch mitbestimmen wolle, sich einbürgern lassen müsse. Dieses Argument übersieht jedoch die Hürden, die das geltende Einbürgerungsrecht (siehe 7.1.2.) für viele Ausländer enthält, und nimmt damit die fortdauernde politische Rechtlosigkeit von Menschen in Kauf, die in ihrer großen Mehrheit schon länger als 10 Jahre bei uns leben.
Seit Anfang der 70er Jahre wurde versucht, einen ersten Schritt zu tun, um ihre völlige politische Einflußlosigkeit ein kleines Stück zu verringern und die politischen Interessen der verschiedenen Ausländergruppen besser in Erfahrung zu bringen.

Gemeinderecht
Das deutsche Gemeinderecht erlaubt den Städten und Gemeinden im Rahmen der grundgesetzlich garantierten Selbstverwaltung (Art. 28 Abs. 2 GG) die Einrichtung von Beratungsgremien der kommunalen Vertretungskörperschaften. Sie sind aber im Hinblick auf die Beteiligung von Ausländern weder vorgeschrieben, noch ist ihre Ausgestaltung verbindlich geregelt. Zwangsläufig ergab sich aus dieser Ausgangssituation ein sehr geschecktes Bild.

Mitsprachegremien
In der Literatur wird zwischen vier Haupttypen derartiger Mitsprachegremien unterschieden:
Arbeits- und Koordinationskreise wurden als früheste Form kommunaler Ausländervertretungen geschaffen. Sie dienen der wechselseitigen Information der in der Ausländerarbeit tätigen Verbände und Verwaltungen, die auch ihre Vertreter in die Arbeits- und Gesprächskreise delegieren. Gremien dieser Art sind weitgehend informell, der Masse der betroffenen Ausländer unbekannt und in ihrer Zusammensetzung in keiner Weise repräsentativ. Es fehlen ihnen jegliche kommunalpolitischen Entscheidungskompetenzen. Dennoch sind sie nicht überflüssig, weil sie sachverständig sind und einem Informationsaustausch dienen, der sonst nicht stattfände.
Ausländerparlamente sind Einrichtungen, die ausschließlich aus gewählten Vertretern der in einer Kommune lebenden Ausländer bestehen. In ihnen waren oder sind die Ausländer unter sich. Nur in wenigen Städten wurden derartige Gremien eingeführt, die losgelöst vom tatsächlichen politischen Entscheidungsprozeß der Kommunalparlamente arbeiteten und damit isoliert blieben.

> „Die wenigen bestehenden Modelle sind als Experiment gescheitert und zugunsten anderer Vertretungsformen eingestellt worden. Zentrale Ausgestaltungsmerkmale (Urwahl durch ausländische Bevölkerung, ausschließliche Besetzung mit ausländischen Vertretungsmitgliedern) sind jedoch in verschiedenen anderen Beteiligungsformen aufgegriffen und realisiert worden."

(Uwe Andersen, Manfred Cryns: Politische Beteiligungsmöglichkeiten von Ausländern im Kommunalbereich, in: Aus Politik und Zeitgeschichte. Beilage zur Wochenzeitung. Das Parlament. B32/84 S. 41)

Ausländerbeiräte existieren in unterschiedlichen Formen. Gemeinsames Merkmal ist, daß
- sie eine Beratungsaufgabe gegenüber den kommunalen Organen haben,
- sie meist durch einen förmlichen Beschluß der Kommunalvertretung gegründet wurden und
- für ihre Arbeit rechtliche Regeln in Gestalt von Satzungen und Geschäftsordnungen vorliegen.

Sie bestehen aus Ausländern und Deutschen, allerdings von Gemeinde zu Gemeinde in unterschiedlicher Zusammensetzung und mit unterschiedlichen Entsendungsmodalitäten. Vorherrschend ist noch das Delegationsprinzip, z.B. der deutschen Mitglieder durch die Kommunalvertretung, der ausländischen Mitglieder durch die in der Ausländerarbeit tätigen Verbände. Es ist jedoch eine wachsende Tendenz zur Direktwahl der Ausländervertreter durch die ausländische Wohnbevölkerung erkennbar.

Ratsausschüsse für Ausländerangelegenheiten sind von der Kommunalvertretung selbst gebildete Gremien (wie z.B. auch der Bauausschuß oder der Jugendwohlfahrtsausschuß), um kommunalpolitische Entscheidungen des Plenums der Kommunalvertretung vorzubereiten. In einigen Bundesländern erlauben die Gemeindeordnungen die Mitgliedschaft von Ausländern in derartigen Ausschüssen; zumindest können sie im Ausschuß angehört werden.

Längst nicht alle Städte und Gemeinden haben von der Möglichkeit der Einrichtung derartiger Beratungsgremien Gebrauch gemacht. Nach Andersen/Cryns
- war 1984 in 36,8% aller Gemeinden eine Ausländervertretung vorhanden,
- steigt ihr Anteil in Gemeinden mit einem ausländischen Bevölkerungsanteil von 10% und mehr auf 55,2%,
- gibt es sie in 93,6% aller Gemeinden mit über 100.000 Einwohnern und 60,6% aller Gemeinden mit zwischen 50.000 und 100.000 Einwohnern.

Einfluß?

Die Frage nach dem Erfolg oder der Wirksamkeit der kommunalen Ausländervertretungen läßt sich nicht eindeutig beantworten, weil die Antwort von den Erwartungen abhängig ist, die mit diesen Gremien verbunden wurden:
- Es handelt sich um Beratungsgremien, denen – von wenigen

Ausnahmen abgesehen – jede Entscheidungskompetenz fehlt. Die Entscheidungen werden in den dafür vorgesehenen Gremien ohne Einfluß der Ausländer getroffen. So wird den mitarbeitenden Ausländern immer wieder ihre politische Ohnmacht vor Augen geführt. Dies führt leicht zu Enttäuschung und Resignation gerade bei den politisch Aktiven. Viele sehen in den Ausländervertretungen Alibi-Einrichtungen, durch die die Durchsetzung der kommunalpolitischen Mitbestimmung eher behindert als gefördert wird.

– Eine Vielzahl der Probleme der hier lebenden Ausländer resultiert aus unsicherem Rechtsstatus, Arbeitslosigkeit und Ablehnung durch die deutsche Gesellschaft. Dies sind Probleme, die auf der kommunalen Ebene kaum gelöst werden können. Da die Ausländervertretungen bisher die einzigen Gremien mit einem direkten Zugang zur deutschen Politik sind, können sie leicht von seiten der mit dem deutschen politischen Entscheidungsprozeß nicht ausreichend vertrauten Ausländer unter einen Erwartungsdruck geraten, der zu Enttäuschung führen muß. Die relativ geringe Beteiligung an den Wahlen zu Ausländerbeiräten läßt den Schluß zu, daß die bisherigen Erfahrungen mit diesen Einrichtungen der ausländischen Bevölkerung nicht das Gefühl vermittelten, hier eine effektive Einflußmöglichkeit gefunden zu haben.

  Bei der Repräsentativuntersuchung ,85 des Forschungsinstituts der Friedrich-Ebert-Stiftung gaben 45,2% der befragten Ausländer an, über die Arbeit von Ausländerbeiräten nicht informiert zu sein, 55,6% hatten eine positive Meinung von der Arbeit dieser Einrichtung.

– Andererseits stellen die Ausländervertretungen aus der Sicht deutscher Kommunalvertreter und -verwaltungen einen wichtigen Zugang zur ausländischen Bevölkerung ihrer Gemeinde dar, deren Interessen sie bei kommunalpolitischen Planungen und Entscheidungen berücksichtigen müssen. Daher wird deren Arbeit von dieser Seite dann, wenn es nicht zu die Arbeit lähmenden Streitigkeiten zwischen verschiedenen Ausländergruppen kommt, überwiegend positiv bewertet.

Ausländervertretungen können ein wichtiges Durchgangsstadium für die Eröffnung weitergehender Möglichkeiten politischer Mitbestimmung – vor allem des kommunalen Wahlrechts – sein. Sie ermöglichen die Heranbildung politischen Führungspersonals bei den Ausländern und können im kleinen Rahmen – guter Wille auf deutscher Seite vorausgesetzt – konkrete Verbesserungen in den Bereichen Schule, Kindergarten, Wohnraumversorgung, kulturelle Förderung und eine allgemeine Klimaverbesserung erreichen. Einen Ersatz für die schrittweise Einführung echter Mitbestimmung und damit auch politischer Integration stellen sie nach unserer Ansicht nicht dar.

7.2.2. Die sozialen Dienste für Ausländer bei Wohlfahrtsverbänden, Kirchen, Gewerkschaften und Initiativgruppen

Notwendigkeit sozialer Dienste
Mit der gewaltigen Zunahme der Zahl angeworbener ausländischer Arbeitnehmer nach dem Bau der Berliner Mauer im Jahr 1961 ergab sich auch die Notwendigkeit der Einrichtung spezieller sozialer Dienste für Ausländer. Mit dem Aufbau von Beratungsstellen für die ab 1955 angeworbenen italienischen Arbeiter hatte der katholische Deutsche Caritasverband (DCV) ohne staatliche Förderung bereits 1956 begonnen.

Stellungnahme des Papstes
„Hier liegt die Aufgabe, die Einwanderer wie Brüder aufzunehmen und sie, wie es ihrer Menschenwürde zusteht, als Helfer beim Aufbau einer neuen, weit größeren Gemeinschaft zu betrachten. – Sorgen wir dafür, eine Gewissensbildung der Öffentlichkeit zu fördern, die zu einer allgemeinen Verantwortung für die Lösung unserer Probleme führt."
(Papst Paul VI, Pastoralis migratorum Cura)

Wohlfahrtsorganisationen
Drei Spitzenverbände der Freien Wohlfahrtspflege sind heute Träger der aus Mitteln des Bundes und der Länder und aus Eigenmitteln der Verbände finanzierten Ausländer-Sozialdienste:
- Der Deutsche Caritasverband (DCV) betreut vornehmlich Italiener, Spanier, Portugiesen, aber auch (katholische) Jugoslawen, Griechen und Asiaten und neuerdings Polen.
- Die Arbeiterwohlfahrt (AW) hat die Betreuung der beiden größten Ausländergruppen, der Türken und der Jugoslawen sowie der Tunesier und Marokkaner übernommen.
- Das Diakonische Werk (DW) der Evangelischen Kirche ist für die Betreuung der Griechen verantwortlich.

Diese weitgehend nationalitätenorientierte Aufgabenverteilung hat sich ohne genaue vertragliche Regelung zwischen den Verbänden ohne staatliche Festlegung im Laufe der Jahre herausgebildet. 1984 formulierte die Konferenz der Landesarbeitsminister „Grundsätze" für die aus den öffentlichen Haushalten bezuschußte Sozialberatung, die wegen ihrer das Arbeitsfeld der Ausländer-Sozialdienste einengenden Tendenz auf den heftigen Widerstand der betroffenen Wohlfahrtsverbände gestoßen sind.

Aufgaben der Sozialdienste

Ursprünglich wurde als Hauptaufgabe der Sozialdienste die Einzelfallhilfe vor allem bei Fragen des Aufenthalts- und Arbeitserlaubnisrechts und der Ansprüche an die soziale Sicherung bei Krankheit und Arbeitslosigkeit gesehen.

Einem Grundsatzpapier der Arbeiterwohlfahrt aus dem Jahre 1981 zufolge sind zu dieser Aufgabe weitere hinzugetreten, so daß man heute von fünf Schwerpunkten der Arbeit der Ausländer-Sozialdienste sprechen kann:

- „Beratung von Familien und Einzelpersonen,
- sozialpädagogische Begleitung und Anregung von Förderungsmaßnahmen,
- Beratung von Institutionen bei der Formulierung von ausländergerechten Angeboten,
- Beratung ausländischer Gruppen bei der Förderung der Selbsthilfeorganisation,
- Information der deutschen Bevölkerung über Probleme der Ausländerpolitik".

(Arbeiterwohlfahrt Bundesverband: Ausländerpolitik in der neunten Legislaturperiode, Eigenveröff., Bonn 1981, S. 13)

Sozialberater

Die Zahl der bei allen drei Organisationen in der Bundesrepublik einschließlich Berlin beschäftigten „Sozialberater" betrug Ende 1982 ca. 850. Die Verteilung auf die Herkunftsländer der ausländischen Arbeiter und ihrer Familien ergab folgenden Schlüssel:

- Türken: 250 Sozialberater bei der AW (1 Sozialberater für 6.320 Personen);
- Jugoslawen: 100 Sozialberater bei der AW, 94 beim DCV (1 : 3.250 Personen);
- Italiener: 129 beim DCV (1 : 4.660 Personen);
- Griechen: 100 beim DW, 8 beim DCV (1 : 3.000 Personen);
- Spanier: 89 beim DCV (1 : 1.950 Personen);
- Portugiesen: 34 beim DCV (1 : 3.117 Personen);
- Asiaten: (z. B. Koreaner) 17 beim DCV;
- Marokkaner, Tunesier: 8 bei der AW.

(Zahlen nach: Maria Gimbel, Sozialberatung/Sozialdienste, in: Georg Auernheimer, Hrsg.: Handwörterbuch Ausländerarbeit. Beltz Verlag Weinheim 1984, S. 293)

Nach den Ende 1981 von Bund und Ländern unter Federführung des Bundesarbeitsministers verabschiedeten „Leitsätzen zur gemeinsamen Finanzierung der Ausländer-Sozialdienste durch Bund und Länder" ist für den Sozialberatungsdienst ein Verhältnis von einem Sozialberater für bis zu 3.000 Ausländer anzustreben. Bund und Länder sollen dabei die Zuschüsse jeweils zur Hälfte tragen.

Mitarbeiter der Beratungsstellen sind vorwiegend ausländische „Sozialberater", von denen nur ein Teil eine Ausbildung als Sozialarbeiter erworben hat. Da es in den Entsendeländern eine unserer Sozialarbeiterausbildung entsprechende Qualifikation zum Teil entweder nicht gibt oder aber ausländische Sozialarbeiter für die Tätigkeit in Deutschland nicht zur Verfügung standen, mußte bei der Einstellung der ausländischen Sozialberater vielfach auf für ihre Arbeit nicht hinreichend qualifizierte zweisprachige Mitarbeiter zurückgegriffen werden, denen in verbandsinternen Fortbildungsmaßnahmen die für ihre Arbeit erforderlichen zusätzlichen Qualifikationen vermittelt werden sollten.
Angesichts der nach wie vor bestehenden erheblichen Integrationsprobleme kann weder die personelle Ausstattung der Ausländer-Sozialdienste noch die Tatsache, daß erst in den letzten Jahren durch Einrichtung praxisbegleitender Studiengänge an Sozialarbeiter-Fachhochschulen und durch eine Verordnung zur berufsbegleitenden Fortbildung zu „geprüften Sozialarbeitern" größere Anstrengungen zur Verbesserung ihrer beruflichen Qualifikation gemacht werden, als befriedigend angesehen werden.

Zur Notwendigkeit der Sozialdienste für Ausländer:
„Die generelle, praktisch alle Lebensbereiche umfassende Problemlage der ausländischen Familien in der Bundesrepublik läßt sie auf beratende Hilfen besonders angewiesen sein. Die vielfältigen deutschen Beratungsstellen stehen den ausländischen Familien zwar grundsätzlich in gleicher Weise zur Verfügung, ihr Angebot reicht jedoch bei weitem nicht aus, um bei den ausländerspezifischen Themen in erforderlichem Umfang hilfreich zu sein. Hinzu kommt, daß auch hier Sprachbarrieren, die Informationsdefizite und eine allgemeine Behördenscheu (nicht selten sogar verbunden mit der Angst aufzufallen und dann aufenthaltsrechtliche Schwierigkeiten zu bekommen) eine erhebliche Zurückhaltung bei der Inanspruchnahme der vorhandenen Dienste bewirkt."
(Heinz Kühn: Stand und Weiterentwicklung der Integration der ausländischen Arbeitnehmer und ihrer Familien in der Bundesrepublik Deutschland. Bonn 1979, S. 49)

„Nach Auffassung des Senats sollte die soziale Betreuung der ausländischen Bevölkerung im Interesse der Integration soweit wie möglich durch die allgemeinen sozialen Dienste geleistet werden. Allerdings ist die ausländische Klientel hier noch unterrepräsentiert. Die Zugangsbarrieren sind durch Sprachschwierigkeiten, kulturelle Distanz und ein aus der oft ungesicherten Situation der Ausländer verständliches Behördenmißtrauen gekennzeichnet. Es wird immer wieder festgestellt, daß dort, wo ausländische Mitarbeiter eingestellt werden, die Nachfrage der ausländischen Bevölkerung nach den entsprechenden Angeboten spürbar ansteigt. Auf der anderen Seite kann als Integrationsfortschritt verzeichnet werden, daß die Angehörigen der jüngeren Generationen sich verstärkt und vertrauensvoller an die sozialen Dienste und an die deutschen Mitarbeiter wenden."
(Der Senator für Gesundheit, Soziales und Familie – Ausländerbeauftragter: Miteinander leben. Bilanz und Perspektiven. Berlin 1985, S. 33)

Stellungnahmen zur Ausländerpolitik

Die genannten Wohlfahrtsverbände haben sich ebenso wie der Deutsche Paritätische Wohlfahrtsverband, die Dachorganisation vieler kleinerer Initiativgruppen der Ausländerarbeit, wiederholt auch mit kritischen Stellungnahmen zur Ausländerpolitik der Bun-

desregierung an die Öffentlichkeit gewandt. Der Verzicht auf die von Bundesinnenminister Zimmermann zunächst angekündigte Herabsetzung des Nachzugsalters von Kindern auf 6 Jahre ist vermutlich auch auf den Einfluß derartiger Erklärungen zurückzuführen.
Auch die beiden großen christlichen Kirchen haben in den letzten Jahren ihre Verantwortung für die hier lebenden ausländischen Familien unabhängig von deren Glauben erkannt. Neben der reinen Ausländerseelsorge, die den Ausländern christlichen Glaubens gilt, und der beschriebenen Arbeit der konfessionellen Wohlfahrtsverbände organisiert ein „Ökumenischer Vorbereitungsausschuß", dem Vertreter der evangelischen und der katholischen Kirche sowie des Deutschen Gewerkschaftsbundes angehören, die jährlich stattfindende „Woche des ausländischen Mitbürgers" in zahlreichen Städten und Gemeinden der Bundesrepublik.
Die Katholische Bischofskonferenz veröffentlichte 1982 eine Stellungnahme zur Ausländerpolitik, und eine „Kommission für Ausländerfragen und ethnische Minderheiten der Evangelischen Kirche in Deutschland" (EKD) trat im Mai 1985 mit „Gesichtspunkten zur Neufassung des Ausländerrechts" an die Öffentlichkeit.
Verschiedene evangelische Landeskirchen haben Pfarrer mit der Aufgabe eines Ausländerbeauftragten betraut. In der Evangelischen Landeskirche Berlin-Brandenburg ist seit einigen Jahren ein hauptamtlicher Beauftragter für Ausländerfragen tätig.
Auch einzelne Gemeinden und kirchliche Jugendgruppen beider Konfessionen sind in der Ausländerarbeit aktiv geworden, wobei ein besonderes Augenmerk den ausländischen Kindern, Frauen und jungen Mädchen gilt.

Gewerkschaftliche Ausländerarbeit

Der Deutsche Gewerkschaftsbund machte seine Zustimmung zum Abschluß der Anwerbevereinbarungen von vornherein von zwei Bedingungen abhängig:

- arbeits- und sozialrechtliche Gleichstellung mit den vergleichbaren deutschen Arbeitnehmern und
- Sicherstellung einer menschenwürdigen Unterbringung der Arbeiter.

Bereits 1956 wurde beim DGB-Bundesvorstand ein mit einem italienischen Sekretär besetztes Büro eingerichtet. Seit 1973 existiert eine eigene Abteilung „Ausländische Arbeitnehmer" beim Bundesvorstand mit Sekretären unterschiedlicher Nationalität aus den Anwerbeländern. Auch bei den DGB-Landesbezirken, in Ausländerberatungsstellen größerer DGB-Kreise und bei verschiedenen Einzel-

gewerkschaften sind Ausländersekretäre beschäftigt. Insgesamt waren es 1986 48. Hinzu kamen ehrenamtliche Beratungs- und Übersetzungstätigkeiten durch ausländische Gewerkschaftsmitglieder.
Ausländische Gewerkschaftsmitglieder sind heute zu einer wichtigen Stütze der gewerkschaftlichen Organisation geworden. Dies gilt vor allem für die großen Industriegewerkschaften IG Metall, IG Chemie und Papier Keramik, Gewerkschaft Textil-Bekleidung, IG Bergbau und Energie, IG Bau Steine Erden. Das zeigt sich auch darin, daß die Zahl der ausländischen Betriebsräte von 3.824 im Jahr 1972 auf 6.556 im Jahr 1981 gestiegen ist und auch die Zahl der gewerkschaftlichen Vertrauensleute zunahm. Allerdings ging die Zahl der Betriebsratsmitglieder 1984 auf 6.315 zurück.
Die Ausländerarbeit der Gewerkschaften findet neben den innerbetrieblichen Aktivitäten vorwiegend in folgenden Aktionsformen statt:

- arbeits- und sozialrechtliche Beratung in eigenen Beratungsstellen, für die z.T. auch öffentliche Zuschüsse gezahlt werden;
- Schulungs- und Bildungsmaßnahmen in der allgemeinen Schulungs- und Bildungsarbeit des DGB und der Einzelgewerkschaften, aber auch in speziellen Seminaren für ausländische Arbeitnehmer in den gewerkschaftlichen Bildungsstätten;
- Herausgabe eines monatlichen DGB-Mitteilungsblattes für ausländische Arbeitnehmer in den Sprachen Türkisch, Griechisch, Serbokroatisch, Italienisch, Spanisch, Portugiesisch (Auflage 110.000) sowie eigener Publikationen von Einzelgewerkschaften in verschiedenen Sprachen und bei aktuellen Anlässen muttersprachlicher Merkblätter.

DGB und Einzelgewerkschaften sind wiederholt auch mit Stellungnahmen zur Ausländerpolitik hervorgetreten. Der DGB hat mit Gewerkschaften der Anwerbeländer regelmäßig tagende „bilaterale Gewerkschaftskommissionen" gebildet und war an mehreren internationalen Migrationskonferenzen beteiligt.
Trotz dieser vielfältigen Aktivitäten des DGB und der Einzelgewerkschaften stellt sich die Frage, ob eine Organisation mit über 7 Millionen Mitgliedern gerade in der durch die anhaltende Arbeitslosigkeit und den mit ihr einhergehenden Rückkehrdruck geprägten Situation nicht noch mehr leisten könnte:

- Die Zahl von 48 hauptamtlichen ausländischen Gewerkschaftssekretären bei schon 1977 über 600.000 ausländischen Gewerkschaftsmitgliedern (1 : ca.12.700) erscheint als viel zu gering, das Netz an sachkundiger arbeits- und sozialrechtlicher Beratung als zu dünn, gemessen an der Fülle der Probleme.

- Kritisiert wird von Experten auch das Fehlen von Angeboten gewerkschaftlicher Bildung, bei denen ausländische Mitglieder und Funktionäre unterschiedlicher Nationalität mit deutschen Kollegen zusammenkommen, um über ihre positiven und negativen Erfahrungen in der Gewerkschaftsarbeit zu sprechen.

Arbeit von Initiativgruppen

In vielen Städten haben sich eine Reihe von Initiativgruppen zur sozialen Beratung und Betreuung von Ausländern gegründet. Meist arbeiten sie in der Rechtsform des eingetragenen Vereins (e.V.) und sind steuerlich als gemeinnützig anerkannt. Dachorganisationen dieser Initiativgruppen sind in erster Linie der „Deutsche Paritätische Wohlfahrtsverband" (DPW) und der „Verband der Initiativgruppen in der Ausländerarbeit" (VIA). Finanziert wird ihre Arbeit vorwiegend aus Spenden, Bußgeldern und Mitgliedsbeiträgen, teilweise auch durch Zuwendungen der Länder und der Städte und Gemeinden.

Arbeitsfelder

Die wichtigsten Felder der Tätigkeit dieser Initiativen, in denen deutsche und ausländische Mitarbeiter meist intensiv zusammenarbeiten, sind

- allgemeine Beratungsangebote in Fragen des Ausländerrechts, der Schulbildung und Berufsausbildung, des Sozialversicherungs- und des Mietrechts,
- Sprach- und Alphabetisierungskurse,
- Betreuungsmaßnahmen für Kleinkinder und Schulkinder (einschließlich Schularbeitshilfe) und jugendliche Ausländer,
- spezielle Bildungs-, Informations- und Beratungsangebote für ausländische Frauen und Mädchen,
- Förderung der kulturellen Selbstdarstellung und deutsch-ausländischer kultureller Begegnungen.

Die von den Initiativgruppen unterhaltenen Projekte arbeiten sehr oft in der unmittelbaren räumlichen Nachbarschaft zu den Wohngebieten, in denen sich die ausländische Bevölkerung – vor allem die Türken – konzentriert. Sie ergänzen das Angebot der Wohlfahrtsverbände, der Volkshochschulen und Kirchen, vor allem aber auch der staatlichen Sozialarbeit und leisten einen großen Beitrag zur Verbesserung des alltäglichen Zusammenlebens von Ausländern und Deutschen. Neben den ohnehin gegebenen Belastungen der Arbeit durch das Klima der Ausländerfeindlichkeit bei vielen Deutschen (siehe 5.2.2.), aber auch Anfeindungen dieser integrationsorientierten Initiativen von seiten extremistischer oder fanatisch religiöser ausländischer Gruppierungen ist für die Kontinuität dieser Arbeit vor allem die Ungewißheit ihrer Finanzierung ein großes Problem. Nicht alle Bundesländer sehen, wie z.B. Berlin, regelmäßige staatliche Zuwendungen in Millionenhöhe für soziale Projekte der Initiativgruppen vor.

7.2.3. Politische Selbstorganisationen der Ausländer

Zunächst geringes Interesse an politischer Einflußnahme
Unter Selbstorganisationen sollen Zusammenschlüsse zur Verfolgung und Durchsetzung von Interessen innerhalb unserer Gesellschaft verstanden werden, die ganz oder überwiegend von hier lebenden Auländern getragen werden und nicht wie die Wohlfahrtsverbände oder Initiativgruppen (vgl. 6.2.3.) in Zielsetzung und Personalstruktur wesentlich von Deutschen geprägt sind. Die angeworbenen Arbeitskräfte waren aus einer Reihe von Gründen in den ersten Jahren ihres Aufenthalts an einer Einflußnahme auf die deutsche Politik nur wenig interessiert:

- Sie dachten an eine baldige Heimkehr und nicht an einen langen Aufenthalt;
- ihre Familien lebten größenteils noch in der Heimat;
- Sprachbarrieren und die soziale Außenseiterrolle behinderten eine Auseinandersetzung mit den politischen Entwicklungen in der Bundesrepublik.

In dem Maße, wie aus der ursprünglich bei der überwiegenden Zahl der ausländischen Arbeitskräfte zunächst vorhandenen baldigen Heimkehrabsicht allmählich eine längerfristige Bleibeabsicht wurde, mußte auch das Interesse am Zusammenschluß mit anderen Landsleuten steigen, um gegenüber der deutschen Gesellschaft gemeinsame Interessen zu verfolgen.
Es lassen sich grob drei Entwicklungsstufen für ausländische Selbstorganisationen beschreiben:
(1) Selbstorganisationen zur Verfolgung politischer, kultureller und religiöser Zielsetzungen, die deutlich der Erhaltung von Bindungen an die Heimat dienen und nur wenig Einfluß auf Entscheidungen der deutschen Bundes-, Landes- und Kommunalpolitik nehmen. Sie sind nationalitätenspezifisch. Jede nationale Migrantengruppe hat ihre eigenen Organisationen.

Türkische Organisationen
Die türkischen Parteien versuchten in den 70er Jahren, über Auslandsorganisationen Einfluß auf die Türken in der Bundesrepublik zu nehmen:
Die faschistische „Nationale Bewegungspartei (MHP)" des Alparslan Türkes und die „Türkische Nationale Heilspartei (MSP)" des Necmettin Erbacan gründeten Ende der 70er Jahre

deutsche Ableger in Gestalt der „Förderation Demokratischer Türkischer Idealistenvereinigungen in der Bundesrepublik (ADÜTF)" bzw. „Türkische Union Europa e.V.". Hinter den Türkischen Idealistenvereinigungen verbirgt sich auch die berüchtigte Organisation der „Grauen Wölfe", die für eine Vielzahl von Gewalttaten in der Türkei und der Bundesrepublik verantwortlich gemacht wurde.
Auf der anderen Seite des politischen Spektrums wurde 1977 die „Föderation der türkischen Arbeitervereine in der Bundesrepublik Deutschland e.V. (FIDEF)" gegründet, die der sowjetkommunistischen „Türkischen Kommunistischen Partei (TKP)" nahesteht. Sozialdemokratisch orientiert ist die 1978 gegründete „Föderation Progressiver Volksvereine der Türkei in Europa (HDF)", die Verbindungen zur Republikanischen Volkspartei (CHP) des früheren türkischen Ministerpräsidenten Bülent Ecevit hatte, die nach dem Militärputsch 1980 wie zunächst auch alle anderen Parteien von der Militärregierung verboten wurde.
Unter Hilfestellung des CDU-Bundesvorstandes wurde schließlich 1979 die „Freiheitlich türkisch-deutsche Freundschaftsgesellschaft (HÜR-TÜRK)" gegründet, die Verbindungen zur konservativen „Gerechtigkeitspartei (AP)" des ehemaligen Ministerpräsidenten Demirel herstellte. Neben diesen größeren Gruppierungen werden in Veröffentlichungen noch eine Vielzahl kleinerer politischer Organisationen genannt, unter denen die Organisationen der in der Türkei unterdrückten Minderheit der Kurden zu erwähnen sind.
Eine besondere Spielart türkischer Selbstorganisationen stellen die extremen islamischen Gruppen dar, von denen als wichtigste der „Bund der islamischen Kulturzentren (IKZ)" oder „Süleymanli-Sekte" zu nennen wären. Ein Teil dieser Gruppen war bereits vor dem Militärputsch in der Türkei verboten, weil sie die Trennung von Staat und Islam nicht anerkennen und auch als irdisches Gesetz nur den Koran gelten lassen.
Alle Angaben über Mitgliederzahlen sowohl der politischen als auch der religiösen Organisationen sind von deutscher Seite schwer überprüfbar. In keinem Falle dürfte die Mitgliederzahl 30.000 überschreiten, meist sogar weit darunter liegen. Die extremistischen politischen und religiösen Organisationen sind als integrationsfeindlich einzustufen, während die an den demokratischen Parteien der Türkei orientierten Gruppen Integrationsziele verfolgen.

Organisationen anderer Nationalitäten
Die Selbstorganisationen der anderen großen Nationalitätengruppen der Italiener, Spanier, Griechen und Portugiesen weisen zwar auch unterschiedliche politische Ansätze auf, ihre Konflikte wurden aber nach dem Ende der Diktaturen in Spanien, Griechenland und Portugal nicht mehr mit derselben Heftigkeit ausgetragen. Auch fehlen hier die religiösen Eiferer, die bei den türkischen Organisationen ein großes Gewicht haben.
Im Gegenteil, die Zugehörigkeit des überwiegenden Teils der Spanier, Italiener und Portugiesen zur weltumspannenden katholischen Kirche hat vielen von ihnen früh den Zugang zu deutschen Gemeinden eröffnet und damit die aus der Fremdheit der religiösen Bindungen für Deutsche und Türken resultierenden Integrationsprobleme gar nicht erst entstehen lassen. Auch für die überwiegend christlich-orthodoxen Griechen gibt es über die ökumenische Bewegung eine Reihe von Anknüpfungspunkten vor allem zu den protestantischen Kirchen.

Sonderfall: Jugoslawen
Eine Sonderrolle nehmen die Jugoslawen ein. Das kommunistische System ließ einen Pluralismus der Organisationen auch außerhalb Jugoslawiens nicht zu, so daß Jugoslawen, die daran dachten, irgendwann in die Heimat zurückzukehren, sich auf die von den Konsulaten gelenkten „Jugoslawischen Clubs" beschränken mußten. Diese begrenzten ihre Aktivitäten weitgehend auf kulturelle und soziale Angebote und enthielten sich politischer Stellungnahmen zur Situation in der Bundesrepublik ebenso wie zu der im Heimatland. Allerdings arbeiteten sie in Ausländerbeiräten mit.
Da die Veränderungen in Osteuropa auch das Machtmonopol der jugoslawischen KP beseitigt haben, dürfte dies auch Auswirkungen auf die Organisationen der Jugoslawen in Deutschland haben. Allerdings ist zu befürchten, daß die Nationalitätenkonflikte innerhalb Jugoslawiens auch hier ihren Niederschlag finden.

(2) Selbstorganisationen, mit deren Hilfe Einfluß auf einen begrenzten Ausschnitt des deutschen Gesellschaftssystems genommen werden soll, um die eigenen Interessen gegenüber denen der deutschen Mehrheit nicht völlig untergehen zu lassen.

Ein Beispiel für diese Form der Selbstorganisation stellen die spanischen und griechischen Elternvereinigungen dar, die für eine stärkere Berücksichtigung der Bedürfnisse ihrer Kinder im deutschen Schulsystem eintreten.

(3) Seit etwa Mitte der siebziger Jahre gewinnt eine dritte Organisationsform an Bedeutung. Diese versteht sich ähnlich wie die deutschen Landsmannschaften der Vertriebenen in den 50er und 60er Jahren nicht nur als Einrichtung der kulturellen Traditionspflege und der sozialen Beratung und Betreuung von Landsleuten, sondern immer stärker als Interessenverband, der auf Beeinflussung der deutschen Politik zielt, um eine Verbesserung der rechtlichen, politischen, sozialen und wirtschaftlichen Situation der eingewanderten Auländer zu erreichen.

Für diese Entwicklung lassen sich zwei Ursachen anführen:

- Innerhalb der verschiedenen Ausländergruppen hat sich im Laufe der Jahre ein für das Einwirken auf die deutsche Gesellschaft hinreichend qualifiziertes Führungspersonal herausgebildet. Dieses besteht zum Teil aus nach dem Studium in Deutschland gebliebenen Absolventen deutscher Hochschulen. Die Führungskräfte haben nicht dieselbe soziale und bildungsmäßige Distanz zur deutschen Gesellschaft wie die Masse ihrer Landsleute und drängen darauf, die Interessen ihrer Landsleute in eigener Verantwortung zu vertreten und sich aus einer von manchen als Bevormundung empfundenen Abhängigkeit von den deutschen Wohlfahrtsverbänden zu lösen, die bisher stellvertretend für die Ausländer deren soziale Interessen verfolgten.
- Bei vielen lange hier lebenden Ausländern wächst die Enttäuschung über das Ausbleiben von Fortschritten auf dem Wege zu einem auf die Dauerhaftigkeit ihres Aufenthalts zugeschnittenen besseren Ausländerrecht, das sie für den Integrationsprozeß für notwendig halten, und über die Verweigerung von mehr politischer Beteiligung zumindest durch die Einführung des kommunalen Wahlrechts (siehe 7.1.4.). Sie sehen diese Zielsetzungen auch von den deutschen Organisationen und Parteien wegen deren Zwang zur Rücksichtnahme auf deutsche Mitglieder oder Wähler nicht mit dem erforderlichen Nachdruck vertreten und wollen deswegen eine Verbesserung ihrer Situation mit eigenen Organisationen erkämpfen.

Andererseits sind seit einigen Jahren gerade bei den jüngeren Türken deutliche Anstrengungen erkennbar, sich mit nachlassenden Bindungen an die alte Heimat stärker als bisher von den heimatlichen politischen Gruppierungen, weltanschaulichen und religiösen Konflikten zu lösen und mehr an den politischen Gegebenheiten der Bundesrepublik zu orientieren.

So sind in West-Berlin in den letzten Jahren der „Türkische Bund (TBB)" und die „Türkische Gemeinde Berlin (TGB)" entstanden, die zur Überwindung politischer Gegensätze der verschiedenen Gruppen im demokratischen Mitte-Links-Spektrum bzw. im Mitte-Rechts-

Spektrum durch gemeinsames Auftreten gegenüber den deutschen Parteien und gesellschaftlichen Organisationen wie Gewerkschaften, Wohlfahrtsverbänden, Ausländer-Initiativgruppen usw. beitragen wollen.
Ähnliche Entwicklungen sind auch in anderen Bundesländern zu erkennen. Nach dem gewaltsamen Tod eines jungen Türken, der Ende 1985 in Hamburg von rechtsradikalen „Skinheads" erschlagen wurde, wurde auch dort der Versuch eines Zusammenschlusses türkischer Selbstorganisationen unterschiedlicher weltanschaulicher Ausrichtung unternommen.

Repräsentativität

Von deutscher Seite ist es sehr schwierig einzuschätzen, wie repräsentativ die Selbstorganisationen für die jeweilige Nationalitätengruppe sind. Die von ihnen genannten Mitgliederzahlen sind schwer zu überprüfen und lassen, selbst wenn sie nicht übertrieben sind, den Schluß zu, daß die große Mehrheit der Arbeitsmigranten von ihnen vielleicht beeinflußt, aber nicht organisiert wird. 1983 waren von den ca. 1,7 Millionen ausländischen sozialversicherungspflichtig Beschäftigten nach Angaben des DGB 35,6% gewerkschaftlich organisiert. Dies sind in absoluten Zahlen ca. 600.000. Diese Zahl zeigt unserer Meinung nach deutlich, daß trotz der Vielzahl ausländischer Selbstorganisationen, deren ideologische und religiöse Auseinandersetzungen für die deutsche Gesellschaft eher verwirrend und bei den Türken manchmal auch beängstigend sind („Graue Wölfe"), die Ausrichtung auf die hiesigen politischen und sozialen Konfliktlinien durchaus schon weiter vorangeschritten ist, als es beim Betrachten des bunten Bildes der Selbstorganisationen zunächst den Anschein hat.

Ein einheitlicher Dachverband, der wie der DGB oder die Spitzenverbände der Wirtschaft auf die Ausländerpolitik der Bundesregierung Einfluß nehmen könnte, ist nicht vorhanden. Allerdings wurde mit dem 1976 gegründeten „Internationalen Forum ausländischer Arbeitnehmervereinigungen (IFA)", das vom Ökumenischen Rat der Kirchen und dem Kirchlichen Außenamt der Evangelischen Kirche in Deutschland finanziell unterstützt wird und Mitgliedsverbände aus sieben Nationen umfaßt, ein Anfang gemacht.

Der Ausschluß der Ausländer von demokratisch-repräsentativen Möglichkeiten der politischen Mitbestimmung wie z. B. den Kommunalwahlen oder zumindest Direktwahlen zu den vorhandenen Ausländerbeiräten, behindert eine realistische Einschätzung ihrer politischen Repräsentativität ebenso wie die Herausbildung von eigenem politischen Führungspersonal, das auch in der Praxis politische Verantwortung zu tragen lernt.

Bedeutung der Selbstorganisationen

Die ausländischen Selbstorganisationen sind aus dem politischen Leben der Bundesrepublik nicht mehr wegzudenken. Sie sind der selbstverständliche Ausdruck eines gesellschaftlichen und politischen Pluralismus unter den angeworbenen ausländischen Arbeitskräften, die in einer immer noch fremden Umgebung für viele

Ausländer ein Stück Heimatgefühl vermitteln und die Interessen ihrer Landsleute gegenüber den übermächtigen Interessen der deutschen Bevölkerungsmehrheit zu Gehör zu bringen versuchen. Ob sie in der Lage sein werden, den Integrationsprozeß zu erleichtern und die Interessen der hier lebenden Ausländer wirksam zu vertreten, wird abhängig sein von ihrer Fähigkeit,
- die heimatlichen politischen Auseinandersetzungen hinter sich zu lassen,
- sich über die Grenze der jeweiligen nationalen Gruppen hinaus auf gemeinsame Interessen zu verständigen,
- mit den deutschen Parteien, Gewerkschaften, Wirtschafts- und Wohlfahrtsverbänden und Initiativgruppen zusammenzuarbeiten,
- politische Zielvorstellungen zu entwickeln, die den Arbeitsmigranten eine Zukunftsperspektive eröffnen, aber auch der deutschen Gesellschaft noch vermittelbar sind.

7.2.4. Ausländerbeauftragte des Bundes, der Länder und der Städte und Gemeinden

Ausländerbeauftragte der Bundesregierung
Am 22. November 1978 beschloß die damalige SPD/F.D.P.-Bundesregierung auf persönliche Initiative von Bundeskanzler Helmut Schmidt die Einrichtung des Amtes eines „Beauftragten der Bundesregierung zur Integration der ausländischen Arbeitnehmer und ihrer Familienangehörigen". Erster Ausländerbeauftragter des Bundes wurde der langjährige frühere Ministerpräsident von Nordrhein-Westfalen, Heinz Kühn (SPD). Ihm folgte am 1. Januar 1981 die F.D.P.-Politikerin Liselotte Funcke, die das Amt auch gegenwärtig innehat.
Die Ausländerbeauftragte des Bundes soll
- „die Bundesregierung in ihren ausländerpolitischen Bemühungen unterstützen und für die Weiterentwicklung der Integrationspolitik Anregungen geben",
- „auf eine Verstärkung und bessere Koordinierung der Integrationsmaßnahmen – namentlich zugunsten der zweiten und dritten Ausländergeneration – vor allem bei den Bundesländern und Gemeinden hinwirken",
- „das Verständnis der Deutschen und Ausländer füreinander fördern und helfen, die Regierungen der Herkunftsländer für eine Förderung der freiwilligen Rückkehr von ausländischen Arbeitnehmern zu gewinnen".

(Grindel, Reinhard: Ausländerbeauftragte – Aufgaben und Rechtsstellung. Nomos Verlagsgesellschaft, Baden-Baden 1984, S.50f.)

Die Dienstelle der Ausländerbeauftragten ist dem Bundesminister für Arbeit und Sozialordnung zugeordnet, aber nicht untergeordnet. Die beiden bisherigen Ausländerbeauftragten Kühn und Funcke haben bei der Vorbereitung ausländerpolitischer Entscheidungen wiederholt Positionen vertreten, die von denen der zuständigen Minister abwichen – z.B. Liselotte Funcke in der Frage der Herabsetzung des Nachzugsalters ausländischer Kinder gegenüber Innenminister Zimmermann.

Die Ausländerbeauftragte der Bundesregierung verfügt nur über einen sehr kleinen Mitarbeiterstab. Heinz Kühn hatten ein Ministerialbeamter des Höheren Dienstes und eine Sekretärin zur Verfügung gestanden. Liselotte Funcke gelang es, den Mitarbeiterstab um drei Beamte des Höheren Dienstes zu erweitern. Als finanzielles Entgelt für die Ausländerbeauftragte sind im Bundeshaushalt 1000 DM monatliche Aufwandsentschädigung vorgesehen.

Aus der personellen Ausstattung des Amtes wird deutlich:

- Die Einrichtung der Ausländerbeauftragten kann nicht die Funktion eines „Ausländer-" oder „Einwandererministeriums" wahrnehmen. Dazu fehlen ihr die Kompetenzen ebenso wie die personelle und finanzielle Ausstattung.
- Sie kann auch die Rolle einer Art „Ombudsmann" für die Ausländer, an die die betroffenen Ausländer ihre Beschwerden über administrative Entscheidungen der Verwaltungen richten können, nur sehr bedingt übernehmen. Denn einmal fällt die Anwendung des Ausländerrechts weitgehend in die Kompetenz der Länder, zum anderen würde der Personalbestand bei weitem nicht ausreichen, um den Erwartungen auch nur halbwegs gerecht zu werden.

Heinz Kühn sah daher als zentrale Aufgabe seiner von vornherein zeitlich begrenzten Tätigkeit die Erarbeitung seines Memorandums zu „Stand und Weiterentwicklung der Integration ausländischer Arbeitnehmer und ihrer Familien in der Bundesrepublik Deutschland", das er im September 1979 vorlegte. Ein erfahrener und angesehener, aber dem politischen Tageskampf inzwischen entrückter Politiker sollte und wollte mit diesem Memorandum Denkanstöße für neue ausländerpolitische Konzeptionen geben und die Arbeitsgrundlage für die weiteren Entscheidungen der Bundesregierung schaffen.

Liselotte Funcke, die auch nach dem Bonner Regierungswechsel von 1982 im Amt blieb, setzte bei gleichbleibender Aufgabenstellung andere Akzente als Kühn. Sie sieht sich stärker als Anwältin der Ausländer und versucht auch in Einzelfällen Hilfe zu geben. Das Risiko dieses Amtsverständnisses liegt allerdings in einer möglichen Enttäuschung überzogener Erwartungen der betroffenen Ausländer, die bei allem Engagement der Ausländerbeauftragten und ihrer wenigen Mitarbeiter angesichts der Fülle von Problemen, die sich allein aus aufenthaltsrechtlichen Entscheidungen der Ausländerbehörden ergeben, nicht erfüllen lassen.

Das Schwergewicht der Arbeit der Dienststelle liegt nach wie vor bei der Mitwirkung an der Vorbereitung ausländerpolitischer Entscheidungen der Bundesregierung. Ihr Gewicht in diesem Prozeß hängt dabei von mehreren Faktoren ab:

- der persönlichen Überzeugungskraft der Beauftragten gegenüber den Mitgliedern der Regierung und den Bundestagsfraktionen, denn sie besitzt ja keine eigenen Entscheidungskompetenzen,
- der Kooperation mit den Ausländern, deren eigenen Organisationen, den großen ausländerbetreuenden Wohlfahrtsverbänden wie Arbeiterwohlfahrt, Caritas und Diakonisches Werk und den Gewerkschaften,
- der Qualität ihrer Öffentlichkeitsarbeit und dem Ausmaß an Unterstützung, das sie durch die Massenmedien erfährt.

Liselotte Funcke nutzt das Instrument der Öffentlichkeitsarbeit zur Beeinflussung des ausländerpolitischen Entscheidungsprozesses regelmäßig und intensiv. Neben der Teilnahme an Rundfunk- und Fernsehdiskussionen und der Gewährung von Interviews nicht nur in den deutschen, sondern auch in den Medien, die die hier lebenden Ausländer noch stärker erreichen, geschieht dies über

- eine in jährlich aktualisierter Form erscheinende Sammlung von „Daten und Fakten zur Ausländersituation" sowie
- die „Mitteilungen der Beauftragten der Bundesregierung für die Integration der ausländischen Arbeitnehmer und ihrer Familien" und
- aktuelle Presseerklärungen.

Mittel für eigenverantwortlich von ihr herausgegebene Informationsschriften, die sich z.B. direkt an die Ausländer richten, stehen ihr allerdings nicht zur Verfügung.

Ausländerbeauftragte des Berliner Senats

Als zunächst einziges Bundesland hat Berlin im Herbst 1981 die Einrichtung einer „Ausländerbeauftragten des Berliner Senats" geschaffen und mit der CDU-Politikerin Barbara John besetzt. Die Ausländerbeauftragte leitet die Dienststelle hauptamtlich. Sie ist personell und materiell erheblich besser ausgestattet als die der

Ausländerbeauftragten des Bundes. 1989 standen 15 hauptamtliche Mitarbeiter sowie u.a. Haushaltsmittel für

- Gutachten, Veröffentlichungen und Dokumentationen,
- ein spezielles Berliner Rückkehrförderungsprogramm,
- Zuwendungen an verschiedene Projekte zur Förderung der Ausländerintegration einschließlich der Bauarbeiten für ein „Ausländerbegegnungszentrum"

in Höhe von rund 11 Millionen DM zur Verfügung.

Die Dienststelle ist der Senatsverwaltung für Gesundheit und Soziales zugeordnet, räumlich aber von dieser Verwaltung getrennt.

Die wichtigsten Aufgaben der Ausländerbeauftragten sind:

- Entwicklung der Grundkonzeption der Ausländerpolitik des Senats von Berlin, u.a. die regelmäßige Vorlage eines Ausländerberichts „Miteinander leben",
- Abstimmung und Koordinierung der einzelnen mit ausländerpolitischen Entscheidungen befaßten Senatsverwaltungen,
- Geschäftsführung des Senatsausschusses für Ausländerfragen, dem alle Senatoren außer dem Umwelt- und dem Bundessenator angehören,
- Durchführung ressortübergreifender Integrationshilfen,
- Kontaktpflege zu Organisationen und Initiativen der Ausländerarbeit, von denen es in Berlin mehr als 150 gibt,
- rechtliche und soziale Beratungstätigkeit auch im Einzelfall,
- Durchführung von Maßnahmen der Öffentlichkeitsarbeit (z.B. Plakataktionen, Informationsbroschüren – auch in der jeweiligen Landessprache der Ausländergruppe, an die sie gerichtet sind).

Nach gut acht Jahren Tätigkeit kann die Einrichtung – auch als Folge des persönlichen Engagements von Barbara John – bei Ausländern und Deutschen als weitgehend akzeptiert gelten, was sich auch darin zeigte, daß nach dem Regierungswechsel vom Frühjahr 1989 der neue rot-grüne Senat Barbara John im Amt ließ. Das schließt Kritik an Einzelentscheidungen der Ausländerbeauftragten selbst, vor allem aber an den ausländerpolitischen Zielsetzungen einzelner Senatsverwaltungen und hier insbesondere des für Fragen des Ausländerrechts zuständigen Innensenators, nicht aus. Unmittelbarer parlamentarischer Ansprechpartner der Ausländerbeauftragten ist ein bisher auch nur in Berlin vorhandener „Ausländerausschuß" des Berliner Abgeordnetenhauses.

Andere Bundesländer, Städte und Gemeinden

Seit einiger Zeit haben auch die Länder Niedersachsen und Rheinland-Pfalz Ausländerbeauftragte. Andere Länder sind an der Institution interessiert, zögern aber bei ihrer Einrichtung. Nach der

„Wende" in der DDR wurde auch dort die Institution einer Ausländerbeauftragten bei der Regierung der DDR eingerichtet.
Auch eine Reihe von Städten und Gemeinden hat inzwischen die Einrichtung kommunaler Ausländerbeauftragter geschaffen. Oftmals kommt diesen neben der Verwaltungskoordination und der Sozialberatung von Ausländern auch die Geschäftsführung von Ausländerbeiräten und diesen verwandten Einrichtungen zu.

Einschätzung
Das Netz derjenigen staatlichen und kommunalen Einrichtungen ist noch sehr weitmaschig, die ressort- oder verwaltungsübergreifend sich in besonderer Weise für die rechtlichen, sozialen, politischen und kulturellen Belange der hier lebenden Ausländer engagieren, integrationspolitische Maßnahmen anregen und zwischen verschiedenen Verwaltungen abstimmen und auch von den ausländischen Bürgern als Sachwalter ihrer Interessen in unserer Gesellschaft angesehen werden. Noch sehr viel mehr Länder und Gemeinden könnten durch Errichtung von Dienststellen für Landes- und kommunale Ausländerbeauftragte ohne allzu großen Kostenaufwand durch Verlagerung von vorhandenen Stellen aus den Fachverwaltungen ein aus der Sicht der Ausländer auch psychologisch wichtiges integrationspolitisches Angebot machen.

8. Wie wird es weitergehen?

Das Jahr 1989/90 brachte das seit Jahren von vielen Seiten geforderte neue Ausländergesetz. Seine parlamentarische Diskussion ging in der politischen Erregung über den von der Bevölkerung der DDR erkämpften Prozeß der deutschen Einigung weitgehend unter. Die Kritik der großen Wohlfahrtsverbände, der Ausländerbeauftragten des Bundes und von Bundesländern, der parlamentarischen Opposition im Bundestag und nicht zuletzt zahlreicher Bürger der Bundesrepublik ausländischer Herkunft erreichten Modifikationen im Detail. Diese konnten jedoch keine Änderung der Grundkonzeption bewirken, so daß nicht der große Wurf eines weltoffenen Gesetzes gelungen ist, der der Tatsache Rechnung trägt, daß 35 Jahre nach Beginn der Anwerbung für die langfristig hier lebenden Ausländer die Bundesrepublik zum Einwanderungsland geworden ist. Die tatsächlichen Auswirkungen des Gesetzes auf die Lebensverhältnisse der immer noch als „Ausländer" eingestuften „Mitbürger" werden im Vollzug des Gesetzes sorgfältig zu beobachten sein.

So erleben wir Mitte des Jahres 1990 die paradoxe Situation, daß möglicherweise das seit etwa einem Jahrzehnt als notwendig angesehene, aber wegen politischer Unstimmigkeiten zwischen den Koalitionspartnern CDU/CSU und F.D.P. immer wieder verschobene neue Ausländergesetz weniger Veränderungen der Lebenssituation der von ihm betroffenenen Menschen – sei es zum Guten oder zum Schlechten – bewirkt als das politische Erdbeben in Osteuropa:

- Die Entspannungspolitik der sozialliberalen Koalition gegenüber Osteuropa hatte bereits ab 1975, wie aus Abbildung 13 hervorgeht, bei den deutschstämmigen Aussiedlern aus osteuropäischen Staaten zu einem deutlichen Anstieg der jahrelang tröpfelnden Zahlen geführt. Die durch den allgemeinen Wandel der Politik bedingte Veränderung der Haltung vor allem der Regierungen der Sowjetunion und Polens in der Aussiedlerfrage ließen 1988 die Aussiedlerzahlen hochschnellen, um 1989 mit 377.055, 40,5% davon Kinder und Erwachsene

Abbildung 13 Aus- und Übersiedler in die Bundesrepublik Deutschland 1950–1988

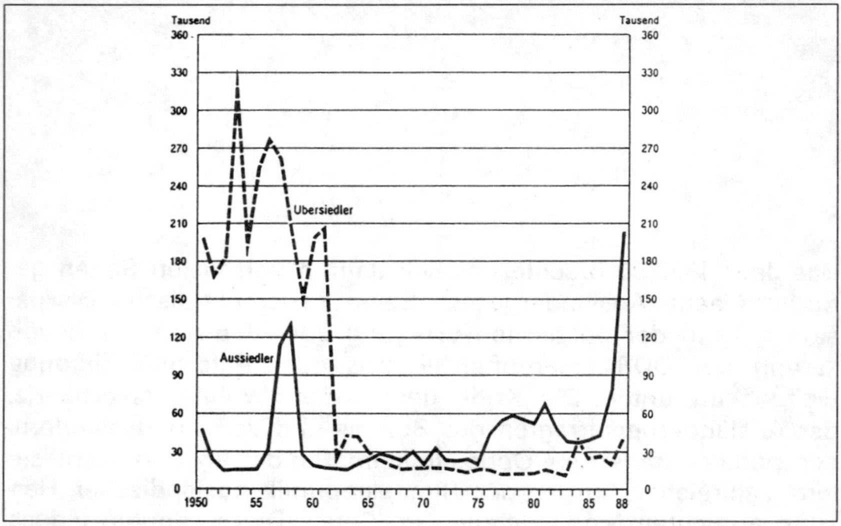

Quelle: Statistisches Bundesamt
Aus: Wirtschaft und Statistik, Hrsg.: Statistisches Bundesamt Wiesbaden, Heft 9/1989

bis 25 Jahre, ihren Höhepunkt seit den ersten Nachkriegsjahren zu erreichen.

– Das Ende des SED-Regimes in der DDR wurde durch die Massenfluchtbewegung aus der DDR im Sommer 1989 eingeleitet, die über die Botschaften der Bundesrepublik in Budapest und Prag und die niedergerissenen ungarischen Grenzbefestigungen erfolgte. Die Öffnung der Berliner Mauer – deren Zweck ja die Unterbindung der Fluchtbewegung in den Westen gewesen war – in der Nacht vom 9. zum 10. November 1989 wies jetzt vielen DDR-Bürgern einen direkten Weg in die Bundesrepublik, der ohne Gefahr für Leib und Leben und ohne die Belastungen eines schikanösen Ausreiseantrags-Verfahrens begehbar war: 1989 kamen laut Bulletin der Bundesregierung vom 11. Januar 1990 343.854 DDR-Übersiedler in die Bundesrepublik. Bis Ende April 1990 waren es nach Angaben des Bundesinnenministeriums bereits fast 175.000. Niemand kann vorhersagen, wie sich die Zahlen nach der Realisierung der Wirtschafts- und Währungsunion im Sommer 1990 entwickeln werden, wenn der vorhergesagte Anstieg der Arbeitslosenzahlen in der DDR eintritt.

Die Aus- und Übersiedler treten in den Ballungsgebieten in Hinblick auf Arbeitsplätze, Wohnraum, Kindergartenplätze in unmittelbare Konkurrenz zu den lange hier lebenden Ausländern. Obwohl diesen in den vergangenen Jahren immer wieder gesagt worden ist, die

Belastungsgrenze der Bundesrepublik für die Aufnahme weiterer Menschen sei erreicht, müssen sie nun die Erfahrung machen, daß führende Politiker des Landes in ihren öffentlichen Stellungnahmen in der Integration so vieler plötzlich in das Land drängender Menschen keine sozialen Probleme sehen, die man nicht mit ein bißchen gutem Willen lösen könne, weil jene ja Deutsche oder deutscher Herkunft seien. Andererseits läßt das gerade verabschiedete neue Ausländergesetz viele Wünsche in Richtung auf eine substantielle Verbesserung der Rechtspositionen der ausländischen Bevölkerung der Bundesrepublik immer noch offen.
Schließlich müssen sich viele, die als Arbeitsmigranten in den vergangenen Jahren den wirtschaftlichen Wohlstand der Bundesrepublik mitgeschaffen haben, von westdeutschen Neubürgern, die in der stickigen Enge der bisherigen DDR keine Gelegenheit hatten, etwas über die internationalen Verflechtungen westlich-kapitalistischer Volkswirtschaften zu lernen, sagen lassen, es sei für sie nun Zeit, „nach Hause" zu gehen, da Deutsche jetzt den Vorrang hätten. Gewiß sind Aussprüche wie diese, die durch die Presse gingen, nicht offizielle Politik der Bundesregierung, die parallel zum deutschen Einigungsprozeß aktiv an der Vollendung des Europäischen Binnenmarktes mitarbeitet und auch nicht der Übergangsregierung der DDR. Jedoch signalisieren sie, daß der auch im vergangenen Jahrzehnt als Folge der hohen Arbeitslosigkeit und wachsender Ausländerfeindlichkeit unter den Bundesbürgern nicht leichte und von der Politik nur halbherzig betriebene Integrationsprozeß durch die jüngsten politischen Entwicklungen alles andere als erleichtert wird.
Wer wie die Autoren von der Unumkehrbarkeit der Grundentscheidung für die Integration der praktisch zu Einwanderern gewordenen Arbeitsmigranten und ihrer nach Deutschland nachgezogenen oder hier geborenen Familienangehörigen überzeugt ist, kann nur hoffen, daß die gewählten Repräsentanten wie die Bürger dieses Landes über dem unerwarteten Geschenk von „Einigkeit und Recht und Freiheit" die legitimen Rechte der aus den ärmeren Randzonen Europas zu uns geholten Menschen auf eine gesicherte Zukunft nicht vergessen. Die Befreiung von staatlicher Bevormundung, geheimpolizeilicher Unterdrückung, individueller Unfreiheit und einem uneffektiven, bürokratisch-verkrusteten Wirtschaftssystem der einen darf nicht zu Lasten von Menschenrechten und sozialer Sicherheit einer anderen Menschengruppe gehen – wenn nicht ein Unrecht durch ein neues ersetzt werden soll.
Trotz der Sorge, daß die Aussiedler aus Osteuropa und die Übersiedler aus der DDR wie auch die Kosten des deutschen Einigungs-

prozesses und nicht zuletzt auch eine dort ziemlich manifeste Ausländerfeindlichkeit den Integrationsprozeß in Frage zu stellen drohen, sollten auch die positiven Zeichen nicht übersehen werden:

- Die Bundesbürger verfolgen den deutschen Einigungsprozeß zunehmend eher abwartend als von nationalistischen Wallungen ergriffen.
- Trotz des Einigungsprozesses konnte sich die Bonner Koalition auf ein Ausländergesetz einigen, das aus unserer Sicht zwar hinter dem Wünschenswerten zurückbleibt, aber auch kein „Ausländerverdrängungsgesetz" ist.
- Schließlich haben bei den Wahlen des Jahres 1990 die Wähler mehrerer Bundesländer den rechtsradikalen Republikanern, die mit ihren ausländerfeindlichen Parolen bei den Wahlen des Jahres 1989 erhebliche Erfolge erzielen konnten, für sie schmerzliche Abfuhren erteilt.
- Die am 18. März 1990 demokratisch gewählte Volkskammer der DDR hat das ein Jahr zuvor von der abgelösten Partei- und Staatsführung ohne jegliche Diskussion eingeführte kommunale Wahlrecht für ausländische Bürger der DDR trotz ausländerfeindlicher Stimmungen in der DDR bei den ersten demokratischen Kommunalwahlen am 6. Mai 1990 nicht zurückgenommen. Sie setzt damit auch ein mutiges Zeichen, das die in beiden Teilen Deutschlands lebenden Ausländer bei aller berechtigten Skepsis gegenüber den Auswirkungen des Einigungsprozesses auf ihre Lage als gutes Omen ansehen können.

Die endgültige politische Entscheidung, ob aus „Gastarbeitern" nach Jahrzehnten gleichberechtigte „Mitbürger" geworden sind, steht noch aus. Die Zukunft wird zeigen müssen, ob weiter eine eher hinhaltende Taktik staatlicher „Integrationspolitik" möglich ist oder ob endlich ein mutiger Schritt auf dem im Grunde vorgezeichneten Weg getan wird.

Verzeichnis der Abbildungen

Verzeichnis der Tabellen

Literaturverzeichnis

Akpinar, Ünal / Lopez-Blasco, Andres / Vink, Jan: Pädagogische Arbeit mit ausländischen Kindern und Jugendlichen. Bestandsaufnahmen und Praxishilfen.
Juventa Verlag München 1977, 263 S.

Arin, Cihan (Hrsg.) in Zusammenarbeit mit Karolus Heil: Ausländer im Wohnbereich.
Dokumentation eines Seminars der Internationalen Bauausstellung Berlin.
EXpress Edition Berlin 1983, 217 S.

Arin, Cihan / Gude Sigmar / Wurtinger Hermann: Auf der Schattenseite des Wohnungsmarktes: Kinderreiche Immigrantenfamilien.
Birkhäuser Verlag Basel u.a. 1985, 190 S.

Auernheimer, Georg (Hrsg.): Handwörterbuch Ausländerarbeit.
Beltz Verlag Weinheim 1984, 376 S.

Ausländerbeauftragte des Senats von Berlin: Zur Lage der jungen Ausländergeneration.
H. Ms., Berlin 1989, 87 S.

Ausländerbeauftragte des Senats von Berlin (Hrsg.): Doppelte Staatsbürgerschaft – ein europäischer Normalfall?
H. Ms., Berlin 1990, 205 S.

Ausländische Mitbürger in unseren Städten.
Fachkonferenz des Deutschen Städtetages am 21. und 22.Oktober 1980 in Bochum.
W. Kohlhammer Verlag Köln 1981, 269 S.

Autorengruppe Ausländerforschung: Zwischen Getto und Knast. Jugendliche Ausländer in der Bundesrepublik. Ein Handbuch.
Rowohlt Verlag Reinbek bei Hamburg 1981, 334 S.

Bade, Klaus: Vom Auswanderungsland zum Einwanderungsland?
Deutschland 1880–1980.
Colloquium Verlag Berlin 1983, 133 S.

Bammel, Harald / Mehrländer, Ursula / Struck, Manfred: Argumente gegen Ausländerfeindlichkeit. Friedrich-Ebert-Stiftung Bonn 1984, 260 S.

Becker, Friedrich / Braasch, Dietrich: Recht der ausländischen Arbeitnehmer. Eine systematische Darstellung. 2. Aufl., Luchterhand Verlag Neuwied 1983, 268 S.

Bischoff, Detlef / Heintzl, Maria (Hrsg.): Arbeitsmigration und ihre sozialen Folgen. Der Beitrag der Wissenschaft zu ihrer Bewältigung. Publikationen der Fachhochschule für Verwaltung und Rechtspflege Berlin – Deutsche und Ausländer – Nr. 33, Berlin 1982, 98 S.

Blaschke, Jochen / Greussing, Kurt (Hrsg.): „Dritte Welt" in Europa. Probleme der Arbeitsimmigration.
Syndikat Autoren- und Verlagsgesellschaft Frankfurt / M. 1980, 125 S.

Böhning, Wolf-Rüdiger: Guest Worker Employment, with Special Reference to the Federal Republic of Germany, France and Switzerland – Lessons for the United States.
Center for Philosophy and Public Policy University of Maryland, USA 1980

Bostanci, Safa A.: Zum Leben und zu den Rückkehr- und Verbleibeabsichten der türkischen Gastarbeiter in Nürnberg. Eine empirische Regionaluntersuchung.
EXpress Edition Berlin 1982, 92 S.

Bredemeier, Willi / Hofmann, Roland / Sen, Faruk (Hrsg.): Zwischen Integration und Rückwanderung: Türkische Wohnbevölkerung in der Bundesrepublik Deutschland.
Tagungsbericht des ITZ – Innovationsförderungs- und Technologietransfer-Zentrums der Hochschulen des Ruhrgebiets vom 23.–25. November 1982 in Essen.
Türkei Verlag Köln 1983

Bundeszentrale für politische Bildung (Hrsg.): Ausländer und Massenmedien. Bestandsaufnahme und Perspektiven.
Vorträge und Materialien einer internationalen Fachtagung vom 2.–4. Dezember 1986.
Schriftenreihe Arbeitshilfen für die politische Bildung Band 253, Bonn 1987, 167 S.

Decker, Frauke unter Mitarbeit von Özcan Ayanoglu: Ausländer im politischen Abseits. Möglichkeiten ihrer politischen Beteiligung.
Campus Verlag Frankfurt / New York 1982, 197 S.

Die Türkei und die Türken in Deutschland.
Redaktion: Hans-Georg Wehling.
Kohlhammer Verlag Stuttgart u.a. 1982, 124 S.

Dohse, Knut: Ausländische Arbeiter und bürgerlicher Staat. Genese und Funktion von staatlicher Ausländerpolitik und Ausländerrecht. Vom Kaiserreich bis zur Bundesrepublik Deutschland.
Verlag Anton Hain Königstein/Ts. 1981, 460 S.

Elsas, Christoph: Ausländerarbeit.
Verlag W. Kohlhammer Stuttgart 1982, 189 S.

Elsas, Christoph (Hrsg.): Identität. Veränderungen kultureller Eigenarten im Zusammenleben von Türken und Deutschen.
E. B. Verlag Rissen Hamburg 1983, 241 S.

Elsner, Lothar / Lehmann, Joachim: Ausländische Arbeiter unter dem deutschen Imperialismus. 1900–1985.
Dietz Verlag Berlin / DDR 1988, 411 S.

Forschungsinstitut der Friedrich-Ebert-Stiftung: Situation der ausländischen Arbeitnehmer und ihrer Familienangehörigen in der Bundesrepublik Deutschland.
– Repräsentativuntersuchung ,80 und
– Repräsentativuntersuchung ,85
Hrsg.: Der Bundesminister für Arbeit und Sozialordnung,
Bonn 1981 und Bonn 1986, 701 bzw. 644 S.

Freund, Wolfgang Slim (Hrsg.) mit einem Vorwort von Hans Koschnick: Gastarbeiter. Integration oder Rückkehr? Grundfragen der Ausländerpolitik.
Arca Verlag Neustadt / Weinstr. 1980, 221 S.

Frey, Martin / Müller, Ulf (Hrsg.): Ausländer bei uns – Fremde oder Mitbürger?
Schriftenreihe der Bundeszentrale für politische Bildung Band 186, Bonn 1982, 411 S.

Geißler, Heiner (Hrsg.): Ausländer in Deutschland – Für eine gemeinsame Zukunft.
Band I: Entwicklungen und Prognosen. 156 S. Band II: Perspektiven. 185 S.
Olzog Verlag München–Wien 1983

Gericke, Reinhard / Bischoff, Detlef / Schmidt, Maria: Leitfaden zur Ausländerarbeit in Berlin.
2. überarb. und erw. Aufl., Sozialpädagogisches Institut Berlin 1985, 230 S.

Grass, Günter / Hirsch, Martin / Keskin, Hakki / Korte Hermann u.a.: Die Bundesrepublik Deutschland ist (k)ein Einwanderungsland. Eine Dokumentation.
Ararat Verlag Berlin 1982, 93 S.

Grindel, Reinhard: Ausländerbeauftragte – Aufgaben und Rechtsstellung.
Nomos Verlagsgesellschaft Baden-Baden 1984, 160 S.

Groth, Klaus-Martin / Müller-Gazurek, Johann: Ausländer, Sozialrecht, Hilfe für Ausländer in Sozialfragen.
Alfred Metzner Verlag Frankfurt/M. 1983, 160 S.

Hailbronner, Kay: Ausländerrecht.
2. Aufl., Juristischer Verlag Müller Heidelberg 1989, 1197 S.

Haug, Rolf D. / Küster, Herbert (Hrsg.): Wie sicher ist ein Ausländer in der Bundesrepublik?
EXpress Edition Berlin 1983, 181 S.

Heldmann, Hans Heinz: Ausländerrecht.
3. Aufl., Pahl-Rugenstein Verlag Köln 1985, 375 S.

Herbert, Ulrich: Fremdarbeiter. Politik und Praxis des „Ausländer-Einsatzes" in der Kriegswirtschaft des Dritten Reiches.
Verlag J.W. Dietz Nachf. Berlin / Bonn 1985, 494 S.

Herbert, Ulrich: Geschichte der Ausländerbeschäftigung in Deutschland 1880 bis 1980. Saisonarbeiter – Zwangsarbeiter – Gastarbeiter.
Verlag J.W. Dietz Nachf. Berlin / Bonn 1986, 272 S.

Hoffmann, Lutz / Even, Herbert: Soziologie der Ausländerfeindlichkeit. Zwischen nationaler Identität und multikultureller Gesellschaft.
Beltz Verlag Weinheim / Basel 1984, 211 S.

Hoffmann, Lutz: Beiräte – Wahlrecht – Bürgerrecht. Zur politischen Partizipation der nichtdeutschen Einwohner in der Bundesrepublik Deutschland.
Dagyeli Verlag Frankfurt / M. 1986, 151 S.

Hoffmann-Nowotny, Hans Joachim / Hondrich, Karl-Otto (Hrsg.): Ausländer in der Bundesrepublik Deutschland und in der Schweiz.
Campus Verlag Frankfurt a.M. 1982, 635 S.

Hoffmann-Nowotny, Hans Joachim: Soziologie des Fremdarbeiterproblems. Eine theoretische und empirische Analyse am Beispiel der Schweiz.
Ferdinand Leske Verlag Stuttgart 1973, 377 S.

Huber, Berthold: Ausländer- und Asylrecht.
Verlag C. H. Beck München 1983, 307 S.

Initiativkreis „Gleichberechtigung Integration": Stellungnahme der Ausländer zur Ausländerpolitik.
Hektogr. Ms. Berlin 1981

Italiaander, Rolf (Hrsg.): „Fremde raus" Fremdenangst und Ausländerfeindlichkeit.
Fischer Taschenbuch Verlag Frankfurt / M. 1983, 256 S.

Karsten, Maria E.: Sozialarbeit mit Ausländern.
Kösel Verlag München 1984, 160 S.

Keskin, Hakki (Hrsg.): Menschen ohne Rechte? Einwanderungspolitik und Kommunalwahlrecht in Europa.
EXpress Edition Berlin 1984, 151 S.

Kleff, Hans Günter: Vom Bauern zum Industriearbeiter. Zur kollektiven Lebensgeschichte der Arbeitsmigranten aus der Türkei.
Manthano Verlag Ingelheim 1984, 329 S.

Klitzke, Dietrich: Das 4. Programm. Studie zum türkischen Videomarkt.
EXpress Edition Berlin 1982, 138 S.

Knirsch, Herbert: Deutsches Ausländerrecht. Walhalla & Prätoria Verlag Regensburg 1988, 342 S.

Koch-Arzberger, Claudia: Die schwierige Integration.
Westdeutscher Verlag Opladen 1985, 211 S.

Kommission für Ausländerfragen und ethnische Minderheiten der EKD: Gesichtspunkte zur Neufassung des Ausländerrechts. Hrsg.: Kirchenamt der Evangelischen Kirche in Deutschland. Hannover 1985, 32 S.

Korte Hermann / Schmitt, Alfred: Migration und ihre sozialen Folgen. Förderung der Gastarbeiterforschung durch die Stiftung Volkswagenwerk 1974–1981. Vandenhoek & Ruprecht Göttingen 1983, 169 S.

Kritz, Mary M. / Keely, Charles B. / Tomasi, Silvano (Hrsg.): Global Trends in Migration. Theory and Research on International Population Movements. The Center for Migration Studies of New York 1981, 433 S.

Lohrmann, Reinhard / Manfrass, Klaus (Hrsg.): Ausländerbeschäftigung und internationale Politik.
Schriften des Forschungsinstituts der Deutschen Gesellschaft für Auswärtige Politik.
R. Oldenbourg Verlag München 1974, 395 S.

Mengele, Hans-Peter: Ausländerrecht. Lehr- und Arbeitsbuch. Deutscher Gemeindeverlag Kohlhammer Stuttgart/Berlin u.a.1983, 323 S.

Micksch, Jürgen / Mildenberger, Michael (Hrsg.): Christen und Muslime im Gespräch.
Verlag Otto Lembeck Frankfurt / M. 1982, 87 S.

Micksch, Jürgen: Mit Einwanderern leben. Positionen evangelischer Ausländerarbeit.
Verlag Otto Lembeck Frankfurt / M. 1984, 86 S.

Mitteilungen der Beauftragten der Bundesregierung für die Integration der ausländischen Arbeitnehmer und ihrer Familien: Bericht zur Ausländerbeschäftigung.
Hektogr. Ms. Bonn 1986, 68 S.

Mitteilungen der Beauftragten der Bundesregierung für die Integration der ausländischen Arbeitnehmer und ihrer Familien: Das Amt der Ausländerbeauftragten.
– Tätigkeitsbericht 1983 bis 1986 –
Hektogr. Ms., Bonn 1986, 30 S.

Papalekas, J. Chr. (Hrsg.): Die Ausländerfrage. Gastarbeiter im Spannungsfeld von Integration und Reintegration.
Maximilian Verlag Herford 1983, 260 S.

Reuter, Lutz Rainer/Dodenhoeft, Martin: Arbeitsmigration und gesellschaftliche Entwicklung.
Eine Literaturanalyse zur Lebens- und Bildungssituation von Migranten und zu den gesellschaftlichen, politischen und rechtlichen Rahmenbedingungen der Ausländerpolitik in der Bundesrepublik Deutschland.
Neue Politische Literatur. Beihefte Forschungsberichte zur internationalen Literatur 5.
Franz Steiner Verlag Wiesbaden Stuttgart 1988, 150 S.

Rist, Ray: Die ungewisse Zukunft der Gastarbeiter.
Klett-Cotta-Verlag Stuttgart 1980, 260 S.

Ronneberger, Franz / Vogel, Rudolf (Hrsg.): Gastarbeiterpolitik oder Immigrationspolitik?
Olzog Verlag München / Wien 1982, 202 S.

Schäfer, Karl Heinrich / Sievering, Ulrich O. (Hrsg.): Ausländerrecht contra Resozialisierung? Beiträge zur Problematik straffällig gewordener Ausländer in der Bundesrepublik Deutschland.
Arnoldsheimer Texte Bd. 21
Haag + Herchen Verlag Frankfurt/M. 1984, 183 S.

Schlaffke, Winfried / Voss, Rüdiger von (Hrsg.): Vom Gastarbeiter zum Mitarbeiter. Ursachen, Folgen und Konsequenzen der Ausländerbeschäftigung in Deutschland.
Intermedia Verlags GmbH Köln 1982, 399 S.

Schrader, Achim / Nikles, Bruno W. / Griese, Hartmut M.: Die zweite Generation. Sozialisation und Akkulturation ausländischer Kinder in der Bundesrepublik.
2. Aufl., Athenäum Verlag Königstein/Ts. 1979, 234 S.

Schult, Gerhard (Hrsg.): Einwanderungsland Bundesrepublik Deutschland?
Nomos Verlagsgesellschaft Baden-Baden 1982, 218 S.

Schulte, Axel / Müller, Monika / Vink, Jan u.a.: Ausländer in der Bundesrepublik.
Materialis Verlag Frankfurt/M. 1985, 163 S.

Sen, Faruk / Jahn, Gerhard (Hrsg.): Wahlrecht für Ausländer. Stand und Entwicklungen in Europa.
Dagyeli Verlag Frankfurt/M. 1985, 112 S.

Sen, Faruk: Türkische Arbeitnehmergesellschaften.
Erw. 2. Aufl., Verlag Peter Lang Frankfurt/M. / Bern 1983, 300 S.

Senator für Arbeit und Betriebe Berlin (Hrsg.): Berufsausbildung ausländischer Jugendlicher in Berlin. Erfahrungen, Empfehlungen und Materialien aus Weiterbildungsseminaren für Ausbildungspersonal.
Berlin 1984, 396 S.

Stang, Heinrich: Ausländerintegration in der kommunalen Praxis. Ein Leitfaden für kommunale Praktiker und Verwaltungsbehörden.
Deutscher Gemeindeverlag W. Kohlhammer Köln 1982, 144 S.

Statistisches Bundesamt (Hrsg.): Datenreport 1987. Zahlen und Fakten über die Bundesrepublik Deutschland.
Bundeszentrale für politische Bildung. Bonn 1988, 555 S.

Struck, Manfred: Soziale Vorurteile in unserer Gesellschaft. Argumente gegen Fremdenfeindlichkeit.
Hrsg. Friedrich-Ebert-Stiftung in Zusammenarbeit mit dem Forum WIR e.V. für ein besseres Zusammenleben zwischen Deutschen und Ausländern. Bonn 1989, 85 S.

Tiedt, Friedemann: Sozialberatung für Ausländer. Perspektiven für die Praxis.
Beltz Verlag Weinheim 1985, 157 S.

Trommer, Luitgard / Köhler, Helmut: Ausländer in der Bundesrepublik Deutschland. Dokumentation und Analyse amtlicher Statistiken.
DJI Verlag Deutsches Jugendinstitut München 1981, Fortschreibung 1984, 235 bzw. 46 S.

Ucar, Ali: Die soziale Lage der türkischen Migrantenfamilien.
EXpress Edition Berlin 1982, 247 S.

Wallraff, Günter: Ganz unten.
Verlag Kiepenheuer & Witsch Köln 1985, 254 S.

Weidacher, Alois: Ausländische Arbeiterfamilien – Kinder und Jugendliche. Situationsanalysen und Maßnahmen.
DJI Verlag Deutsches Jugendinstitut München 1981 und 1982, 437 bzw. 237 S.

Wilpert, Czarina: Die Zukunft der Zweiten Generation. Erwartungen und Verhaltensmöglichkeiten ausländischer Kinder.
Verlag Anton Hain Königstein/Ts.1980, 226 S.